体育职业技术学院系列教材

篮球

lanqiu

主　编　李志强　芦军志
副主编　黄宏远　王宗兴

华南理工大学出版社
·广州·

内容提要

本教材从篮球运动的特点、篮球技术教学与训练、篮球战术教学与训练、篮球运动员的体能训练、篮球运动心理训练、篮球运动常见损伤的预防及处理和篮球竞赛裁判工作等七个方面简述了篮球运动，具有较强的理论性和实践性。

本教材可作为职业技术学院篮球专选课和篮球普修课教材，也可作为从事篮球教育工作者的参考用书和篮球爱好者的自学用书。

图书在版编目（CIP）数据

篮球/李志强，芦军志主编．—广州：华南理工大学出版社，2009.4（2023.8 重印）
ISBN 978－7－5623－3010－3
（体育职业技术学院系列教材）
Ⅰ．篮…　Ⅱ．①李…②芦…　Ⅲ．篮球运动-高等学校：技术学校-教师　Ⅳ．G841

中国版本图书馆 CIP 数据核字（2009）第 038616 号

总 发 行：华南理工大学出版社（广州五山华南理工大学 17 号楼，邮编 510640）
营销部电话：020－87113487　87110964　87111048（传真）
E-mail: scutc13@scut.edu.cn　　**http://hg.cb.scut.edu.cn**
责任编辑：毛润政
印 刷 者：广州小明数码印刷有限公司
开　　本：787mm×960mm　1/16　**印张**：14.25　**字数**：320 千
版　　次：2009 年 4 月第 1 版　2023 年 8 月第 6 次印刷
定　　价：29.00 元

编写人员简介

顾问

杨鹏飞：教授，武汉体育学院和北京体育大学篮球博士生导师，享受国务院政府津贴专家，主持的课题曾获国家体育总局教学成果一等奖，湖北省科技进步三等奖，湖北省教学成果三等奖。兼任湖北省篮球协会主席。

主编

李志强：广州市体育局副局长，副教授，中山大学兼职副教授，广州体育学院篮球硕士研究生导师。兼任广州市体育局职称评审委员会副主任，广州市篮球协会常务副主席、秘书长。

芦军志：讲师，广州体育职业技术学院篮球精品课建设负责人，广州市飞镖协会秘书长。

副主编

黄宏远：篮球博士生，参与国家体育总局2008年篮球奥运会攻关课题和多项省部级课题研究。

王宗兴：篮球国家级教练，广州体育职业技术学院篮球精品课建设组成员。

本 书 图 例

- 球
- 进攻队员 4 号
- 进攻队员 4 号持球
- 防守队员 4 号
- 教练员
- 队员移动路线
- 队员运球路线
- 队员传球路线
- 队员投篮
- 掩护
- 夹击
- 急停
- 进攻队员 4 号转身
- 障碍物

前　言

当前高职高专职业教育正在我国全面推广，如何提高高职高专教与学的效果，成为我们迫切需要解决的问题。为此，广州体育职业技术学院组成高职高专《篮球》教材编写组，经过对我国体育教育专业培养目标的学习和对原有篮球教材使用效果的客观总结，结合当前我国高职高专篮球教学的经验与发展趋势，确定了编写本书的指导思想。在坚持继承与发展、创新与提高、普通教育与职业教育相结合，突出“实践 + 应用”等原则的基础上，使该书具有适合体育职业技术学院篮球教学的特色。

本教材从篮球运动的特点、篮球技术教学与训练、篮球战术教学与训练、篮球运动员的体能训练、篮球运动心理训练、篮球运动常见损伤的预防及处理和篮球竞赛裁判工作等七个方面简述了篮球运动，具有较强的理论性和实践性。理论部分以“必需、够用”为原则，教材着重突出技术的“实践 + 应用”。在内容安排上以讲求实用、系统完整、重视实践、强调能力为原则，坚决贯彻高职高专的教学理念。

本教材的内容、结构、文字、示图具有适合体育职业院校教学的特色，从而使本教材进一步体现出先进性、科学性和高职高专职业教育的特点，可作为职业技术学院篮球专选课和篮球普修课教材，也可作为从事篮球教育工作者的参考用书和篮球爱好者的自学用书。

由于编写人员水平有限，书中缺点和错误在所难免，恳请广大读者批评指正。

编　者

2009 年 1 月

目 录

第一章　篮球运动概述

篮球运动既是一项综合性的游戏，又是一个现代竞技体育的运动项目，它是将球投入对方球篮，以得分多少决定胜负的集体球类运动项目。篮球运动适合于每一个人，无论男女老少都可以参加这项运动。经过百余年的发展，篮球运动已经成为世界性的体育项目。五大洲200多个国家和地区数以亿计的篮球爱好者参与这项运动或热心观赏篮球赛事。篮球运动已成为现代社会的一种文化现象，同时也是现代社会文明与进步的体现，成为人们业余文化生活的重要组成部分。而且自20世纪80年代以来，世界篮球竞技运动已经成为一种新兴的现代体育产业和为国际交流服务的工具，它把世界各国人民广泛地联系起来。

篮球是一项极富趣味性和观赏性的运动项目。娴熟的运球，巧妙的传球，准确的投篮，机智的抢断，出奇的扣篮和大力的封盖，再加上激烈的攻守对抗，丰富的阵势变幻和球员的轮番上场，让人眼花缭乱，无论参加者还是观赏者都会得到愉悦和满足。

篮球是一种对抗性和挑战性很强的体育项目，同时也是一项健身益智和提高人的竞争力、创造力以及发掘人的潜能的很好的运动。通过参加篮球运动，可以增强人的竞争意识和进取精神，可以提高人的团队意识和互助精神，可以培养人的良好品质和高尚的道德情操，有益于塑造一个完美的人。随着经济的发展与社会的进步，篮球运动的市场价值也日益为人们所认识。美国NBA把篮球打造成为年产百亿美元的体育产业，这也为世界篮球运动的发展提供了一个产业化的模式。

由此可见，篮球运动功能全面而且复杂，引人注目且内涵深刻。研究篮球运动的特点、规律及其哲学思想，旨在将我国篮球运动水平推向新的更高阶段。

第一节　篮球运动的特点与作用

篮球运动有自己的竞赛规则，对比赛方法、队员行为及活动的时间、空间等都有具体的规定和制约。队员要熟悉规则、利用规则，才能更好地在比赛中获得行动的自由。

篮球运动由各种各样的跑、跳、投等基本技能所组成，是以积极争夺控球权为手段，以投篮为目的进行的运动，篮球比赛的双方队员既是同场竞技，又是攻守交错，多在两边篮下有限的地面和空间展开激烈的争夺。因此，篮球技、战术的运用具有复杂性和多变性，队员需要具备随机应变的能力。

篮球运动具有较强的集体性，它要求队员在比赛中必须齐心协力，密切配合，相互帮助，发挥集体的力量，更好地争取比赛胜利。

由于上述特点，篮球运动具有如下功能与作用：

一、篮球运动对人的积极影响

篮球运动是身心俱用的全身活动项目。参与者既能够享受到运动时的轻松愉快，又可以体验到竞技的紧张。篮球运动不仅能够健身强体，还可以使人的个性、潜能和创造力得到充分展示。

（一）健身作用

篮球运动持续时间可长可短，但需要参与者快速奔跑、突然与连续起跳、敏捷反应与力量抗衡。经常参加篮球运动，可使身体各部分肌肉坚实，发展匀称，体格健壮。篮球运动也是一项高强度的对抗性运动项目，因而能使心脏、血管、呼吸、消化等器官的功能增强，促进机体内部系统的工作能力提高。篮球比赛综合复杂，要求运动员具有良好的分配与集中注意力的能力，以及对空间、时间的掌控和定向能力，它对提高神经中枢的灵活性、提高神经中枢协调支配各器官的能力，具有良好的作用。

（二）启智作用

篮球运动不仅是技术与身体的对抗，也是意志与智慧的较量，篮球比赛更是一场心理交锋。运动员的智慧、胆略、意志与创造力，决定着比赛的成败和运动水平。篮球运动是一项把变换、结合、转移、持续融为一体的集体攻守对抗项目，要求运动员反应快速、判断准确、随机应变、有勇有谋、机智善断，从而促进大脑功能水平的提高与智力的发展。

（三）育人作用

篮球运动对培养集体主义精神有积极作用，队员之间团结合作、互相协同、默契配合，才能保证比赛的胜利。篮球运动有利于运动员良好心理品质的形成。通过比赛，运动员的个性、自信心、情绪控制、意志力、进取心等能力都可以得到很好的发展。篮球运动有利于高尚道德品质的培养。通过训练与比赛，培养运动员努力拼搏、文明自律、尊重裁判、尊重对手、尊重观众等高尚的体育道德。

二、篮球运动对社会的积极影响

篮球运动是一项增强体质、促进健康的体育项目。它能丰富人们的业余文化生活，从而提高劳动、工作和学习的效率。进入现代社会以后，其娱乐休闲、社会交往以及在经济开发方面的作用日益明显，对社会的发展与进步有着积极意义。

（一）娱乐休闲作用

篮球运动极富趣味性和观赏性。运动员娴熟的运球、巧妙的传球、准确的投篮、机智的抢断、出奇的扣篮，再加上激烈的攻守对抗，丰富的阵势变幻，让人有美的感受。

特别是近年来，新兴起和发展的"三人制"篮球赛，以其组织方便、条件简单和趣味性强等优点，在群众娱乐、休闲方面发挥着很大的作用。

（二）社会交往手段

篮球运动在世界范围内广泛开展，已成为人与人、团体与团体、国家与国家之间相互交流的工具和建立理解、信任和友谊的手段。即使分属不同的国家、地区，具有不同的语言、肤色，人们仍然可以通过篮球"语言"进行交流，增进相互间的认识。凡是亲身体会篮球运动或是观看篮球比赛的人，无不在共同的气氛中得到满足、欢乐和愉悦，必然会从相识、了解到产生共鸣并建立良好的关系。

（三）经济开发作用

在市场经济条件下，我国逐渐把篮球竞赛推向市场，取得了良好的社会效益和一定的经济效益。通过实行主客场制比赛，篮球运动为各种商业活动营造了新的气氛，也促进了传媒的发展。现在，篮球项目已成为广告传媒的重要载体之一。此外，服装、轻工、电子等产业也随之得到了促进和发展。篮球运动实行俱乐部体制，走向职业化道路，是篮球运动实现经济开发的标志；围绕篮球职业化将会出现职业球员、职业联赛与职业经纪人；通过实行主客场比赛，设置高额奖金，调动运动员的积极性，促进篮球运动水平的提高，也为推进篮球管理体制的改革，加快国家篮球运动管理中心向实体化过渡创造了条件。篮球运动体制必将随着社会主义市场经济的发展而完善。

第二节　篮球运动的起源与发展

篮球运动是在1891年由美国马萨诸塞州斯普林菲尔德（春田）市基督教青年会训练学校体育教师詹姆士·奈史密斯博士借鉴其他球类运动项目设计发明的。起初，他将两只桃篮钉在健身房看台的栏杆上，桃篮上沿离地面10英尺（3.05米），用足球作比赛工具，任何一方在获球后，利用传递，运拍，将球向篮内投掷，投球入篮得一分，按得分多少决定比赛胜负。

1891年12月21日（有记载为15日）由奈史密斯执教的秘书班学生进行了第一次实验性比赛，全班18人，分成两队，每队9人。球赛开始时，把球抛向中场的两队队长之间，双方开始争抢比赛。比赛进行得非常激烈，队员都有很高的热情。比赛中一名叫威廉姆·R·卡斯的队员投入一球，这场比赛以1:0结束，这个球也成为篮球比赛最早的一个进球。由于这种比赛具有容易掌握、趣味性强等特点，很受大家的欢迎。因此，在学员中很快流传起来。国际基督教青年会训练学校的校报上也刊登了一篇文章专门介绍这项运动，从而促进了篮球运动的宣传与发展。

1892年，奈史密斯制定了《青年会篮球规则》13条，比赛时间为上、下半场各15分钟，对场地大小也做了规定，上场比赛人数由每队9人变为7人；1893年，上场比赛人数再由 7 人变为 5 人。之后随着篮球运动在美国国内的推广与开展，场地、器材也不断改进，逐渐形成近似现代的篮板、篮圈和篮网。

由于篮球运动是一项室内、富有吸引力的新颖运动项目，不仅在美国国内得到很快的发展，而且也相继传播到欧、亚、南美洲等一些国家和地区。1904 年，美国青年会男子篮球队在第三届奥运会上进行了表演赛。此后，篮球运动逐步在各大洲开展起来。1932 年在瑞士日内瓦成立了国际业余篮球联合会，正式出版了第一本国际篮球规则的图书。1936 年，第 11 届奥运会将男子篮球列入正式比赛项目，篮球运动从此登上了国际竞技运动舞台，成为一项世界性的运动项目。

20 世纪 30 年代后期至 40 年代中期，由于第二次世界大战的影响，两届奥运会未能举行，国际篮球交往受到影响，篮球技、战术的发展没有重大突破。但篮球运动仍在很多国家得到一定的普及和发展。20 世纪 40 年代后期，由于第 14 届奥运会和世界大学生夏季运动会的举办，篮球运动又恢复了国际性的比赛。随着规则多次地修改、高大队员的出现、快攻的发展、投篮技术的提高、比赛分数的增大，大大促进了篮球运动技术水平的发展与提高。

进入 20 世纪 50 年代，篮球运动普遍重视向高度和快速的方向发展。1952 年，第 15 届奥运会出现不少 2 米以上的高大队员，他们在争夺高空优势和控制比赛的主动权上起着重要的作用。国际业余篮联为了改变高大队员单凭身高不靠技术来控制篮下的局面，对篮球竞赛规则又进行了修改。扩大了 3 秒限制区，增加了 24 秒和干扰球的规定。因而，促进各国篮球队在重视高度发展的同时，也加强了对高大队员灵活性和技术的训练。

进入 20 世纪 60 年代以后，篮球运动的高度、速度和技术进一步结合，防守也在快速发展。这个时期，运动员的身高在继续增长，比赛速度在不断加快。美国篮球称霸世界的主要原因之一，就是身高与技术同步发展，走在世界强队的前面。但也有一些如巴西队的世界强队，他们因快速灵活、技术全面娴熟而两次夺取世界男子篮球锦标赛的冠军，引起了世界篮坛的震惊。在这个时期，防守也有了新的突破，积极主动的防守改变了被动防守的陈旧观念。紧逼防守战术的出现，以防守制约比赛的速度和节奏，反过来促进进攻技、战术的发展。运球突破能力和投篮准确性的提高，促进进攻战术向快速、灵活、多变的方向发展。美国提出的“攻守平衡”理论，对篮球运动的发展有很大影响，逐渐使防守从“以人为主”、“以区域为主”的防守原则转变为“以球为主，人球兼顾”的原则，提高了防守的积极性、攻击性和破坏性。

进入 20 世纪 70 年代，世界强队队员的身高发展更为惊人。以第 8 届世界男子篮球锦标赛为例，2 米以上的高大队员有 48 人之多。这些高大队员既有高度又有速度，能攻善守，技术全面，使篮球比赛高空与地面的争夺更加激烈。身体、意志、技术、战术等各种对抗因素融为一体的全面对抗，是现代篮球运动发展的趋势。篮球规则增加了对全队犯规次数的规定，对身体接触有了新的理解，使比赛朝着有利于对抗的方向发展。在这一时期中，欧洲、亚洲、大洋洲一些国家跻身于世界篮球强队行列，美国称霸篮坛的局面被打破，前苏联、前南斯拉夫分别夺得奥运会篮球比赛和世界篮球锦标赛的冠军，形成了三强鼎立的局面。女子篮球在第21届奥运会上也作为正式的比赛项目。

20世纪80年代的篮球运动向高水平的全面对抗方向发展。女子篮球向男子化方向发展。在世界性比赛中，有以下主要表现：

第一，高大队员趋向技术全面、快速灵活，不仅参与快攻快守，而且在攻守中活动范围扩大，在对抗中更具有威力，身高与速度的结合，加快了全队的比赛速度。

第二，篮球队员身体素质的普遍提高，为掌握高难技术在激烈对抗条件下实现技术目的奠定了基础。美国队员的高难度扣篮、强有力的突破，前南斯拉夫队的准确投篮，紧逼防守，以及他们表现出的惊人的弹跳、凶猛的拼抢，无不是体能与技术技巧的完美结合。

第三，在世界强队比赛中，重视攻守的转换，抓住有利时机加快攻守转换的速度，争取主动。特别是对篮板球的作用又有进一步的认识时，更加重视篮板球的争夺，把它看成攻守转换的重要环节，篮下的争夺也更加激烈。

第四，在高水平全面对抗的篮球比赛中，队员的技术更趋全面，攻守兼备，各有特长。世界各强队中都拥有一些投篮能手、助攻能手、抢篮板能手等明星队员，他们在比赛中，不仅是主力队员，而且技术发挥都能比较稳定，从而起着增强全队信心和鼓舞士气的作用。

第五，双方队员在比赛中，既要运用自己的机敏、智力去发挥技术，又要积极地进取拼搏。现代篮球运动正以最完美地表现人的智慧、意志、活力和技巧的趋势向前发展。

第三节　当前国际篮球运动发展趋势

20世纪90年代，是现代篮球运动面向21世纪创新飞跃和进入攀高发展的新时期，即现代篮球运动当代化时期，也预示着21世纪世界男、女篮球运动都将进一步在世界范围内普及、发展、创新和提高；运动员的技术、战术、身体、体能条件与要求逐步向篮球运动本体专项特征靠拢；篮球规则围绕“智、高、壮、快、准、悍、全、巧、变”不断地完善与补充，激励攻守技术、战术的不断创新发展，推动攻守对抗的速度、力量、准确性、技巧性的全面提高和拼争强度更加凶悍激烈，篮球运动更具魅力。

一、运动员、教练员用智慧驾驭篮球运动

篮球运动是一项科学的智慧性运动项目，也是体育科学中的一门学科课程。随着篮球运动的进一步社会化、科技化，篮球理论的系统化、科技化，以及篮球比赛的凶悍

化、竞赛形式的商业化，迫使教练员和运动员都要用智去练，用智去赛，用正确意识去斗，而智的基础则是综合的文化科技知识能力与水平。因此，必须重视运动员文化知识的学习提高、知识结构的充实与更新，使他们懂得用文化科学知识去掌握篮球运动的本质规律，才能聪慧地在篮球场上驾驭篮球，成为篮球运动英才。

二、重视运动员自然高度和提高制空能力

无高不篮球。21 世纪的现代篮球竞技运动无可非议地将继续是巨人群体展开拼搏的运动，要求以身高、体重、壮悍、力量和技巧去制空，这是篮球运动专项特征所决定的；无高无优势，已是篮球比赛的客观事实。但高的内涵不是单纯追求高体型和制高优势，而更要求高智慧、高形态、高速度、高体能、高空配合、高比分，以及攻守技术运用的高效能，攻守转换的高节奏，攻守对抗的高强度，从而使比赛进程处处时时处于“高”的意识之中。

三、强化准确，减少错误

篮球比赛以得分多少定胜负，投篮准是篮球运动攻守对抗的核心与目的。因此，世界优秀运动队都培育出了一批优秀投篮手，他们掌握的投篮技术已达到艺术化的水平，普遍具有在对抗条件下投篮方式多、变化多、机会多、区点多、出手点高、心态稳、投速快、突然性强和命中率指数大的特点，任何一个球队拥有这样的投篮明星运动员越多，就标志着队伍的整体实力强。今后世界范围内篮球运动更将突出一个准字，既要求传得准、判断得准、时机抓得越准，更要球投得准，准是篮球运动永恒的主题，而投得准是核心，是重点。

四、重视以速度争取时间

篮球规则对进攻时间的限制不断缩短，世界篮球运动进一步强化“快”的意识，掀起全面“快”的浪潮，重视“快”中掌握节奏，革新在快速运动中运用新的技、战术的手段与行动要求。今后的趋势必将促使现代篮球比赛在更高速度下出现快节奏和高得分。

五、凶悍拼斗日益激烈

现代篮球运动的特点之一是攻守对抗的凶悍拼斗性日益激烈，攻守贴身对抗技能和凶悍拼争是现代篮球比赛当代化的又一明显特征。比赛实践显示，现代篮球精神上的凶悍拼斗意识对于转变传统竞技比赛观念和扎实掌握实战本领更显重要，以此为基础，强化培养、训练具有现代篮球对抗意识和掌握拼斗的本领，才能适应现代篮球近似凶悍格斗的发展趋势。正是由于进攻拼斗能力提高所带来的防守拼斗观念与技、战术的变化，

使当代化的篮球竞技比赛对抗拼斗更为凶悍激烈，从而形成“攻守意识＋凶悍意识＋体能力量＋技能谋略”的拼斗体系。

六、全面与特长、集体与明星兼顾

随着世界篮球运动对抗强度的进一步发展，各国普遍重视运动员技术、战术、身体、心理、智力的全面提高，不断保持全队进攻、防守和篮板球三者平衡。要求队员不仅身体素质和技、战术能力全面发展，而且还应该具备特长技术。篮球比赛是队与队的对抗，而不是个人能力的比赛，因此必须加强全队的实力，才能立于不败之地。现代篮球比赛明星的作用日显突出，特别是关键时刻更显重要，他能起到力挽狂澜、起死回生、反败为胜的作用。

七、应变多样使比赛更具观赏性

篮球比赛的精髓是变化，有变化则主动，无变化则被动。战术的选择与组织都强调与本队实际、世界篮球发展趋势和时间观念、空间意识结合，重视一个“快”字，突出一个“精”字，立足一个“变”字，在最短的时间、最快的速度下变化，组合最强的战斗力，取得最佳的效果。因此，世界高水平队伍的比赛布阵落位迅速，阵势不一，都力求在对手防守阵势尚未形成之时展开全面攻击，并在攻击时随机应变。精彩的篮球比赛可以吸引众多的球迷和观众，这是推动现代篮球运动社会化和产业化的重要因素。篮球比赛所体现出的技术风格和战术变化的奥妙，所产生的个人效应以及社会学价值，可以倾倒成千上万的观众和商家，使篮球产生巨大的影响，如NBA巨星迈克尔·乔丹的塑像屹立在芝加哥城市中心，他的影响甚至超过美国总统。

八、聘用有个性特点、风格的智谋型教练员做统帅

国内外篮球队伍的训练比赛实践证明：“帅乏智，卒不悍，战必溃。”为此，世界各国篮球界都十分重视寻求和选聘具有篮球专项个性人格魅力、独特的现代理论造诣和组织训练、管理与指挥才华的教练员任职。教练员的思想品德、气质修养、人格魅力、敬业精神、科学智慧、创新能力、掌握专项及相关科学理论知识的层次与接受新事物的敏感力，以及实践经验和管理指挥才能，决定着一支运动队伍的发展前途，也是队伍的希望和凝聚力的基础，是实力水平的重要体现。教练员必须足智多谋，才能在激烈的比赛中运筹帷幄，指挥若定。

九、优秀运动员成才周期缩短，运动寿命延长

随着现代高科技的快速发展，科学化训练水平的提高和世界篮球职业化进程的加快，促使优秀运动员成才周期不断缩短。现代篮球运动趋势已说明，18～19岁已经是

能成为一名优秀运动员的年龄。常年坚持科学化训练，35～40岁仍能保持良好的竞技状态，可使运动员运动寿命延长。运动员的运动寿命延长不仅使篮球比赛更加精彩，提高了观赏价值，而且还可以把他们高超的技艺和宝贵的经验传给年轻一代，为篮球运动的发展添砖加瓦。

十、篮球运动的职业化、产业化加快

篮球运动职业化是当今世界篮球发展的主要趋势之一。篮球职业化可以产生巨大的经济效益，大幅度提高运动员的工资待遇，促进运动员训练的积极性，从而大大提高篮球运动的竞技水平，促进篮球运动的快速发展。美国NBA的成功经验昭示我们，大力开发职业篮球市场，加速了篮球产业化的进程。只有开发篮球本体产品，带动相关产品和延伸产品的运作，才能不断地活跃篮球市场，促进篮球产业化的快速发展。

第四节　我国篮球运动的发展简况

篮球运动自1895年由美国国际基督教青年协会派来中国天津基督教青年会的第一任总干事来会理（David Willard Lyon）介绍传入中国，至今已有一百多年，在中国已成为人们喜闻乐见的社会文化形态，在教育科学领域已成为一门教育科学，在竞技体育范畴内它也是一项重点发展的竞技运动。中国篮球运动发展可概括为一部多因素的发展史，是社会篮球活动、学校篮球、篮球理论与研究、篮球竞技比赛和篮球运动管理等交织在一起的综合的、相辅相成的、有光辉业绩的发展史。

一、旧中国的篮球运动

篮球运动于1895年传入我国并在天津基督教青年会举行了最早的表演，以后在天津和华北地区开始传播。1907年，上海基督教青年会供会员使用的健身房内就有篮球活动。1908年的上海青年会体育训练班把篮球列为教材内容进行推广。

1910年，在南京举行的第1届运动会上（全国学校区分队第1届体育同盟会，辛亥革命后改称为第1届运动会），由华北地区队与上海地区队作篮球表演赛。随后，全国的一些大城市特别是大、中学校相继开展了篮球活动。

1913年，中国派篮球队参加了第1届远东运动会（仅有中国、菲律宾、日本三个国家参加）。1914年，篮球被列为第2届全国运动会的正式竞赛项目，女子篮球被列为表演项目。1921年，在上海举行的第5届远东运动会上，中国队获得了篮球比赛的冠军。1930年，第5届全运会上，女子篮球被列为正式竞赛项目。

1936年，我国男子篮球队参加了在德国柏林举行的第11届奥运会。董守义等人入选国际篮球裁判会，舒鸿担任了该届奥运会篮球决赛（美国对加拿大）的临场裁判。

随后我国成为国际业余篮球联合会的会员国。

1946年，菲律宾华侨“群声”篮球队回国访问，带来了新的技术和战术，对我国篮球运动技、战术的提高起到了积极作用。

1948年，我国又派篮球队参加在英国伦敦举行的第14届奥运会，该届奥运会篮球比赛有23个国家参加，中国队获第18名。

篮球运动在旧中国虽有50多年的历史，但开展并不广泛，只在一些大、中城市的大、中学校以及军队中开展，大都作为体育课和文化娱乐的一种手段，极少有专门的篮球训练，也没有举办过全国性的篮球单项竞赛。在这一时期，我国篮球运动技术水平发展缓慢，在10次远东运动会的篮球竞赛中，只获得过一次冠军。

在旧中国时期，中国共产党领导下的革命根据地也经常组织篮球比赛活动，以活跃军民文化生活。抗日战争期间，延安等地的篮球运动也较为活跃。当时，贺龙同志领导的120师的“战斗”篮球队和陕甘宁边区的“东干”篮球队，在广大根据地负有盛名，这对开展体育活动，增强军民体质，鼓舞抗日士气，起着积极的作用。

二、新中国篮球发展情况

新中国成立后，在体育运动“普及与提高相结合”方针的指引下，篮球运动得到蓬勃发展。

1949年，我国学生篮球队参加了第1届世界青年与学生和平友谊联欢节和第10届世界大学生夏季运动会的篮球比赛。1950年，中国学生男子篮球队又参加了世界学生第2次代表大会的篮球比赛。这是新中国篮球队首次出现在国际体坛。

1950年，前苏联国家男子篮球队来我国访问，他们的快速打法和全面身体训练的经验，对促进我国篮球训练工作和提高运动技术水平有着重大的影响。

1951年，在北京举行了全国篮球大会。

1953年，在天津举行了全国篮、排、网、羽四项球类比赛大会。同时全国和各大行政区先后分别对优秀篮球运动员进行了集训，并深入基层进行表演和宣传，这对我国篮球运动的普及与提高都起到了很好的促进作用。

1954年，国家体委制定并颁布了《中华人民共和国运动竞赛制度的暂行规定（草案)》，从而使篮球竞赛制度化，促进了篮球运动在全国的普及与发展。

1955年，在天津召开了全国运动员训练工作会议，这次会议对我国运动训练的理论与实践具有重要的指导意义。《新体育》杂志展开了“关于篮球战术指导思想问题的讨论”，进一步明确“积极、主动、快速”的篮球战术指导思想。

1956年、1957年召开篮球训练工作会议，研究和讨论了我国篮球运动技、战术水平提高的问题，总结了经验与教训，对指导我国篮球运动的发展有着积极的促进作用。1956年还公布了第一批篮球运动健将和国家级裁判名单。

1959年，在北京举行了中华人民共和国第一届全运会，各省、市、自治区和解放军篮球队，都有自己的独特打法和风格，成为我国篮球运动飞跃发展的一年。在这段时期与一些欧洲强队的比赛中，充分体现了积极、主动、快速、灵活、准确的技术风格和快攻、跳投和紧逼防守等技、战术特点，标志着我国篮球运动走向一个新的高峰。

1961年召开了全国篮球教练员座谈会，提出了要善于把继承、借鉴、创造三者结合起来，反对盲目模仿别人，继续研究走自己道路的问题，并从理论上去探索篮球运动发展的规律。

1965年，在北京举行了第二届全运会，篮球被正式列为竞赛项目。同年，我国篮球队在一些国际篮球比赛和友好互访中取得了较好的成绩，表现出我国男、女篮球队已经接近世界先进水平。

我国篮球运动在“文化大革命”期间经过几年停滞后，与世界强队相比，差距逐渐拉大。为了迅速提高我国篮球运动技术水平，从1971年开始重新组织和训练青少年运动员。1972年举行了全国五项球类运动会，还召开了足、篮、排三大球训练工作会议。1973年以后，篮球国际间的交往开始恢复，美国、前南斯拉夫等国家的篮球队来访，我国男、女篮球队也去欧洲访问和参加比赛。

1974年，国际业余篮球联合会决定恢复中国篮协为会员国。同年，中国男、女篮球队参加了第七届亚洲运动会，均获得第3名。1975年、1976年，我国男、女篮分别获得亚洲篮球锦标赛的冠军，冲出了亚洲，走向了世界。

由于国际间篮球活动频繁，相互访问、比赛，先后聘请美国、前南斯拉夫等国家著名教练员来我国讲学，多次举办全国篮球教练员学习班等，学习了国外的先进经验，改进了我国的篮球训练工作，促进了技、战术水平的提高。

1977年，我国女篮参加世界大学生运动会，并取得了第6名的较好成绩。1978年，我国男篮参加了第八届世界男篮锦标赛，获得了第11名。同年，有一批篮球裁判员被国际篮联批准为国际篮球裁判员。

1981年，在杭州召开全国篮球训练工作会议，研究加速提高我国篮球运动水平的措施。为向世界先进水平进军，根据世界篮球运动的发展趋势和当时世界强队的状况，以及我国篮球的实力提出了“女篮先上，男篮紧跟”的口号。1982年，我国女篮在第九届亚运会上获得冠军。1983年，又在第九届世界女篮锦标赛中获得第3名，跻身于世界强队的行列。我国男篮也在第十届亚洲男篮锦标赛蝉联冠军，并双双获得参加第二十三届奥运会篮球决赛的资格。同年，我国还举行了第一次全国篮球学术报告会。

1984年，在第二十三届奥运会篮球决赛中，我国女篮获第3名，男篮获第10名。1986年的第十届世界男篮锦标赛中，我国男篮又获得第9名。这些是我国篮球队在世界篮坛上所取得的好成绩。女篮在第十届世界女篮锦标赛上又获得第5名。1988年，在第二十四届奥运会篮球比赛中，女篮获得第6名，男篮获得第11名。

20 世纪 90 年代我国篮球取得了历史性的突破：1990 年在第十一届亚洲运动会上，我国男篮取得了第 1 名，女篮获第 2 名。1992 年和 1994 年，中国女篮先后夺得奥运会银牌和世锦赛亚军；1994 年和 1996 年中国男篮先后跻身世锦赛和亚特兰大奥运会八强。但是胜利之后潜伏着危机，到 20 世纪 90 年代后期，我国篮球运动开始滑坡：1999 年世青赛上中青队险些垫底，1999 年亚锦赛上中国女篮无缘决赛，仅得第 4 名，失去了 2000 年悉尼奥运会参赛资格，女篮跌至历史的最低谷，男篮一直在世界 10 ~ 12 名之间徘徊，2002 年又失去亚洲冠军。在 2004 年雅典奥运会上男篮获得第 8 名，女篮获得第 9 名。2008 年北京奥运会男篮获得第 8 名，女篮获得第 4 名，女篮的成绩开始恢复。

国民经济的增长，人民生活水平的提高，为我国篮球运动的进一步发展奠定了物质基础，推动了我国篮球运动的全面发展。体育体制改革给篮球运动的发展扩大了空间。我国体育体制改革的目标是建立中国特色的社会主义体育新体制。《体育法》的颁布、“奥运增光计划”和《全民健身计划纲要》的实施、CBA 职业联赛的蓬勃发展等一系列的改革措施为篮球运动的发展开拓了广阔空间，我国篮球改革已初见成效。世界职业篮球运动的发展为我国提供了丰富的经验和借鉴。以美国 NBA 为首的世界职业篮球运动发展速度迅猛，它不但有较详细的竞赛制度、比赛规则、选秀制度、转会条例等内部管理机制，而且有一套较完整的市场运作经营体系。目前，我国正处于篮球运动改革初期，在市场经济大潮的冲击下，坚持走职业化道路，不断地参考和借鉴，汲取精华，并通过自身的努力适应市场，占有市场，求得生存与发展。另外，由于媒体特殊的社会效应，篮球运动管理中心成立以来，一直与媒体保持着密切的联系，媒体的参与和关注为我国篮球运动的发展提供了原动力，人们可以从中获得广泛的信息，了解和把握现代体育发展的脉搏，为我国篮球运动发展提供了前所未有的机遇和前提条件。

总的来看，随着我国经济的快速发展，人民生活水平的提高，全民健身计划的实施以及北京 2008 年奥运会的成功举办，群众体育蓬勃发展，群众篮球也得到了较快的发展，竞技篮球运动技术水平有了迅速的提高。男篮在亚洲保持领先地位，但与世界强队比较，还有一定的差距。女篮曾在世界大赛中取得过较好的成绩，但成绩不稳定。今后要进入世界先进水平，还必须认真分析我国男、女篮与世界强队在身体、技术、战术、心理、训练、比赛等方面的差距，研究篮球运动的发展趋势，加强训练的科学性，要改革创新和进一步完善自己的风格与打法，走自己的发展道路。

第二章　篮球技术教学与训练

第一节　篮球技术教学原理

一、篮球技术概念

篮球技术是篮球比赛中运动员为了进攻与防守所采用的专门动作方法的总称。它包括移动动作（指跑、跳、急停、转身等无球的动作方法）、控制支配球动作（指接球、传球、运球、投篮等有球的动作方法）和争夺球动作（指抢球、打球、断球、抢篮板球等动作方法），以及由这些动作各种各样的组合所组成的动作体系。

篮球技术动作随着篮球运动进攻与防守的发展、规则的演变、队员身高与素质的提高得以改进、完善和创新。在篮球比赛中，各类技术动作的运用是根据运动员的训练水平、战术配合的需要和比赛的具体情况加以组合，这些动作的运用，既相互联系、相互制约，又相互影响、相互促进。在篮球比赛中，队员的智慧、技能、素质、品质、素养等多是通过篮球技术表现出来的。

篮球技术是篮球战术的基础。任何战术意图和战术配合的实现，主要取决于队员是否掌握一定数量的、熟练而准确的技术，并能有意识地加以合理运用。先进的技术必然促进战术的发展和变化，先进的战术又反过来对技术提出更高的要求，从而促进技术的发展和更新。它们之间是相互联系，互为影响，相互促进，共同发展的辩证关系。

二、篮球技术的结构原理

篮球技术根据动作在比赛中不同的目的、任务和动作结构的特点进行分类。篮球技术分为进攻与防守两大部分，如图 2－1 所示。

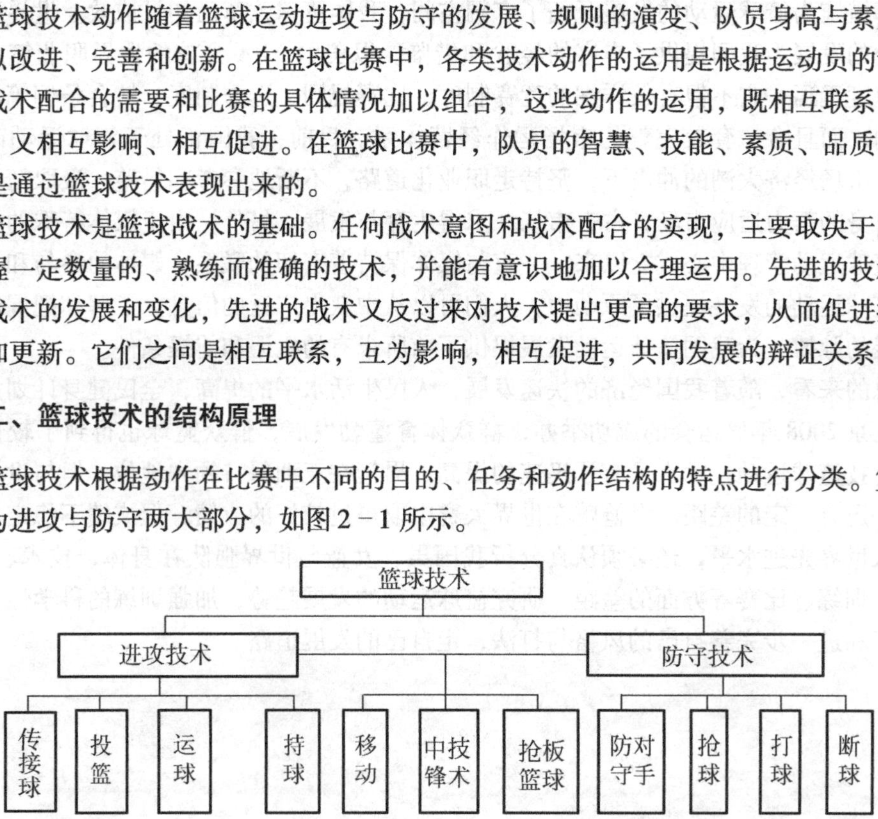

图 2－1

对篮球技术动作的分析，一般采用时期分析法，常分为准备、主要（工作）、结束（完成）三个时期，进而确定各个时期范围的活动和变化以及它们相互关系的特点，并在此基础上，探讨和制定篮球技术动作教学与训练的教法手段。

在研究技术动作完成的方法中，明确动作的运动姿势和它们在运动结构上的联系以及相互作用是比较重要的。从运动学的结构去揭示动作的形成与特点，动作与人体部位（胸前、肩上等）的关系以及与体轴（从正面、侧面等）的关系。从动力学的结构去研究完成动作时人体的位置（原地或行进间等）以及运动中人体内力与外力的相互作用、动量、转动、功能以及运动性质方面等问题，这些对于运用技术动作的合理性和时效性，进一步确定动作的运动成分及运动结构的相互关系都是很有必要的。

三、篮球技术教学的方法与步骤

篮球技能的形成首先从技术动作的掌握开始。利用示范动作、影像、图示等直观教具演示技术动作，使学生感知正确技术动作的方法，在头脑中建立起初步的动作表象，提高学习兴趣，激发学习的自觉性和积极性。运用语言法向学生讲解技术动作的名称，启发学生积极思考，加深对技术动作的理解，培养分析问题和解决问题的能力。在示范讲解的基础上让学生尝试与体会动作，以便获得技术动作的运动感觉，这是形成正确技术动作概念的重要环节。示范、讲解、试做使学生把看、听、想、做有机地结合起来，形成正确、完整的技术动作概念。

（一）掌握正确技术动作，形成动力定型

篮球技术是由不同的单个技术动作组成的，单个技术动作是掌握复杂技术和创新的基础。只有正确掌握单个技术动作，提高单个技术动作的运用能力才能提高整体的技术水平。

（二）掌握组合技术，学会灵活运用

组合技术就是根据实战中技术运用的组合规律，提炼出的综合性练习单元。它是篮球比赛中运动员运用技术的基本形式。动作之间的衔接是组合技术的关键，所以技术教学过程中首先要掌握各种动作之间的衔接技术。其次，在掌握技术动作衔接的基础上通过反复练习，掌握各组合技术之间的节奏和重心的转移。最后，要掌握假动作的组合，分析和提炼比赛中出现的各种复杂情况，不断练习真假动作的组合技术，不断提高运用技术的应变能力。

（三）加强攻防技术的对抗训练，提高运用技术的能力

对抗练习是在掌握技术动作和组合技术的基础上，在攻守对抗的条件下，学会根据对手的阻挠和制约而采取的相应对策，及时准确、合理运用技术的方法，是学习与掌握篮球技术技能的最重要的过程。在掌握单个技术、组合技术的基础上，学会在规定的攻守条件下，掌握运用时机，完成技术动作；学会在消极对抗中建立合理、正确的攻守条

件反射，选择运用时机，提高技术运用能力；在积极攻守对抗条件下，进一步提高运用技术的能力和应变能力。既要提高技术的运用水平，又要培养顽强的作风和意志品质。

四、篮球技术教学与训练的要求

（一）理论知识与技术相结合

随着篮球运动的发展，新的技术手段不断代替旧的技术。我们要运用现代的科学理论知识，不断提高训练的科学化水平，从而提高运动员的竞技能力。

（二）全面技术与重点技术相结合

运动员要在全面掌握技术动作方法的基础上，突出重点，发展个人技术特点，形成技术特长，掌握过硬本领。

（三）技术训练与身体训练相结合

身体素质是技术运用的基础，运动员只有具备良好的身体素质，才能保证技术水平的发挥。

（四）技术训练与战术训练相结合

技术训练要以战术训练为背景，要符合战术要求，采用局部战术与整体战术相结合的各种方法手段，提高运用技术动作的技巧性，培养战术意识。

（五）技术训练与心理训练相结合

培养运动员在训练和比赛中的各种心理素质，克服在训练和比赛中出现的各种心理障碍，防止各种干扰因素，从而保证技术动作的稳定性，创造优秀的运动成绩。

（六）技术训练与规则变化相结合

篮球比赛的规则是在不断发展变化的，篮球技术要符合比赛规则规定的要求，严格按照规则、规定进行训练。

第二节　移　动

移动是篮球比赛中队员为了改变位置、方向、速度和争取高度等所采用的各种脚步动作的总称。

移动是篮球技术的基础，是进攻时摆脱防守，防守时防住对手，争取攻守主动的一种手段，也是比赛中运用最多的一项基本动作。

一、移动技术分析

移动的动作结构主要是下肢各个环节以踝、膝、髋关节为轴的多个运动动作加上上肢的配合动作所组成的。分析移动技术，必须紧紧抓住重心与力这两个基本环节。脚、踝、腰、胯为协调力（内力）和利用地面给人体的反作用力（外力）来控制人体的平衡、转移身体的重心、改变唯一的方向和速度。腰腹有力、腰胯灵活、带动躯干，使动作协调配合，是控制和转移身体的重要环节。人体重心位置一般在身体正中面上第三腰椎的前上方七厘米处，躯干部位的质量占到人体体重的65%左右。控制好腰腹和腰胯的位置和活动，对改变和协调下肢移动的方向和速度必然起着直接的影响。人体大肌肉群的分布比较集中于人体的中部和表层，尤其是腰胯部位更占优势，肌肉的横断面积大，初长度长，则收缩能力强，发力大，腰胯部位的肌肉群对控制和转移身体重心起着相当重要的作用。腰胯灵活性好，活动范围大，对动作的协调、方向的控制、重心的稳定和变化都会产生直接影响。任何移动都需要腿部有力，而腿必须弯曲才能用力，所以必须屈膝降低重心。屈膝降低重心，有利于增大稳定角，提高相对稳定性；有利于减小蹬地角，增大水平分力，提高移动速度；有利于拉长主动肌的初长度，增大肌肉收缩力量，提高移动速度。前脚掌用力蹬地、辗地动作所产生的支撑反作用力是身体发生唯一的外力，从牛顿第二定律可知，在质量一定的条件下，力与加速度成正比。蹬地的力量越大，使身体产生的加速度也就越大。所以提高下肢蹬地的力量，是保证快速移动的先决条件。

队员在球场上需要经常保持一个既稳定又机动的站立姿势，以便迅速、协调地进行移动。这种站立姿势是两脚前后（或左右）开立，距离与肩同宽，脚掌着地，两膝弯曲（大、小腿之间的角度约135°），身体重心的投影点落在两脚之间，上体微向前倾，两臂屈肘自然下垂置于体侧，两眼注视场上情况。

二、移动的动作方法

移动的动作方法很多，如图2－2所示，现就其中一部分加以叙述：

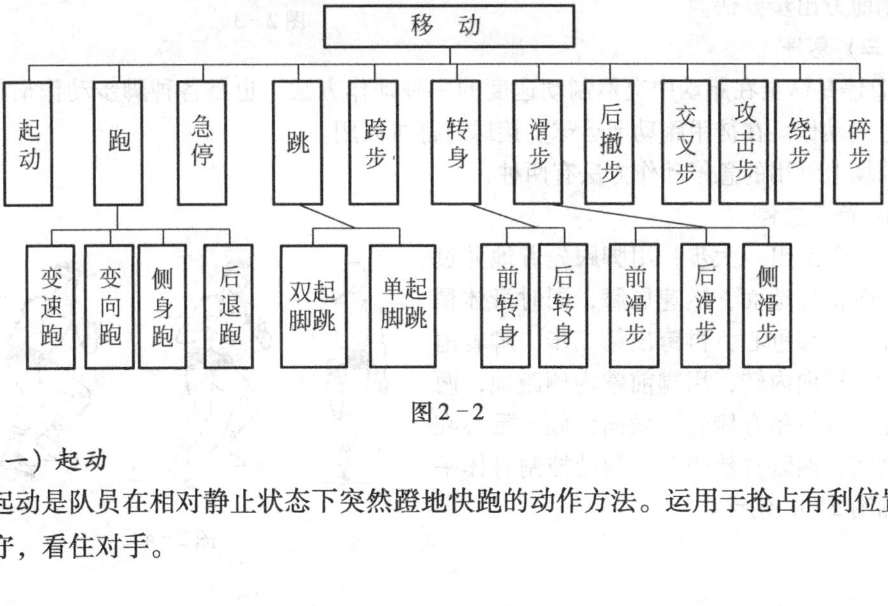

图2－2

（一）起动

起动是队员在相对静止状态下突然蹬地快跑的动作方法。运用于抢占有利位置，摆脱防守，看住对手。

动作方法：起动时以后脚（向前起动）或异侧的脚（向侧起动）前脚掌短促有力地蹬地，同时上体迅速前倾或侧转，向跑动方向移动身体重心，手臂协调地摆动，充分利用蹬地的反作用力，迅速地向跑的方向迈出。跑动后的前两三步，两脚的前脚掌要短促而迅速地连续蹬地和快速摆臂。

动作关键：移动重心，上体前倾，用力蹬地，前两三步小而快，摆臂配合。

(二) 变向跑

变向跑是队员在跑动中突然改变方向的一种方法。比赛中常用变向跑来摆脱防守和堵截进攻。

动作方法：变向跑时（以从右向左变向跑为例），最后一步用右脚脚前掌内侧用力蹬地，脚尖稍加内扣，迅速屈膝，腰部随之内转，移动重心，上体向左前倾，左脚向左前方跨出一步并用力蹬地，右脚迅速随着向左侧前方跨出，继续加速跑动前进，如图2－3所示。

动作关键：最后一步异侧脚用力蹬地，变方向第一步向侧前方出步要快。

图2－3

(三) 急停

急停是队员在跑动中突然制动速度的一种动作方法，也是各种脚步动作衔接和变化的过渡动作。在徒手跑动或运球、接球时都可以用。

球场上常用的急停动作方法有两种：

1. 跨步急停

先向前跨出一大步，用脚跟先着地并过渡到全脚抵住地面，迅速屈膝，同时身体稍向后仰，后移重心，再跨出第二步。脚着地时，脚尖稍向内转，用脚前掌内侧蹬地，两膝弯曲，身体稍有侧转，微向前倾，重心在两脚之间，两臂自然张开，帮助控制身体平衡，如图2－4所示。

图2－4

篮球

2. 跳步急停

单脚或双脚起跳，上体稍后仰，两脚同时落地，前脚掌用力，屈膝降重心，两臂屈肘微张，保持身体平衡，如图 2－5 所示。

图 2－5

动作关键：上体后仰，前脚掌蹬地，保持身体平衡。

（四）转身

转身是队员以一脚为中枢脚进行旋转，改变自己的位置和方向的动作方法。进攻时用以摆脱防守，或在防守时抢占有利位置。转身分为前转身和后转身两种：移动脚从中枢脚前跨出并转体叫前转身，如图 2－6 所示；移动脚从中枢脚后跨出并转身叫后转身，如图 2－7 所示。

图 2－6

图 2－7

动作方法：转身时重心移向中枢脚，移动脚前脚掌蹬地，以肩带动腰胯向转动方向转动，同时中枢脚后跟抬起，以前脚掌为轴用力蹍地。转身过程中要保持身体重心平稳，不要起伏。

动作关键：中枢脚起踵，前脚掌用力碾地，腰、肩转动，跨步迅速，重心平稳。

（五）滑步

滑步是队员防守时移动的重要动作方法，常用来阻截对手的移动。滑步可分为侧滑步、前滑步和后滑步三种。

动作方法：

侧滑步：由两脚平行站立，两膝弯曲，上体微向前倾，两臂张开。向左滑步时，左脚向左跨出一步，同时右脚前脚掌内侧迅速有力地蹬地，几乎贴着地面紧随左脚移动。注意保持屈膝低重心的姿势，身体不要上下起伏，重心保持在两脚之间，如图2－8所示。向右滑步时动作相反。前滑步、后滑步时，由前后站立姿势开始，移动方向不同。

动作关键：两脚配合协调，动作迅速，重心低而平稳。

图2－8

三、移动技术的运用

篮球比赛攻守交错，对抗激烈。篮球运动员的移动受特定条件（如篮球场地、球和对手等）的限制，它与田径及其他项目运动员的奔跑、跳跃有着明显的区别。队员在场上能否合理熟练地运用移动技术，不仅影响到自身摆脱（或看住对手），而且也影响到控制球、支配球、争夺球和投篮等动作的正确完成。因此，在运用时要注意以下几点：

（1）体现综合性、连贯性。比赛中，移动技术通常是由两个或两个以上的单个动作组合在一起加以运用，尤其要根据场上实际情况，在短暂的时间内完成一系列动作以实现攻守任务，必须注意移动技术的运用具有综合性和连贯性的特点。

（2）提高快速性、灵活性。移动技术力求动作自然、轻松、有节奏，能很好地控制身体平衡和转移身体的重心，提高移动技术动作的快速性和灵活性，以便在场上复杂的情况下能及时、合理地运用。

(3) 增强策略性、时效性。根据场上情况，提高应变能力，出其不意，克“敌”制胜，使移动技术的运用具有策略性和时效性。

四、移动技术教学法建议

(1) 移动技术的教学顺序可按基本站立姿势、起动、跑、急停、转身、跳、防守移动等进行。

(2) 移动技术教学与训练的步骤通常是以原地、慢速移动中、再到快速移动中练习。在正确掌握技术动作的基础上，逐步提高移动技术的运用能力和应变能力。

(3) 移动技术要结合运球、接球、传球、投篮、切入等技术，结合一攻一，结合基础配合等进行练习。

(4) 移动技术要与专项身体素质训练紧密结合。尤其要注意与反应速度、动作速度、位移速度、灵敏度、爆发力等素质相结合。

(5) 移动技术要和意志培养相结合。

(6) 在训练中，可将各种移动技术组合成一套套“组合技术”，作为“脚下功夫”经常练习。

五、移动技术练习方法示例

(一) 基本站立姿势

(1) 重心从一脚转移到另一脚；

(2) 以一脚作中枢脚，另一脚作跨步（同侧步、交叉步）、后撤步等恢复原姿势；

(3) 一脚做后撤步蹬地变同侧步，再蹬地变交叉步。

(二) 起动

(1) 基本站立姿势。看或听各种信号，向不同方向起动快跑；

(2) 各种不同情况下（如碎步跑中、滑步中、起跳落地后、急停后），看或听信号，向不同方向起动快跑；

(3) 自己或另一人抛球，球离手后起动快跑接球，不让球落地。比谁抛得远，跑得快。

(三) 变向跑

(1) 在场内根据手势或其他信号做变向跑；

(2) 在场内按规定的位置或跑至障碍物处做变向跑；

(3) 结合一对一的变向跑。

(四) 急停

(1) 慢跑、中速跑、快跑中做跨步急停和跳步急停；

(2) 跑动中做策应急停、接球急停；

(3) 利用罚球线、中线和端线做急停折中跑；
(4) 运球中急停急起、急停后传球；
(5) 运球急停跳投。
(五) 转身
(1) 原地做转移重心、跨步、撤步、前转身和后转身的练习；
(2) 原地面对或背对防守队员，做跨步、撤步、前转身和后转身的练习；
(3) 在两个防守队员夹击的情况下，持球做跨步和转身等动作；
(4) 起跳接球落地后，做前转身和后转身的练习；
(5) 跑动中急停后做前转身、后转身的练习，跑动中连续做后转身；
(6) 运球急停，做前转身、后转身的练习。
(六) 滑步
(1) 原地基本防守姿势站立，看手势或其他信号做侧滑步、前滑步、后滑步等练习；
(2) 按规定的路线做“之”字形、“V”字形、“8”字形、三角形滑步的练习；
(3) “以球为主”的滑步移动；
(4) 一对一无球队员的攻守练习；
(5) 一对一持球队员、运球队员的攻守练习。
(七) 移动技术综合练习
(1) 结合快攻的侧身跑、弧线跑、换位练习；
(2) 攻守转化的移动综合练习；
(3) 移动动作联合练习；
(4) 半场摆脱攻守练习。

第三节 传球、接球

一、传球

传球是篮球比赛中运用得最多的一项基本技术，是篮球比赛中进攻队员之间有目的地转移球的方法，是进攻队员在场上相互联系和有组织地进攻的纽带，是实现战术配合的具体手段。传球技术的好坏，直接影响到战术质量和比赛的胜负。准确巧妙的传球，能够打乱对方的防御部署，创造更多、更好的投篮机会。传接球的方式很多，应该抓住最基本、在实践中应用最广泛的方式反复练习，使学生扎扎实实地练好基本功。然后在比赛中创造性地运用和发展，使传接球技术不断完善和提高。

（一）传球技术分析

传球的种类很多，但从传出球到同伴接到手这一过程分析，是由传球的动作方法、球的飞行路线和球传到的位置三者组成的。传球的动作方法是主要的，它决定球的飞行路线、飞行速度和传球到位的准确性。

1. 出球的手法

传球分单手传和双手传两大类，又有原地、行进间和跳起之分。虽然传球的方式很多，但不管用哪种方式，都是要求全身协调用力，最后通过手腕、手指动作完成的。特别是运用得最多的中、近距离传球，主要是靠前臂的摆动和手腕、手指的突然用力，而腕、指突然发力是传球中最主要的动作。

出球手法是指出手的瞬间手腕、手指对球的飞行方向、路线和落点的控制，也就是手腕翻转、屈扣和手指弹拨的用力方法。即手腕翻转、前屈和手指用力拨球越急促，则作用于球的力量就越大，球飞的速度就越快；如果手腕、手指用力缓慢，则球飞行的速度就越慢。由于球离手的一刹那，手腕、手指的用力大小、速度的快慢和作用于球的部位不同，从而影响着球的飞行速度、方向、路线和球到的位置。所以巧妙地运用手腕、手指的力量，是提高传球技巧的关键。

传球时，除手法是主要的因素之外，蹬地、腰腹和手臂用力与腕、指协调配合也是不可忽视的。特别是前臂的动作，不仅关系到出手的速率，而且它的伸、摆、甩、绕等各种不同的用力方法，可以增加出球点，扩大出球面，提高传球的灵活性，从而增强了传球的能力。

2. 球飞行的路线

球的飞行路线又分直线、弧线和折线（反弹）三种。

（1）直线球。比赛中为了争取时间，抓住战机，不仅要求出球快，而且要求绝大多数传出的球飞行平直、快速。例如，传球给场上已摆脱防守的同伴时，多用直线球。

（2）弧线球。比赛时往往需要传出高吊球或长传球，以超越防守者而下落于接球人前，这种球走弧线。

（3）折线球。也就是反弹球，是将球击地后传给接球人，运用折线。

总之，要随机应变，准确地掌握传球时机，正确、合理地选择球的飞行路线，使同伴能顺利地接到球。

3. 传球的位置

传球的位置是指传出的球所要达到的位置。这要根据接球队员的位置、移动速度和意图以及与防守队员的情况来决定，而且要考虑到传球的高低、远近、快慢和力量等情况。传球落点的一般规律是：传向接球人远离防守者的一侧；传向接球人移动的前面和侧面；传出的球不被防守者截断并使接球人获球后能顺利完成下一个进攻动作。

(二) 传球的动作方法

传球的方法很多（见图2－9），下面就是其中一部分。

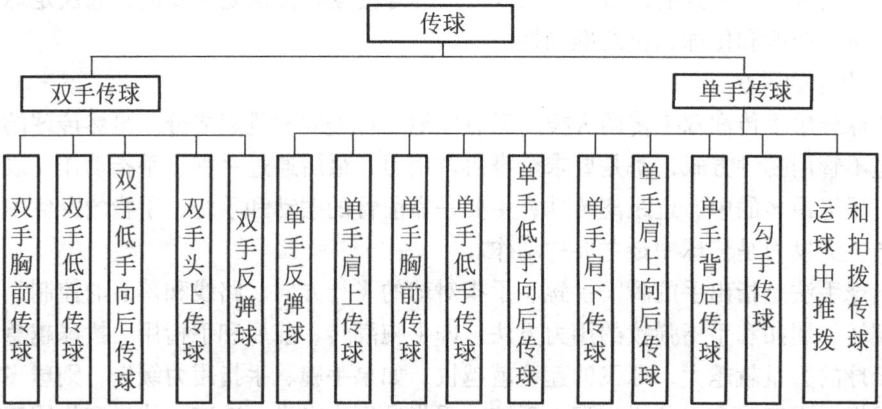

图2－9

1. 双手胸前传球

这是一种最基本最常用的传球方法，这种传球方法迅速有力，可在不同方向、不同距离中使用，而且便于和投篮、突破等动作结合运用。

图2－10

动作方法（见图2－10）：两手手指自然分开，拇指相对或成“八”字形，用指根以上部位持球。手心空出，两肘自然弯曲于体侧，将球置于胸前部位。身体成基本姿势站立，眼睛注视传球目标。传球时，后脚蹬地，身体重心前移的同时，前臂迅速向传球方向伸直，手腕翻转，拇指用力下压，手腕前屈，食、中指用力拨球将球传出。出球后身体迅速调整成基本站立姿势，当技术动作掌握以后应强调快速，要求传球时手臂动作幅度越小越好。最理想的是手臂不前伸，只用抖腕和手指力量将球传出。

双手胸前传球可在原地和跑动中进行，跑动中双手胸前传球和接球是一个连贯动作，传接球时，手脚动作必须协调配合。一般左（右）脚上前接球后，右（左）脚上步，左（右）脚抬起，在落地前出球。手的动作过程是：双手接球后迅速收臂，紧接着迅速伸前臂，翻腕出球。

2. 双手低手传球

这是一种近距离的递交传球方法，多用于内线队员进行策应或外线队员交叉跑时。

动作方法（见图2－11）：双手持球于腹前或腹侧，两脚前后或左右开立屈膝。传球时，手臂向外翻转，小指、无名指和中指用力拨球，将球传出。

图2－11

跑动中双手低手传球时，如是左脚上步出球，则将球持于腰部右侧。上步的同时，用前臂前伸、翻腕和手指拨球的协调而柔和的力量，将球传出。

3. 双手头上传球

这种传球出手点高，便于与投篮结合，但与突破、运球及其他隐蔽传球结合时增加了动作的幅度。这种传球多用于中近距离如抢篮板球后的传球、外围队员的转移球、以及向内线队员高吊球时使用。

动作方法（见图2－12）：双手举球于头上，两肘弯曲，持球手法与双手胸前传球相同。近距离传球时，前臂内旋，手腕前屈，拇指、食指和中指用力拨球；传球距离较远时脚蹬地，腰腹用力，前臂迅速前摆，手腕弯曲，手指用力拨球，将球传出。

图2－12

4. 单手肩上传球

这是单手传球中一种最基本的方法。这种传球力量大，飞行速度快，经常用于中、远距离的传球。

动作方法（见图2－13）：以右手传球为例，双手持球于胸前，两脚平行开立。传球时，左脚向传球的方向迈出半步，同时将球引到右肩上方，肘关节外展，上臂与地面近似平行，手腕后仰，右手托球，左肩对着传球方向，重心落在右脚上，右脚蹬地转

图2－13

体，前臂迅速向前挥臂，手腕前屈，通过食指、中指拨球，将球传出。球出手后，随着身体重心前移，右脚向前迈出半步，保持基本站立姿势。

5. 单手胸前传球

这是多用于近距离传球的一种传球方法，这种传球方法容易和其他技术动作相结合。

动作方法（见图2－14）：以右手传球为例，持球方法与双手胸前传球方法基本相同。传球时，上体稍右转，左手离开球，右手持球的侧后下方，伸臂、屈腕、拨指，最后通过手指拨球传出。

图2－14

6. 单手体侧传球

这是一种隐蔽的传球方法，外围队员传球给内线队员时常用这种方法。

动作方法（见图2－15）：以右手传球为例，两脚开立，两腿微屈，双手持球于胸

图2－15

前。传球时右手持球后引，经体侧向前做弧线摆动，手腕前屈，用食指、中指的力量拨球出去。

7. 反弹传球

该方法在外线队员传给内线队员，或策应队员传给外线切入队员时运用较多。在快攻的推进和结束阶段，如能运用击地传球对付高大队员，效果更好。

动作方法：反弹传球时，双手或单手持球，利用手腕、手指的抖动力量，使球通过地面反弹传给同伴。球的击地点应根据两队员之间的距离而定，球的反弹高度以接球同伴的腰为宜。球出手时，旋转不要过强，以免造成接球人的困难。

（三）传球技术的运用

在比赛中，传球经常是在严密防守的情况下进行的，而有利的接球机会往往是短暂的，持球队员为了不失时机地将球传给处于有利进攻位置的同伴，达到进攻的目的，应注意以下几点：

（1）传球队员要扩大视野，全面观察场上的情况。一般在后场由防守转入进攻时，先看前场，再看后场，首先争取长传快攻的机会。在阵地进攻时首先看内线，再看外围队员，争取内线的有利进攻机会。

（2）传球时要准确地判断，及时捕捉传球时机。当同伴摆脱防守，抢占有利的进攻位置的一瞬间，持球队员要及时地把球传给同伴，做到人到球到。

（3）传球要争取时间，及时传出，尽量减少球在手中的停留时间。

（4）传球时，眼睛不要直盯着接球人，要用眼的余光旁视，以免暴露传球意图，导致传球的困难和失误。

（5）持球队员要根据同伴和防守队员的情况，选择合理的传球位置。一般是把球传给远离防守一侧的位置，这样既可避免对手的抢断，又便于同伴接球后顺利完成下一个进攻动作。

二、接球

接球是篮球运动中的主要技术之一，是获得球的动作。在激烈对抗的比赛中，能否采用正确的动作牢稳地接住球，对于减少传球失误，弥补传球的不足，以及截获对方的球都是非常重要的。

接球有双手接球和单手接球两种，无论哪种，接球时眼睛都要注视来球，肩部要放松，手臂要迎球伸出，手指自然分开。当手指触球时，屈肘，臂后引，缓冲来球的力量，两手握球，保持身体平衡，以便做下一个动作。

（一）接球的动作方法

接球分为双手接球和单手接球。

1. 双手接球

双手接球是最基本的接球方法，也是比赛中最多的动作之一。其优点是握球牢稳，易于转换其他动作。

动作方法如图 2－16 所示。接球时，两眼要注视来球，两臂伸出迎球，五指自然张开或呈半圆形。当球接触手指时，手腕内收，手臂随球后引，缓冲球的冲力，把球接住，保持身体平衡，做好传球、投篮、突破的准备。

图 2－16

2. 单手接球

单手接球控制的范围大，能接不同方向的来球，它有利于队员快速、灵活地发挥技术。但是单手接球不如双手接球牢稳。因此，在一般情况下应尽量运用双手接球。

动作方法：如用右手接球，右脚向来球方向迈出，两眼注视来球。接球时右臂微屈，手掌呈勺形，五指自然分开，迎着来球的方向伸去。当手指触球时，手臂顺势将球向后引，左手立即握球，双手将球握于胸腹之间，保持基本接球姿势。

（二）接球时应注意的问题

（1）任何时候都应迎上前去接球，不要等球。接球时应与脚步动作配合好，随时调整接球位置。

（2）接球时要用眼的余光注视来球，直至把球接住，否则容易造成接球不稳或失误。

（3）为了能安全地接到球，应在远离防守队员的一侧接球。

（4）接球动作应是下一个进攻动作的开始，要和下一个进攻动作衔接好。

（三）传、接球技术教学法建议

（1）传、接球的教学应按照由浅入深、由易到难循序渐进的教学原则。传、接球教学与训练的顺序做如下安排：应从持球动作开始，先教接球，再教传球，先解决基本的、运用得最广泛的传、接球动作，以促进其他传、接球动作方法的掌握和提高。

（2）传、接球教学步骤应从原地开始，重点进行动作规范的教学。在掌握正确动作规范的基础上，进行移动和传、接球的教法，重点解决接球、传球和步法相结合的问题。在上述问题得到巩固的基础上，再进行与其他技术相结合和在有防守情况下的训练，以达到在实践中运用的目的。

（3）在教学过程中要狠抓传、接球手法，对动作规范、要领要严格要求，为掌握复杂而多样化的传、接球方法打好基础。

（4）在教学过程中先教平直球的用力方法，再教传折线球的用力方法，最后教高吊球的用力方法，三种传球路线交替进行练习，促进传球手法的正确形成。

（5）在传球的教学中，要重视接球的教学与训练，形成正确的接球方法，养成接球结束就是传球和其他进攻动作开始的习惯。

（6）在教学与训练中，对学生完成的技术动作应及时作出评定，肯定优点，指出错误和产生的原因，并采用纠正错误动作的辅助练习和训练手段等。

（四）传、接球练习方法示例

1. 原地两人对面传、接球练习

如图2－17所示，两人一组，相对站立，相距3～5米，做各种传、接球练习。

要求：

（1）传、接球动作要正确、连贯，要求学生注意传、接球的手法，并保持持球的基本姿势。

（2）传球动作要由慢到快，距离由近到远，球飞行的路线要有直线、弧线和折线的变化。

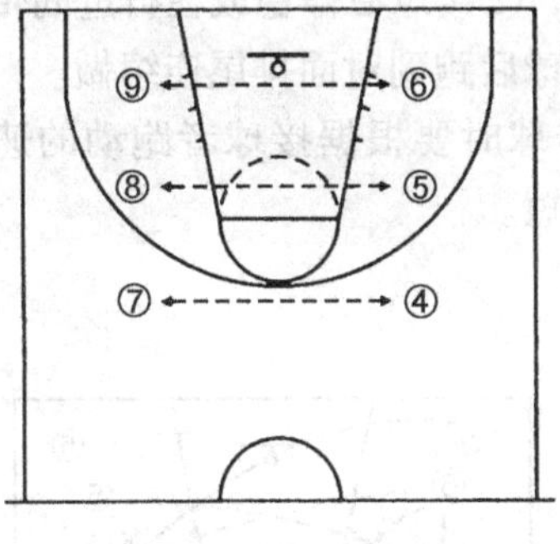

图2－17

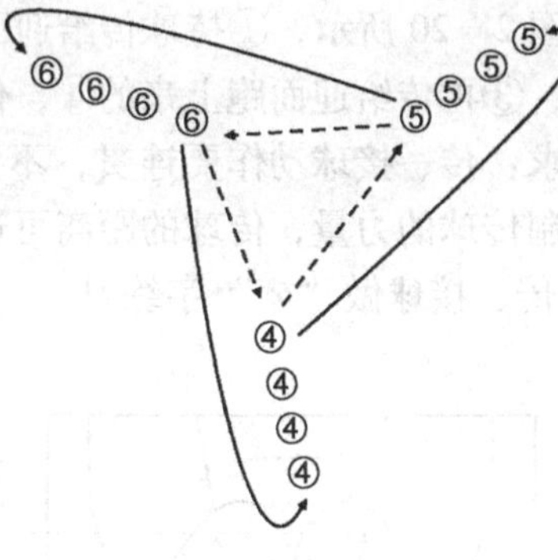

图2－18

2. 三角传、接球练习

队员按图2－18所示队形站立。传球后迅速起动跑至接球队员的排尾，可采用各种传、接球方式进行练习。

要求：接球人要上步接球，接、传球动作要连贯，不带球跑，不违例。

3. 原地接不同方向的球和向不同方向传球的练习

队员按图 2－19 所示队形站立，练习原地接不同方向来球和向不同方向传球。①、②各持一球依次传给③。③接①的传球后迅速传给⑤，⑤再传给①，当③刚把球传给⑤时，②立即向③传球，③传给④，④再传给②。如此反复练习。传一定时间或次数后，轮换位置。

要求：①、②传球给③的速度要逐渐加快，③向两侧传球时不要转头，要尽量用眼睛的余光旁视传球方向。

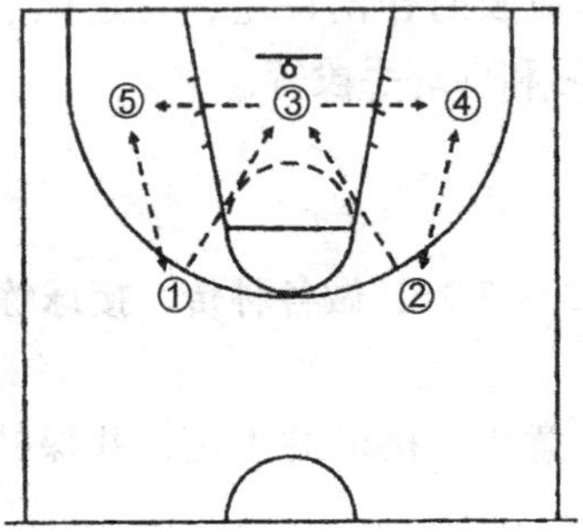

图 2－19

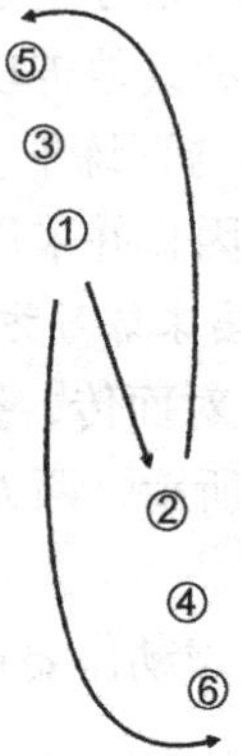

图 2－20

4. 做迎面跑动传、接球

如图 2－20 所示，①持球传给迎面跑上来的②，②接球后停稳或在行进间传给跑上来的③，③再传给迎面跑上来的④，依次进行，传球后跑到对面排尾连续做。

要求：传、接球动作要连贯，不要带球跑，传球时要根据接球者跑动的速度和距离，控制传球的力量，传球的距离可逐渐拉长或缩短。

5. 传、接球做“∞”字练习

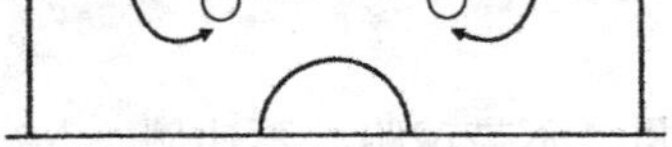

图 2－21

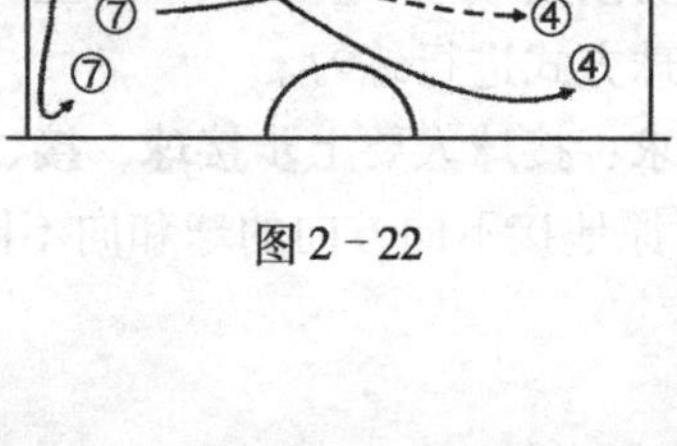

图 2－22

如图 2－21 所示，站成两组，①向篮下做传球的假动作后迅速传球给②，并空切到篮下，再绕到②组的队员尾。②上步接①球后接的动作做，并跑向①组队尾。依次练习。

要求：传接球时假动作幅度要适宜，要用眼睛的余光看接球人。球要传到接球队员的胸前部位。

6. 连续传、切球切入练习

如图 2－22 所示，分四组站成四角形，④传球给⑤，切入接⑤的回传球，并在跑动中传给⑥，然后跑到⑥组的排尾，当④传球给⑥时，⑤紧跟着起动，切入接⑥的传球，在跑动中传给⑦，然后跑到⑦的排尾。依次连续进行练习。

要求：跟进切入时，起动要及时、快速，接、传动作要连贯，传球要准确。

7. 弧形跑动传、接球运球上篮的练习

队员和教师按图 2－23 所示队形站立，持球队员④传球给◬后，沿弧形路线跑动接◬的回传球，并及时把球传给◬，如此在第三次接球时运球突破上篮，自己抢篮板球后传给⑤，⑤做与④同样的练习，其他队员依次进行练习。

图 2－23

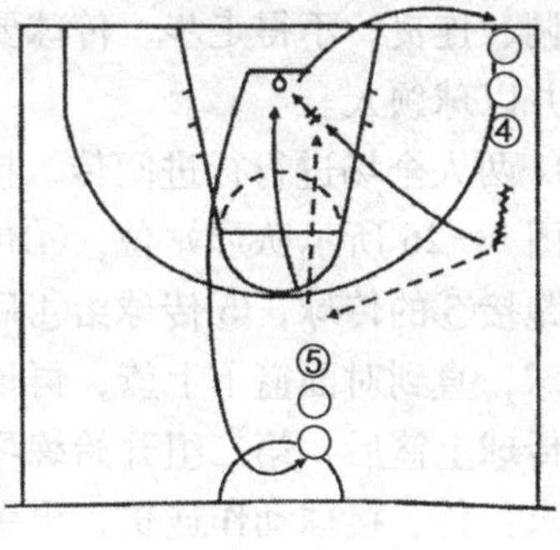

图 2－24

要求：传、接球时要侧身，手脚协调，传球、接球和运球动作要连贯。

8. 运球、传球、反切接高吊球练习

按图 2－24 所示队形站位，④运球至罚球线延长线时，传球给⑤，然后向篮下切入接⑤的高吊球投篮。⑤接④的球后先做瞄篮动作或传球假动作，然后根据④的跑动速度和弹跳高度进行传球，使④能在篮下跳起的最高点接球投篮。⑤传球后跟进抢篮板球，到④组的排尾，④到⑤的排尾。依次反复练习。

要求：传高吊球要做到以球领人到位。

9. 弧线侧身跑传、接球练习

按图 2－25 所示队形站位，④分别传球给⑥、⑦、⑧，并沿全场三个圆圈做侧身跑传、接球，最后上篮。做到一定次数后换到另一侧进行。

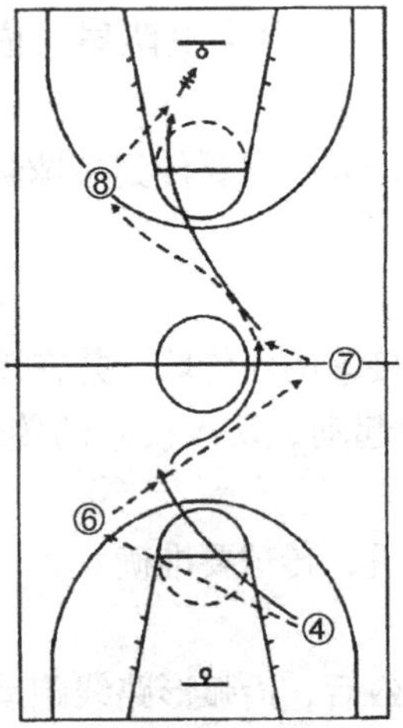

图 2－25

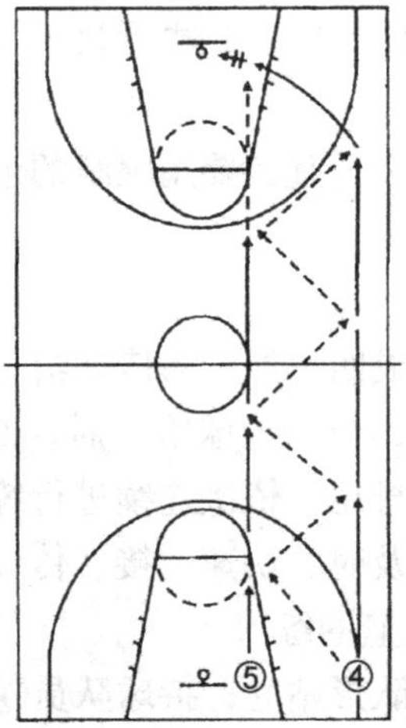

图 2－26

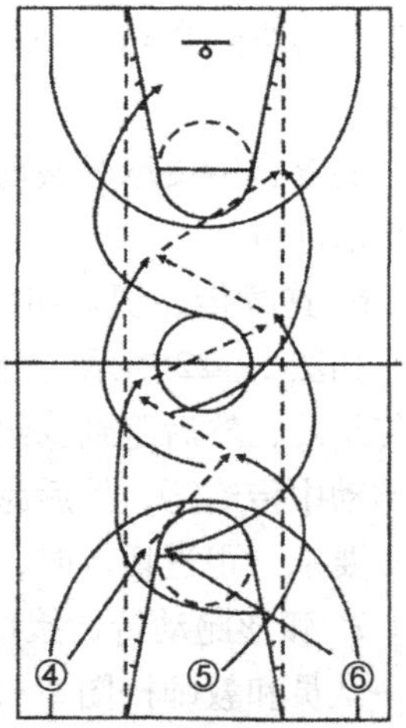

图 2－27

要求：跑动时要降低重心，传、接球时侧身，动作要协调、连贯，不得走步，传球要在接球人的胸前部位，并以球领人。

10. 两人全场进行行进间传、接球练习

按图 2－26 所示队形站位，④传给⑤后，立即起动向前跑接⑤的传球，⑤传球给④后，立即跑向前接④的传球，直到对面篮下上篮，再传球返回上篮，当第一组传球上篮后，第二组开始练习。

要求：传、接球动作连贯，出手快，手脚动作配合好，不走步，传球的位置以球领人。

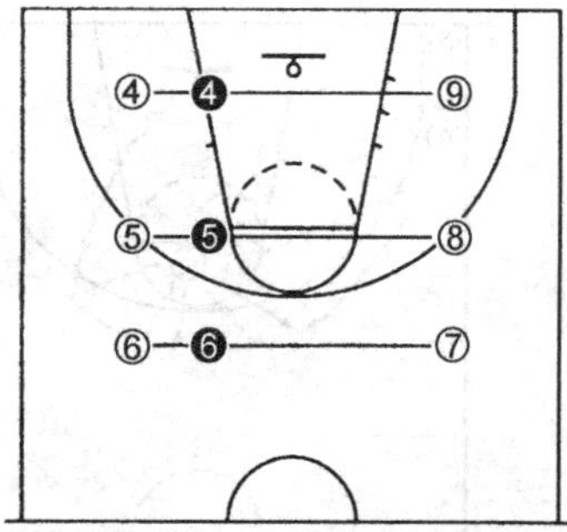

图 2－28

11. 全场三人“8”字形围绕传、接球练习

按图 2－27 所示队形站位。

要求：传球要准确到位，传球后要加速围绕向前跑。

12. 两人传球，一人防守的练习

按图 2－28 所示队形站位，④和⑨相距 5 米，相互传球，开始④消极防守，帮助传球人练习传球，逐渐积极防守，④触球即算防守成功，然后和传球队员交换。

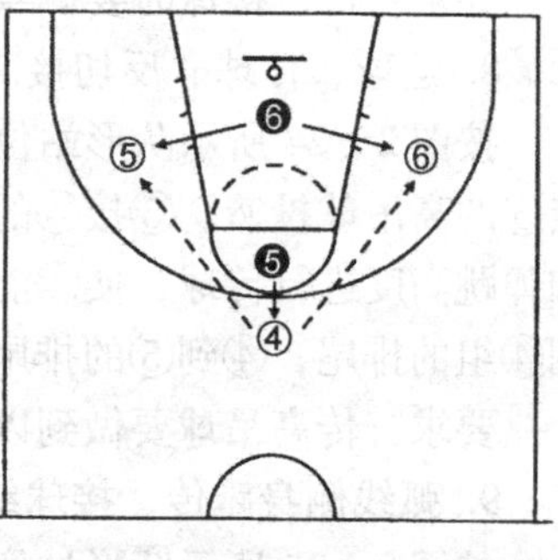

图 2－29

要求：防守人员要积极挥前臂上前封堵传球。传

球人员用假动作迷惑对方，抓住防守的弱点，用快速而又恰当的传球方法传球。

13. 行进间二人传球，一人防守练习

队员如图 2－29 站立，五人一组一球。①、②、③相互传、接球，④、⑤进行防守，当④、⑤抢到或触到一定次数的球后互相轮换或防守者一触到球即轮换。

要求：传球人要用眼睛的余光观察防守情况，传球要准确而快速。

14. 行进间两人传球，一个防守的练习

如图 2－30 所示，④和⑤传球推进并投篮，防守队员只许前进或后退一步封堵球。④和⑤在传球推进中要注意防守人或接球人的位置。传球要安全、及时、准确、到位。

要求：传球人用眼睛的余光观察防守人的情况，传球要准确、到位和及时。

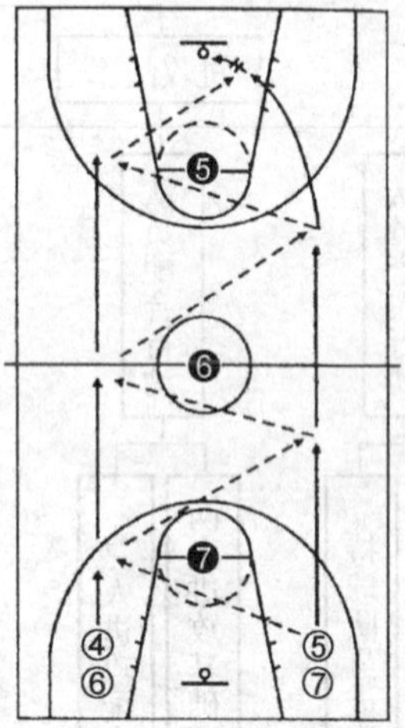

图 2－30

15. 半场三对三、四对四的攻守练习

进攻队员只能传球，不准运球，持球队员球在手中不得超过三秒钟，接球队员应尽快摆脱对手，攻守一定时间，攻守交换。

第四节　投　篮

投篮是进攻队员为使篮球从篮圈上方进入篮圈而采用的各种专门动作的总称。

投篮是篮球运动中的主要进攻技术，是完成进攻战术配合的终端环节的关键，是在篮球比赛中得分的唯一手段。为此，掌握并应用好投篮技术，不断地提高投篮命中率，具有十分重要的意义。

一、投篮技术的种类

投篮技术的动作方法很多，请参见投篮技术分类框图（见图 2－31）。但总的来说，可以按投篮手法分为单手和双手两大类，它们可以在原地、行进间和跳起空中完成。

二、投篮技术分析

投篮技术分析包括握球基本手法、投球出手基本手法、投篮瞄准手法、投篮出手力量、投篮出手速度、球的旋转、投篮出手角度、投篮出手后的抛物线和入篮角度等几个方面。

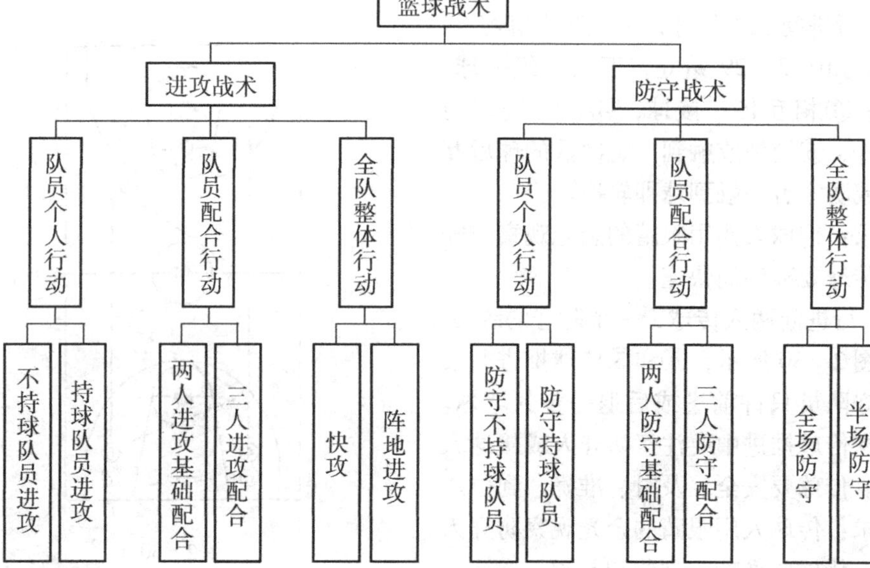

图 2－31

（一）握球基本手法

握球是投篮准备姿势中的重要组成部分，这是投篮时能否牢固地控制球和完成投篮动作的前提。握球方法正确就便于协调用力，也有利于在对抗情况下进行技术变化。

无论是单手还是双手握球，五指都自然分开，手心空出，手指微微发力控制住球，使球能够与手形成一个整体，能够与手同步运动。单手握球时用手掌外沿和指根以上部位托住球的后下方，手腕后伸，球的重心落在食指和中指之间，如图 2－32 所示；双手握球时，两拇指相对成“八”字形，用指根以上部位握球的后下方，球的重心落于两手之间，如图 2－33 所示。

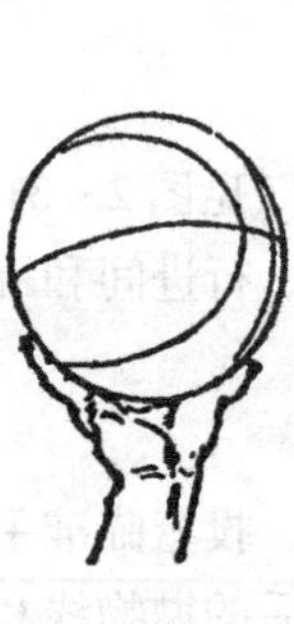

图 2－32

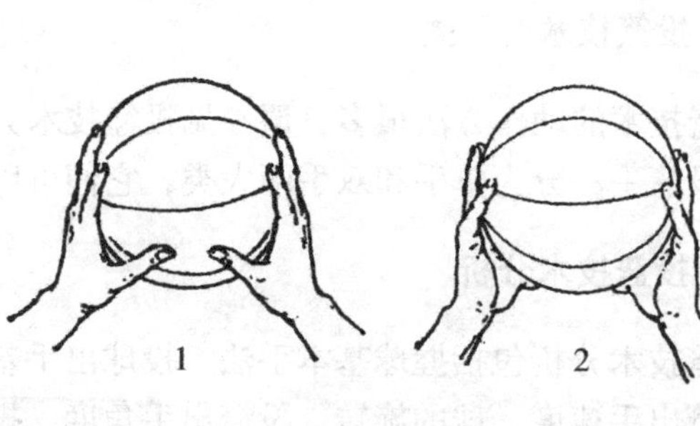

图 2－33

(二) 投篮出手基本手法

1. 单手低手投篮手法

采用单手握球手法，投篮时抬上臂、伸前臂，在前臂与上臂接近伸直时，手腕下垂，随即手腕上扬，手指在球的底部向前上方拨球，使球带着适当的前旋飞向篮圈，在最后阶段的发力过程中，中指、食指、无名指的柔和发力尤为重要。

欲使球最后产生侧旋去碰板入篮，关键还是手腕手指的控制。以右手投篮为例，最后阶段手腕旋内，手指向球的右侧上方发力，使球带着逆时针方向的侧旋飞向篮板去碰板投篮；如果最后阶段手腕旋外，手指向球的左侧上方发力，使球带着顺时针方向的旋转飞向篮板去碰板投篮。前者大拇指、食指、中指的发力控制尤为重要，后者小拇指、无名指、中指的发力控制尤为重要。

2. 单手肩上投篮手法

采用单手握球手法，持球时上臂前伸，前臂上举，手腕后翻，肘关节自然弯曲，一般以肩、肘关节自然放松，肘关节斜指地面为宜。投篮时依次向前上方抬大臂、伸小臂、压腕和屈指（以掌根为轴，手指伸直前屈），将球投出。在发力阶段，手腕略有旋内下压动作，球最后离开食指或中指，使球带着适当的后旋飞向篮圈。在最后阶段，手腕的适当旋内和食指与中指的发力控制尤为重要。

3. 双手投篮手法

采用双手握球手法，持球时手腕放松，两肘自然下垂，斜指地面，肩关节亦自然放松。投篮时，两臂向前上方伸出送球，最后两手腕同时适当旋内，两手掌外翻，用两手的拇指、食指、中指的力量将球投出，使球带着适当的后旋飞向篮圈。

(三) 投篮的瞄准方法

由于投篮有直接投中和碰板投中两种可能，所以瞄准的方法有两种：

1. 直接投篮瞄准点

通常是指离投篮队员最近的篮圈上的某一点，即篮圈前沿正中点。这种瞄准点有实体目标。在球场的任何地方投空心球都适用。

2. 碰板投篮瞄准点

通常是指能够使球碰板入篮的某一点。投篮队员与篮板成15°～45°角的位置时采用碰板投篮效果较好，且投篮距离越近，效果越好。如图2－34所示。

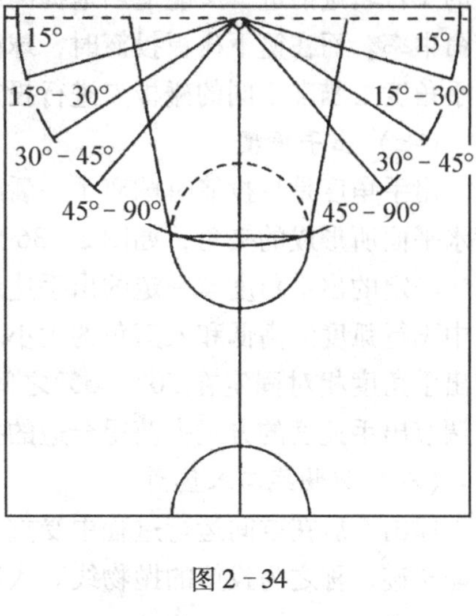

图2－34

碰板投篮的瞄准点应根据投篮的角度、距离、出手速度与球的旋转等综合因素选择适宜的瞄准点。通常在碰板角度小、投篮距离远、出手速度快、球的旋转程度强等情况下，碰板点离篮圈中心的距离高而远；反之，则低而近，如图 2－35 所示。

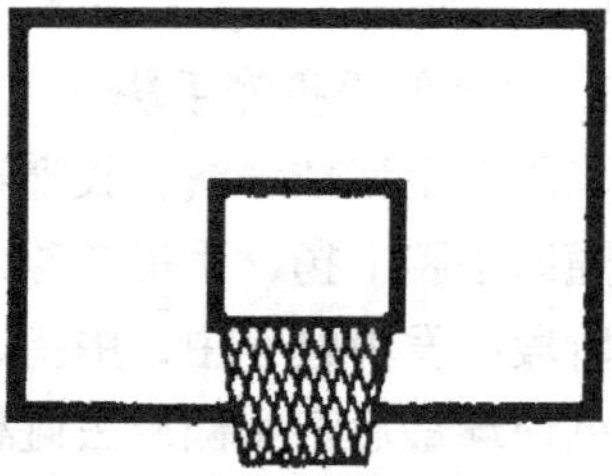

图 2－35

(四) 投篮出手力量

投篮出手力量的获得，是由下肢蹬地发力、腰腹用力向上方伸直、手腕向前上方前屈、手指拨球等一系列全身协调用力的结果。其中手腕与手指的控制发力是获得合适出手力量的关键。

据研究表明，在同一出手高度和同一出手初速度的情况下，投篮的工作距离与投篮所需的作用力成反比，即工作距离越长，投篮就越省力。因此，欲使投篮轻松、省力，在持球高度不变的情况下，提高投篮出手时的高度是加长投篮工作距离的有效途径。

(五) 出手速度

出手速度是指运动员投篮时，通过全身的协调用力，使球离手向空间运行的初速度。如果将篮球的质量看作是一个恒量，那么最佳出手速度的获得，就取决于投篮队员给球的作用力的大小和这个力作用时间的长短这两个决定性的因素。通常投篮距离越远，出手速度愈快；反之，则慢。

(六) 球的旋转

球的旋转是指球离手向空间运行时所伴随的旋转状况。球的旋转方向和强度决定于球出手时手腕与手指的动作。

一般中、远距离投篮时，都力求使球围绕横轴向后旋转，后旋的球既能保证沿着合适的飞行轨迹前进，又能适当地提高球的飞行弧线，从而增加入射截面，有利于提高投篮命中率。而在篮下碰板投篮时，球的顺时针或逆时针侧旋可以使运动员能够在困难的出手角度去瞄准不同的碰板点进行投篮。合适的旋转能够导致投篮命中率的提高。

(七) 出手角度

出手角度是指投篮时球离手一瞬间的运动方向与出手高度水平面所形成的夹角，如图 2－36 所示。

一定的出手角度与一定的出手速度相配合，决定了球在空中飞行弧度的高低和入篮角的大小。通常应该要求运动员将出手角度相对固定在 50°～55°之间的某个角度上，主要以调节出手速度的方式去获得合适的投篮弧线和入篮角。

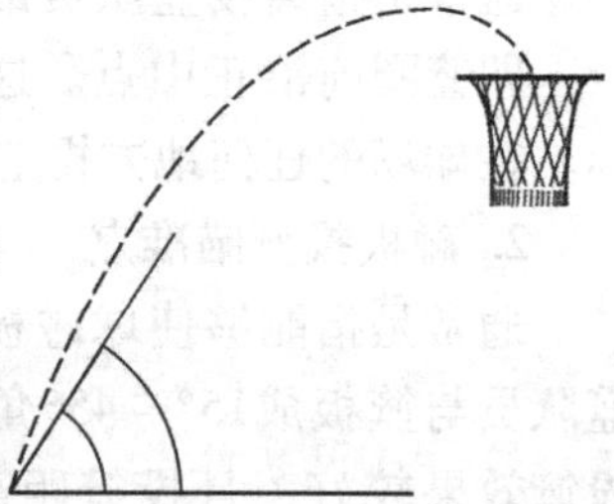

图 2－36

(八) 抛物线与入篮角

球出手后在空间运行过程中受重力的影响而形成的一条运动轨迹，称之为投篮的抛物线。入射角则是指球进入篮圈水平面前一瞬间的运行轨迹所反映的曲线和在该点的切线与篮圈平面所形成的夹角，如图2－37所示。

抛物线的高与低决定了入篮角的大与小。抛物线一般有低、中、高三种：

（1）低抛物线。从运行轨迹上看，路线是最短的，但球飞行入篮的弧线太平，球篮暴露在球下的范围太小，不易取得理想的入射角，使投出的球难以命中，故不宜采用低弧线去投篮。

（2）中抛物线。从运行轨迹上看，路线介于高、低抛物线之间，其最高点大致与篮板上沿在一条水平线上，篮圈的大部分暴露在球的下面，入篮角亦合适，投篮容易命中，一般情况下投篮多采用此种抛物线。

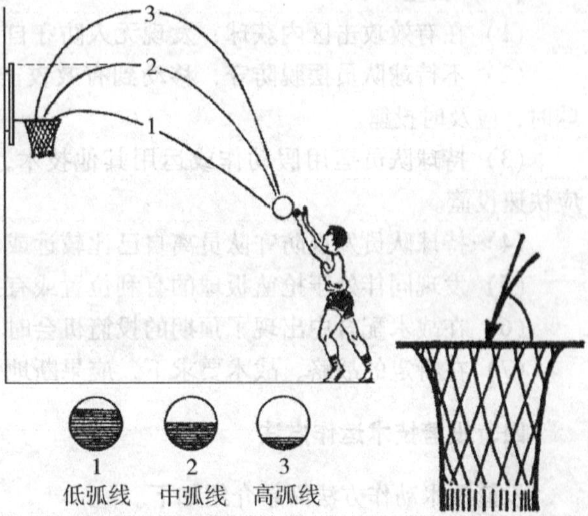

图2－37

（3）长抛物线。从运行轨迹上看，路线过长，往往容易受到重力和空气阻力的影响，而不易掌握飞行方向，使投篮命中率下降。虽然篮圈暴露在球的下面的面积最大，入篮角近乎垂直，但势必投篮费力。因此，除了在篮下特殊情况下投篮以外，一般不宜采用此抛物线投篮。

以上对投篮抛物线与入篮角的分析仅仅针对中远距离投篮而言，至于在篮下投篮时，运动员则可根据投篮时的出手高度、出手位置与角度、防守的情况等因素，去采用各种不同的抛物线投篮。值得强调的是，不论怎样投篮，投篮入篮角均不应小于33°。

三、投篮技术运用时机

（一）掌握投篮时机的重要性

投篮时机是指在比赛中经过个人努力和通过配合后出现的短暂投篮机会。如果说掌握正确的投篮技术是投篮得分的基础的话，那么选择正确的投篮时机则是一座得分的桥梁。就投篮时机而言，该投篮时而没投篮称之为贻误战机，而不该投篮时投了篮称之为盲目单干；只有恰到好处地在投篮时机出现时果断地投篮，才能减少防守干扰，得到队友的支持，提高抢获进攻篮板的次数，提高投篮的命中率和全队进攻的成功率。因此，个人在比赛中要努力为同伴、为自己创造良好的投篮时机，全队要通过配合使本队运动员有更多更好的投篮时机。

(二) 投篮时机

(1) 在有效攻击区内获球，发现无人防守自己时，应果断投篮。

(2) 不持球队员摆脱防守，移动到有效攻击区的空位上或自己的习惯投篮点上获球时，应及时投篮。

(3) 持球队员运用假动作或运用其他技术，与防守队员造成时间差或位置差时，应快速投篮。

(4) 持球队员发现防守队员离自己比较远或注意力分散时，应果断投篮。

(5) 发现同伴处于抢篮板球的有利位置或有抢篮板的准备时，可以大胆投篮。

(6) 在战术配合中出现了预期的投篮机会时，应及时投篮。

(7) 在特定的战略、战术要求下，应果断地强行投篮。

四、投篮技术运作方法

投篮技术动作方法简单介绍如下。

(一) 原地投篮

原地投篮是指在没有发生位置移动的状态下，站在原地将球投出。它是行进间和跳起投篮的基础。

1. 双手胸前投篮

这是篮球运动中最早出现并延续至今仍然使用的一种投篮方法。它的特点是便于控制球，转换运作快，投篮距离远，且比较适合女运动员掌握使用。

动作方法：双手持球于胸前，肘关节自然下垂，两脚前后或左右开立，两膝微屈，重心落在两脚之间，眼睛注视瞄准点，持球时球的上沿一般不超过鼻尖部位的水平线，球置于胸、鼻之间的部位。投篮时，下肢蹬地发力，腰腹伸展，两臂向前上方伸直，前臂内旋，拇指下压，手腕同时外翻，使球通过拇指、食指、中指指端飞出。球出手时，身体由下至上随出球方向自然伸展，如图 2－38 所示。

2. 单手肩上投篮

这是比赛中运用最多的投篮方法，是行进间单手肩上投篮和跳投的基础。它具有出手点高、在不同距离和位置上均可应用等优点。

动作方法：以右手投篮为例，右手五指自然分开，手心空出，用指根以上部位持球，左手扶球的左侧，右臂屈肘，持球于肩上时，肩关节与肘关节处于放松状态；两脚开立，与肩同宽，两膝微屈，身体微前倾，重心落在两腿之间，保持身体平衡稳定。投篮时，下肢蹬地发力，右臂随下肢的蹬伸和腰腹的伸展，抬肘向前斜上方充分伸直，手腕前屈，并微微旋内，食、中指随之前屈拨球，通过指端将球投出。球出手时，身体应随投篮动作向上伸展，身体重心亦随之上升，如图 2－39 所示。

图 2-38

图 2-39

(二) 行进间投篮

行进间投篮是指在符合规则的前提下，接球跨步跳起投篮。其脚步动作的共同特点是跨第一步的同时持球，跨第二步时携球跳起，在空中完成投篮动作，在第三步落地之前必须将球投出。此类投篮是比赛中广泛运用的一种投篮方法，一般多在快攻中或切入篮下时运用，其基本步伐与行进间传、接球亦可兼容。

以右手投篮为例，当球在空中运行（亦含从地面反弹向上运行）时，右脚向来球方向或投篮方向跨出一大步，同时接球，左脚向前跨出一步，脚跟先落地，上体注意稍向后仰，以便将向前运动的惯性缓冲并适时地转化为向上的垂直分力，然后迅速过渡至前脚掌着地并用力蹬地跳起，同时两手向前上方举球，右腿屈膝上抬，左脚蹬离地面腾空投篮。投篮出手后，不论是双脚或是单脚落地，都应弯腿、弯腰以缓冲落地的力量，便于开始下一个技术动作。

1. 行进间单手肩上投篮

此方法适应范围广，可以在任何投篮距离上运用。

图 2-40

动作方法：以右手投篮为例，右脚跨出一大步的同时接球，接着左脚跨出一小步并用力蹬地起跳，举球于肩上部位，当身体接近最高点时右臂向前上方伸直，手腕前屈，食、中指在压腕的同时柔和拨球，整个手腕、手指都略有旋内动作，球通过指端投出，如图 2－40 所示。

2. 行进间单手低手投篮

行进间单手低手投篮是在快速移动中超越对手或运球压肩超越对手后，在篮下投篮的一种常见方法。它具有动作速度快、伸展距离远、护球好、出球突然等优点。

动作方法：以右手投篮为例，右脚跨出一大步的同时接球，左脚接着跨出一小步并用力蹬地向前上方起跳，右腿屈膝上抬，双手从身体右侧向正前上方举球，随即左手离球，右手继续向前上方举球，手心向上，在跳起接近最高点时，屈腕、拨指使球略产生前旋，球最后经过食指、中指指端向篮圈飞去，如图 2－41 所示。

图 2－41

（三）跳投

跳投指在原地或跨（跳步）步急停的状态下，持球跳起在空中维持平衡后投篮，简称跳投。

跳投的投篮手法与原地投篮的手法相同，区别在于必须是跳起在空中完成投篮动作，因而对全身协调用力，上、下肢交替放松，腰腹控制，维持空中平衡等方面的要求比原地投篮更高一些。它具有突然性强、出手点高和不易防守等优点。

1. 原地跳起单手肩上投篮

以右手投篮为例，两手持球于胸前，两脚左右（或前后）自然开立，约与肩同宽，两膝微屈并略内扣，重心落于两腿之间。起跳时脚跟微提起，重心微前移，两前脚掌撑地，以两膝弯曲至 135°左右为宜，脚突然用力蹬地，伸踝、膝、髋关节，身体向上伸展，两手举球至肩以上部位，右手托球，左手扶球以不影响视线为宜，迅速跳起，当身体接近跳起高度的最高点时，左手离球，右臂向前上方伸直，手腕前屈并略有旋内压腕动作，手指随手腕一起运动，最后食指、中指拨球，使球带着后旋投出。落地时，前脚掌先落地，屈膝缓冲成基本姿势，准备下一个技术动作的开始，如图 2－42 所示。

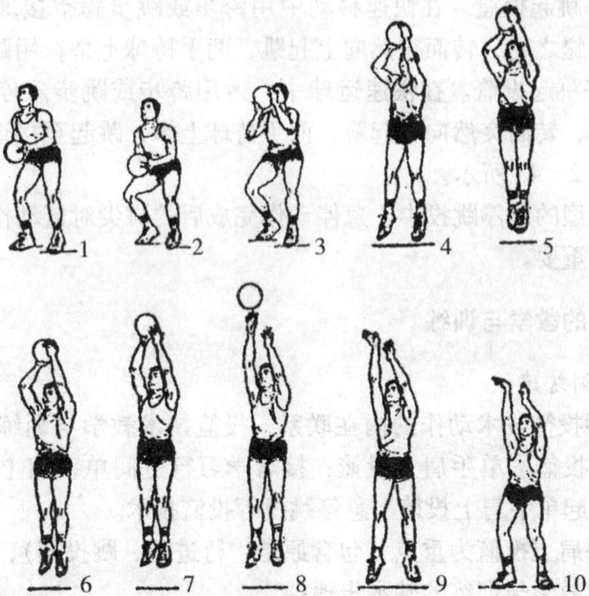

图 2－42

2. 急停跳投

急停跳投是指进攻队员在行进间运用突然急停造成与防守队员的位置差或时间差，从而摆脱防守进行跳投。它有接球急停和运球急停跳投两种类型，其急停的步法均含有跳步急停（一步急停）和跨步急停（两步急停）两种方法。

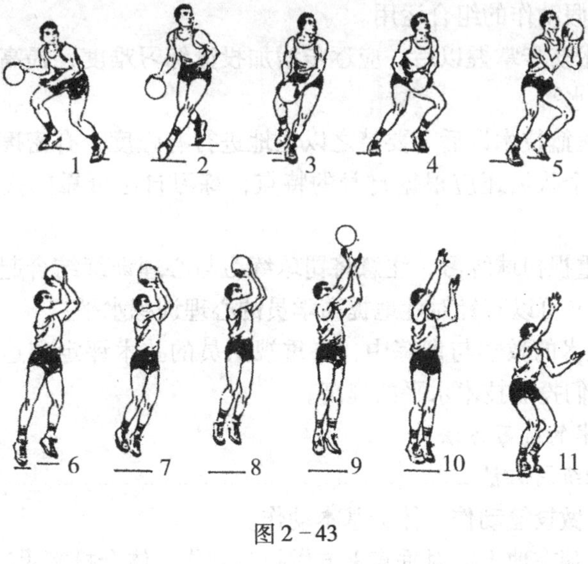

图 2－43

（1）接球急停跳起投篮。在快速移动中用跨步或跳步腾空接球，落地急停，重心随之下降，落于两腿之间，转而突然向上起跳，两手持球上举，用跳投动作进行投篮。

（2）运球急停跳起投篮。在快速运球中，运用跨步或跳步急停，停时重心随之下降，落于两腿之间，转而突然向上起跳，两手持球上举，跳起至接近最高点时用跳投方法进行投篮，如图2－43所示。

在以上两种类型的急停跳投中，急停动作完成后的脚尖对篮动作和前脚掌的蹬地发力这两个环节尤为重要。

五、投篮技术的教学与训练

（一）教学与训练建议

（1）根据各种投篮技术动作的内在联系，投篮技术教学与训练的顺序可作如下安排：原地双手胸前投篮、单手肩上投篮；接着学习行进间单手肩上投篮、单手低手投篮；再学习原地跳起单手肩上投篮、急停跳投等投篮技术。

（2）应以单手肩上投篮为重点（包含原地、行进间、跳投等），打好基础。

（3）投篮技术教学与训练的基本步骤：

1）通过示范讲解，使队员们建立正确的技术概念；通过理论课的形式使队员们了解和掌握投篮技术的原理、运用时机、基本要求等有关的专业理论知识。

2）狠抓正确的投篮手法和全身协调用力，使队员们形成规范的投篮技术动作动力定型。

3）在教学训练过程中，应有机地与传、接球，持球突破，抢篮板球等技术练习结合起来，并且注意假动作的组合运用。

4）在投篮技术初步掌握以后，应逐步增加投篮练习难度，提高队员的抗干扰能力和在实践中投篮的水平。

5）基本掌握投篮技术以后，要持之以恒地进行有强度、有密度、有命中率指标要求的投篮训练。每个队员还应根据自身的特点，练习自己可靠的投篮点，形成投篮的特长。

6）必须高度重视罚球练习，注意将罚球练习与心理训练结合起来。这样既可以提高罚球的命中率，又可以有针对性地提高学员的心理训练水平。

（4）在投篮技术的教学与训练中，要重视队员的技术评定和达标要求。通过经常的考核，促进队员们投篮技术水平的提高。

（二）投篮技术的练习方法

1. 原地投篮的练习方法

（1）原地徒手做投篮动作，体会基本动作。

（2）持球仰面躺在地上，对垂直上方做投篮动作，体会投篮手法。

（3）两人以互传的方式进行完整投篮动作练习，两人间的距离由近至远逐步增至7米左右。

（4）正面定点投篮练习。如图2－44所示，④投篮后跑向篮下抢篮板球，将球传给⑤投篮，④跑向队尾，依次反复练习。

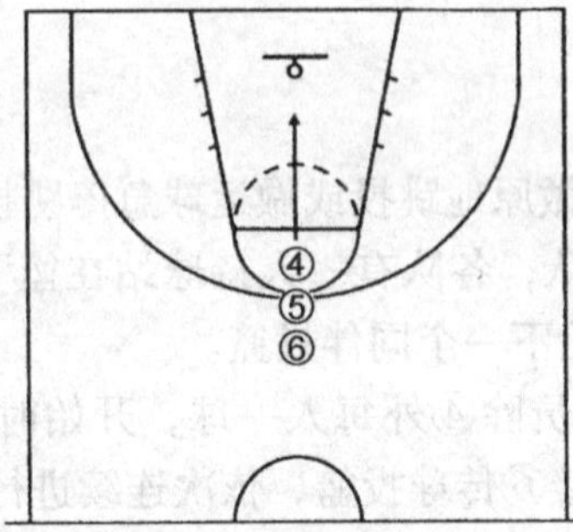

图2－44

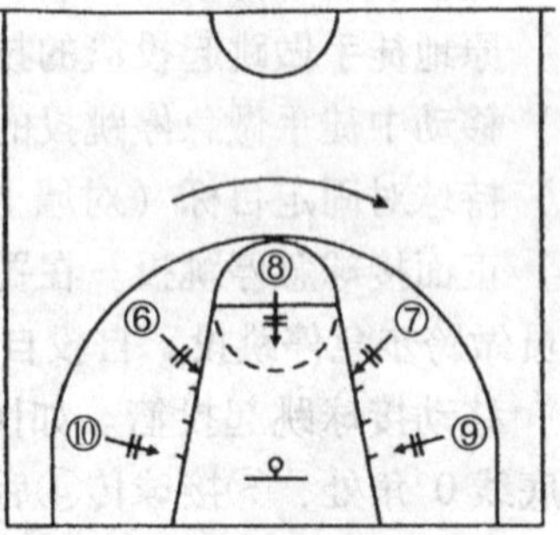

图2－45

（5）扇面换点投篮练习。如图2－45所示，从右边0°角开始定点投篮，中篮后至右45°处投篮，中间90°处投篮，左边45°处投篮，左边0°角投篮。

从一个点换向另一个点的前提是：只有投中篮才能换点投篮。

（6）选点投篮练习。两人一组，一个人选点投篮，另一个捡球并为投篮者传球，投若干次后，投篮者与传球者互换，直到达到规定的组数结束，如图2－46所示。

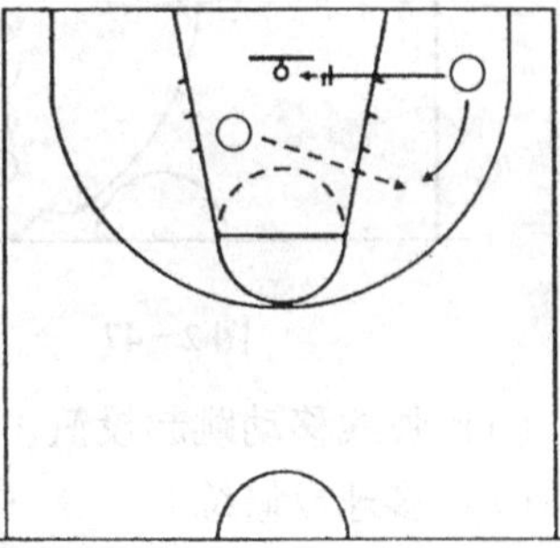

图2－46

2. 行进间投篮的练习方法

（1）徒手做行进间单手肩上投篮技术动作。

（2）徒手在移动中看信号（如教练员将球向空中抛起）做跨步接球、持球踏跳、跳起空中做单手低手投篮和落地缓冲的整套动作。

（3）拿固定球上篮练习。教师托球于罚线右侧，队员正面向前跑动，拿教师手中的球做行进间投篮练习。

（4）接球做行进间投篮练习。教师持球于限制区右侧腰间（约45°，离篮3米左右），队员正面向前跑动，接教师向上轻抛起的球上篮。

（5）运球行进间投篮练习。从两腰运球上篮，先慢速后中速，最后快速运球上篮。

（6）传球直线切入上篮。从正面传球至左侧，向篮下直线移动，接回传球上篮。供球者抢篮板球，然后互换位置，依次练习。

（7）传球后斜线切入上篮。从右侧传球给右底角处队员，向篮下斜插切入，接回传球上篮。供球者抢篮板球，然后互换位置，依次反复练习。

（8）传球后折线切入上篮。投篮者从弧顶左侧传球至右侧后，折线摆脱移动后，接回传球从正面或侧面上篮。供球者抢篮板球，然后互换位置，依次反复练习。

3. 跳起投篮练习方法

（1）原地徒手做跳起投篮的技术动作。

（2）移动中徒手做急停跳投的技术动作。

（3）持球对固定目标（对墙上的某点或对人）做原地跳投或做运球急停跳投动作。

（4）正面接球急停跳投。在罚球线两侧站成两队，各队有一人持球站在篮下传球，接球队员做跨步急停跳投，自投自抢，获球后再传给下一个同伴投篮。

（5）移动接球跳起投篮。如图 2－47 所示，队员除④外每人一球，开始时，④侧身跑到底线 0°角处，⑤接球传④后同④一样移动，接⑥传球投篮，依次连续进行。

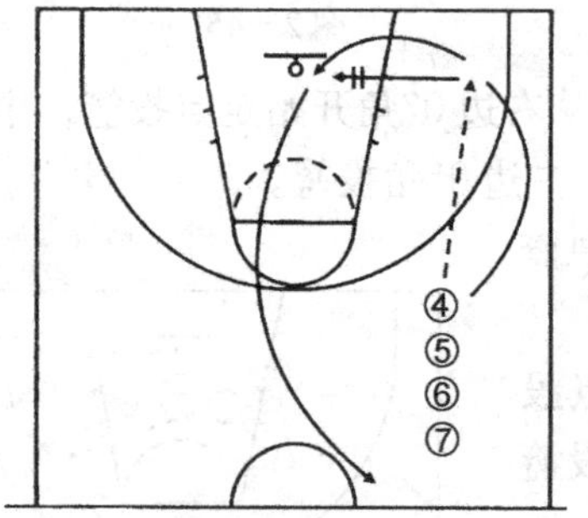

图 2－47

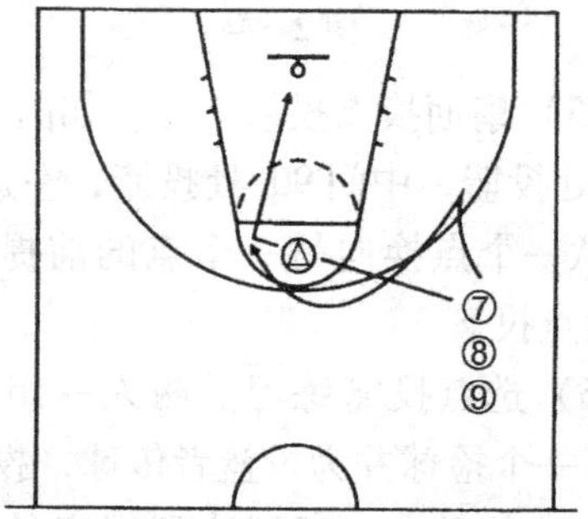

图 2－48

（6）弧线移动跳起投篮。如图 2－48 所示。

（7）多球投篮练习。

一名队员投篮，多人辅助捡球，并回传给教练员，由教练员不断地将球传给该名队员投篮；投篮队员完成一次投篮后，按要求移至另一个投篮点接球投篮。投中若干次后才能换另一人继续练习。通过定时、定量的投篮要求，提高投篮练习的强度与质量。

除了以上介绍的练习方法外，还可以根据各队、各班的具体情况组织其他的练习。但不论用何种方法练习投篮，对练习者的投篮命中率要有一定的要求（如达到 65%～75%）；投篮练习的总次数要达到一定的数量（如每天做 300 次中远投）；对投篮的难度要有适当的安排（如移动速度要快、给予一定的防守干扰等）。只有通过严格要求，严格训练，才能掌握好投篮技术。

第五节　运　球

运球是持球队员在原地或移动中，用手连续迎引，按拍借助地面反弹起来的球的动作。

运球技术是篮球运动中主要的基本技术之一。经常反复练习，能使队员熟悉球性，增强球感，提高队员控制球和支配球的能力。在比赛中，它不仅是个人攻击的重要手段，同时也是调整进攻位置，组织全队配合的桥梁，对发动快攻，迫紧逼人、盯人、防守都起着较大的作用。

一、运球技术分析

运球的基本动作一般是两脚前后开立与肩同宽，两腿微屈，上体稍前倾，眼睛平视前方。运球手臂自然弯曲，以肘关节为轴做上下伸屈动作，另一手臂屈肘前摆于体前，以便保护球和维持身体平衡。运球的手五指自然张开，增加手控制球的面积，手指各关节自然微屈，用手指和指根及手（掌）外缘触球，手心空出。运球时，用伸前臂、屈手腕和手指的动作按拍球。当球从地面反弹起来时，用屈前臂、伸腕和手指的动作迎引球，缓冲其向上反弹的力量，以控制球的反弹高度、速度和角度。一般运球的落点在运球手臂同侧脚的外侧前方。

由于手按拍球的部位不同，球向地面的入射角不同，球从地面反弹起来的反（弹射）角也不同；由于按拍球的力量不同，球从地面反弹的高度和速度也不同。在原地运球时，手按拍球的正上方，行进间运球时，手按拍球的后上方，一般是按拍一次球跑两步。向左、右变方向运球时，手按拍球的右、左上方。为了加快行进间的运球速度，应加大按拍球的力量，前臂快速向前做伸摆动作，使球向前反弹的速度与人跑的速度一致，从而加快运球的速度。

运球技术的关键，是手对球的控制能力，手指、手腕和前臂动作的协调用力以及手、脚动作的协调配合。只有熟练地掌握运球技术，才能更好地控制球的反弹高度、速度和角度，保持球与脚步移动的协调一致，做到得心应手，运用自如。

二、运球技术动作方法

运球技术动作方法较多，为了便于教学，可概括为：高运球、低运球、运球急停急起、体前变向换手运球、体前变向不换手运球、背后变向换手运球、运球后转身、胯下变向换手运球。

在以上动作方法中，原地和行进间高运球、低运球，以及原地的前推、后拉运球、左右变向运球是运球技术的基础。只有熟练地掌握它们，才能提高控制球的能力，逐渐掌握较复杂的运球技术动作。

（一）高运球

这种运球方法身体重心较高，便于观察场上情况，速度快，在快攻的推进中运用较多。

动作要领：原地运球时，抬头目视前方，上体稍前倾，运球手的异侧脚在前，以肘关节为轴，前臂有节奏地屈伸，手腕和手指协调地按拍球的正上方，球的落点在同侧脚的外侧前方，球反弹的高度在腰腹之间。另一手臂屈肘在体前保护球。

行进间运球时，手触球的后上方，用力向前下方推按球，球的落点在身体的外侧前方，如图2-49所示。

图2-49

要求：手按拍球和脚步动作协调配合，拍一次球，跑两步。

（二）低运球

当行进间运球遇到防守时，为了防止对手的抢截和保护球，经常采用这种方法。

动作要领：低运球时，两腿应迅速弯曲，降低重心，上体前倾成半蹲，目视前方。同时，以手臂的腕关节为轴短促地按拍球，使球从地面向上反弹的高度在膝关节以下，另一手臂弯屈向前抬起，以便更好地保护球和摆脱防守突破，如图2-50所示。

图2-50

要求：原地低运球时，两脚前后开立比肩稍宽，运球手臂的同侧脚在后，异侧脚在前，运球落点可稍偏后，用上体和腿保护球。

（三）运球急停急起

在对方防守跟得较紧，又无法变向摆脱

时，可利用速度的变化来摆脱对手。

动作要领：在快速运球推进中，突然急停时，利用两步急停，同时手按拍球的前上方，成低运球姿势。运球急起时，上体迅速前移，后脚前脚掌用力蹬地起动，同时手按拍球的后上方，加速运球，摆脱防守，如图2－51所示。

图2－51

要求：运球急停时，运球手臂的同侧脚在后，要停得稳，起动快，动作突然，手、脚和上体配合协调。起动加速运球的身体重心逐渐升高。

（四）体前变向换手运球

当防守迎面堵截运球队员前进路线，还有一步距离时，可采用体前变向换手运球，突然改变运球方向，借以摆脱防守的一种运球方法。

动作要领：运球队员从右侧向左侧变向突破时，先向对手左侧运球，当对手向左侧移动堵位时，运球队员用右手按拍球的右后上方，使球从自己右侧经体前拍向左侧前方，同时，右脚向左侧前方跨步，上体左转，侧肩挡住对手，然后迅速换右手按拍球的后上方，左脚蹬地出，从对手的右侧运球突破，如图2－52所示。

图2－52

要求：变向运球时，球要压低，换手时动作要快。

（五）体前变向不换手运球

这是运球队员不换手向左、右横运球，连续变换运球方向，再从原路线突破摆脱防守的一种方法。

动作要领：体前变向时，右手按拍球的右侧上方，将球从身体右侧拨向左侧，右手臂顺势左摆，改变腕、指方向，五指朝左侧下方迎球左侧上方。同时身体重心左移，再立即将球拨回右侧，重心右移。左脚随即蹬地向右侧前方跨出，借以摆脱防守，继续右手运球推进，如图 2－53 所示。

图 2－53

要求：手臂、腕、指变换方向，迎球迅速，重心移动快，动作突然。

（六）背后变向换手运球

当防守者堵截运球队员，仅有半步距离，并准备抢、打球时，运球队员可采用背后运球，突然改变运球方向摆脱防守。其优点是变向时，球远离和面对防守者，便于观察情况和保护球。

动作要领：右手运球变向时，右脚在前，右手在球反弹向上时触球的前上方，并将球拉到身体后方，手腕顺势旋转，改变手指方向，五指向后下方，在左脚上步的同时，迅速直臂按拍球的右侧后上方，将球从身后拍至左脚侧前方落地，并立即换左手运球，右脚迅速向左前方跨出，侧肩，用左手运球摆脱防守继续前进。如图 2－54 所示。

图 2－54

要求：手与脚的动作配合协调，后拉、按拍球要充分利用球的反弹惯性力，动作连贯，要直臂用力。球从背后变向路线在髋关节以下。

(七) 运球后转身

当防守者紧贴运球队员身体，并堵截运球一侧路线时，可采用运球后转身，改变其运球路线，摆脱防守。

动作要领：当对手堵截自己右侧运球时，应迅速上左脚，并以左脚前脚掌为轴，右脚前脚掌内侧用力蹬地，顺势做后转身动作，同时右手迎球的前上方，借助球向上的反弹惯性力沿身体纵轴快速后拉球，并向身体后侧方按拍球，然后迅速换左手运球，左脚向前跨步，从对手的右侧突破，如图 2－55 所示。

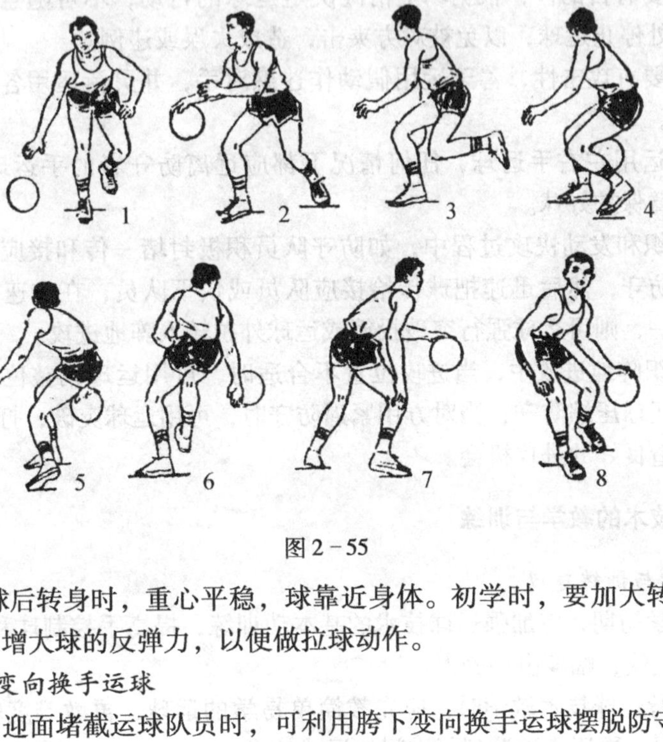

图 2－55

要求：运球后转身时，重心平稳，球靠近身体。初学时，要加大转身前最后一次按拍球的力量，增大球的反弹力，以便做拉球动作。

(八) 胯下变向换手运球

当防守队员迎面堵截运球队员时，可利用胯下变向换手运球摆脱防守。

动作要领：右手运球胯下变向时，左脚在前，右手按拍球的右侧上方，使球从两腿之间运至身体左侧，然后上右脚，换左手运球，加速前进。如图 2－56 所示。

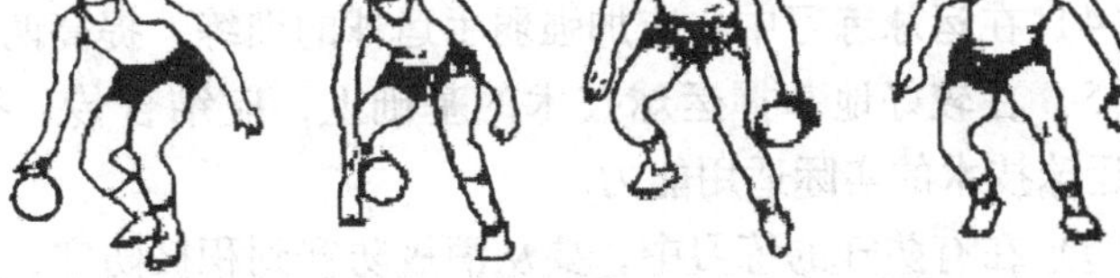

图 2－56

要求：胯下运球时，

球要压低，换手迎球快，手、脚动作配合协调。

三、运球技术的运用

在比赛中，合理的运球可以创造有利的进攻机会，而盲目的运球，则会贻误战机。所以，运球时应注意以下几点：

（1）运球时要目视前方，扩大视野，全面观察场上的情况。当同伴摆脱防守，抢占有利的进攻位置时，运球队员要能及时地把球传给同伴。

（2）运球要有目的性，根据场上情况决定运球的行动，不可随意拍一下球，更不能在球场死角处停止运球，以免被对方夹击，造成失误或违例。

（3）运球要有攻击性，善于运用假动作迷惑对手，并灵活运用各种运球技术结合加速突破防守。

（4）合理运用左右手运球，任何情况下都应远离防守者的手运球；同时，用腿、上体和另一手臂保护好球。

（5）在组织和发动快攻过程中，如防守队员积极封堵一传和接应，持球队员可用运球突破摆脱防守，然后迅速把球传给接应队员或快下队员；在快速推进和结束过程中，如是一打一，则可运球强行突破投篮或运球外拉转入阵地进攻。

（6）在组织阵地进攻中，当进攻位置不合适时，可用运球调整位置；当对方扩大防区时，可用运球压缩防守；当对方用紧逼防守时，可用运球突破，打乱对方的防守部署，给同伴创造良好的进攻机会。

四、运球技术的教学与训练

（一）教学与训练建议

（1）在教学初期，应加强运球技术的基本功训练，提高手控制球和支配球的能力，动作节奏由慢到快，幅度由小到大。

（2）在进行运球技术教学时，应先教简单易学的运球，再教难度较大的运球。先做原地运球练习，再逐步过渡到行进间的运球技术。

（3）在初步掌握运球技术的动作方法之后，应要求队员抬头运球，扩大视野，提高用手感控制球的能力。

（4）在运球练习中，应加强弱手运球的训练，提高两只手控制球的能力。

（5）在较好地掌握运球技术的基础上，应结合传、接球技术和投篮技术的练习，提高运球技术的实际适用能力。

（6）在有防守的练习中，要从消极防守到积极防守，逐步增加运球的难度。

（7）在结合战术训练时，要培养队员运球的战术意识，掌握运球时机，根据全队战术需要合理地运用运球。

(8) 在教学与训练中，对学生完成的技术动作应及时作出评定，肯定优点，指出错误及其产生的原因，并有一套纠正错误动作的方法和训练手段。

(二) 运球的练习方法

1. 基本功练习

(1) 原地做高运球和低运球，体会身体基本姿势和动作方法。

(2) 左、右手交替做横运球，体会换手拍球的部位。

(3) 左、右变向不换手横运球，体会单手左、右变换方向的节奏和触球部位。

(4) 原地体侧前(拉)后（推）运球，体会单手前后变换方向的节奏和触球部位。

(5) 原地快速低运球，结合两腿碎步移动，提高手、脚协调配合的能力以及脚步动作的灵活性。

(6) 原地两手同时运球（运两个球）练习，提高用余光观察球和手对球的控制能力。

(7) 原地胯下"8"字运球，提高手对球的控制能力。

2. 行进间运球

(1) 直线运球。按图 2－57 所示队形站位，每组第一人持球，听哨音后，运球至另一端线，返回时换另一手运球，然后交给下一队员，轮流进行练习。

要求：拍球动作与步法要协调配合。拍球落点在身体侧前方，用力大小要适当，球反弹高度在腰腹部。

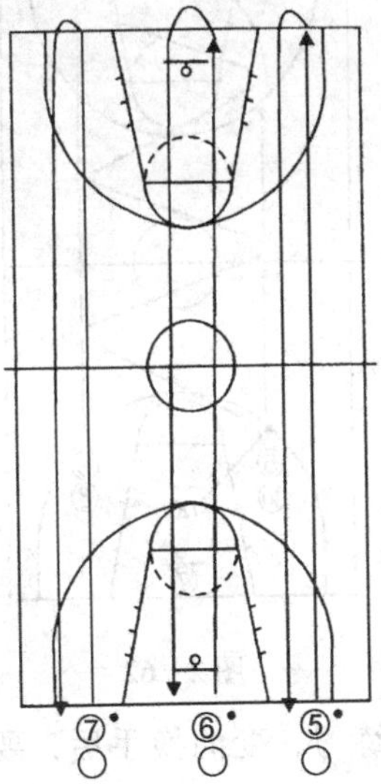

图 2－57

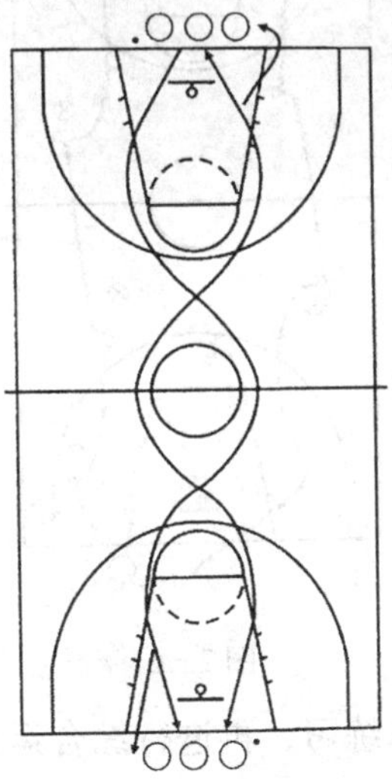

图 2－58

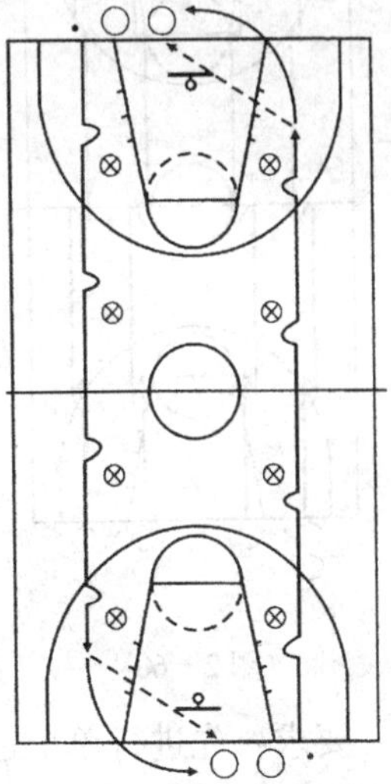

图 2－59

（2）换手变向运球。按图2－58所示队形站位，两端线第一名队员持球，听哨音起动，绕场内三个圆圈变向换手运球，各自到另一端线后将球传给下一名队员，依次进行练习。

要求：运球绕过圆圈横切线时，变向换手，要有加速，始终用外侧手臂运球。

（3）不换手变向运球。按图2－59所示队形站位。运球到障碍物时，先向左做变向横运球，然后立即向右侧拨球，再运球加速障碍物。超越最后一个障碍物后，传球给另一端线的队员，轮流进行练习。

要求：变向运球时注意拍球部位，降低身体重心，摆脱障碍物时，变向起动的动作要快，要加速。

（4）运球急停急起。按图2－60所示队形站立，根据教师的信号做运球、急停、急起练习。到另一端线后，将球传给对面队员，交换位置，继续练习。

要求：要停得稳，起动快，掌握好高、低运球的节奏。运球急停时，两脚原地碎步移动。

（5）后转身运球或背后变向换手运球。按图2－61所示队形站位，每组第一个队员持球，按图示路线运球，遇障碍物时做后转身运球或背后运球，变向换手后继续运球推进。做完最后一次变向运球后，将球传给另一端线的第二个队员，按顺序进行练习。

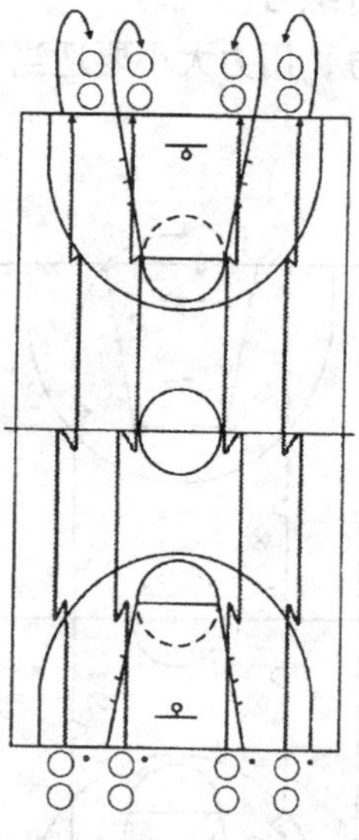

图2－60

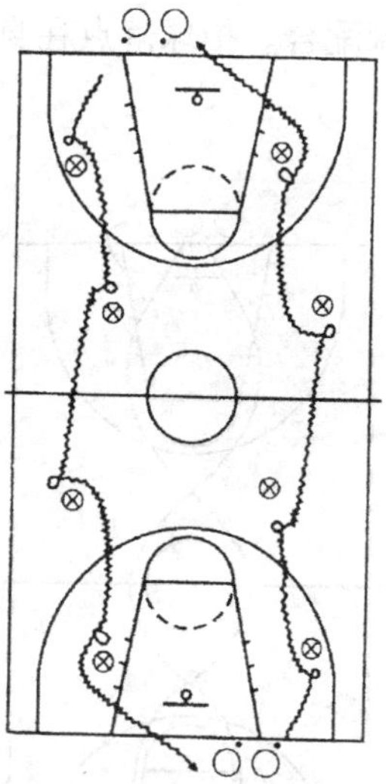

图2－61

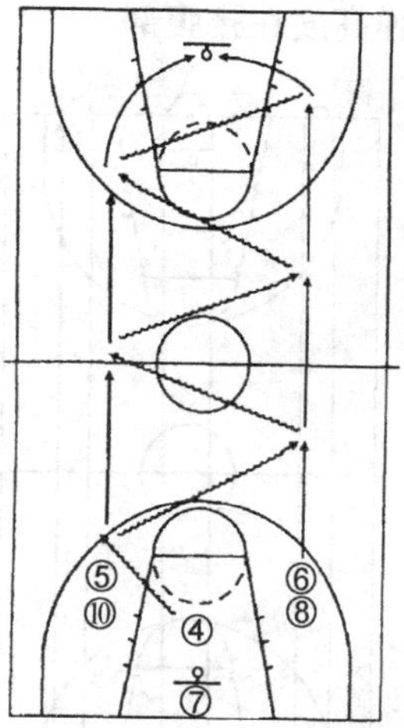

图2－62

要求：先进行单个运球技术练习，再进行综合运球技术练习，变向换手后，要有明显的运球加速动作。

（6）“8”字运球。按图2－62所示队形站位，④运球与⑤做交叉，当（贴接）近⑤时，④传球给⑤，然后继续向前跑动。⑤接④的球后，运球与⑥做交叉。三人连续进行练习，到另一端线后再返回做同样的练习。然后将球传给下一组。依次进行练习。

要求：向左运球用左手，向右运球用右手。接球队员从传球队员身后起动运球。

（7）各种运球综合练习。方法：两人一组，一人在前做慢跑、加速跑、交叉、急停急起、后转身等动作，另一队员运球紧跟其后，做同样的运球动作。

要求：领跑人速度由慢到快，运球队员动作反应迅速。练习可由全场缩小到半场进行。

3. 结合传球、投篮的运球

（1）运球推进结合传球上篮。按图2－63所示队形站位。听到哨声后，④沿边线运球至中线处，把球传给另一侧沿边线快下的⑦上篮，接着跟进抢篮板球，然后再将球传给⑥，自己站在排尾。⑦投篮后站在⑤的排尾。另一侧练习方法相同，依次进行。

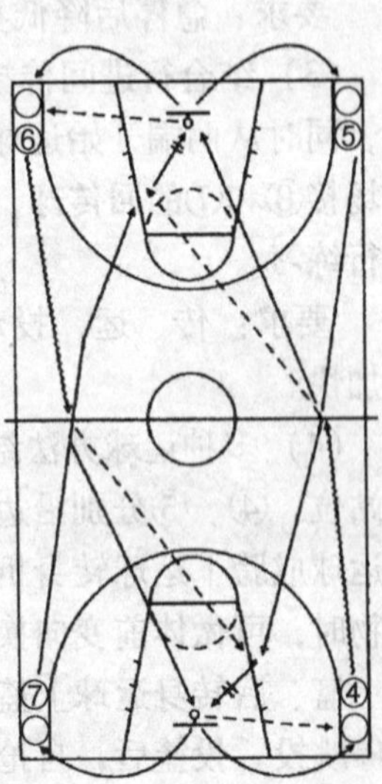

图2－63

要求：运球与传球动作协调，先做原地跳步接球，后做行进间接球。先用一个球练习，后用多球练习。

（2）运球急停结合传球。按图2－64所示队形站位。当⑤运球接近中圈时，跳步急停接球，迅速后转身传球给⑥，并跑到⑥的排尾。⑥接球后，按⑤的方法做同样练习，传球给⑦，并跑到⑦的排尾。按顺序进行练习。

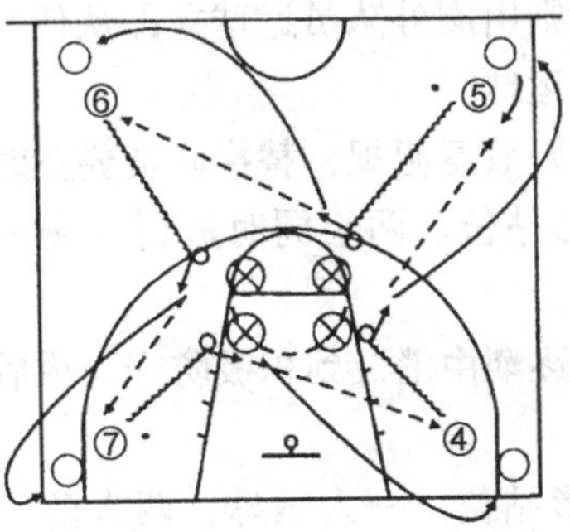

图2－64

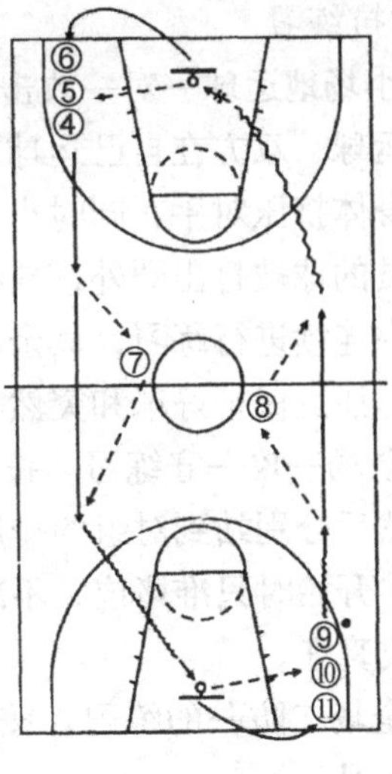

图2－65

要求：急停后降低身体重心，传接球到位。先用一个球练习，后用多球练习。

（3）结合行进间传接球和投篮的运球。按图2－65所示队形站位。⑨、④各持一球，同时从两端开始运球，接近中线时，行进间分别传球给⑧、⑦，继续向前跑，并在前场接⑧和⑦的回传球，运球上篮。投篮后，抢篮板球再分别将球传给⑤、⑩。按顺序进行练习。

要求：传、运、投动作要连贯、协调，速度逐渐加快。

（4）多种运球方法结合投篮。按图2－66所示队形站位。④、⑤分别沿边线运球到中线，做前、后转身运球成胯下运球转身折回，向篮下运球突破。遇障碍物时，可做体前变向换手上篮、体前变向不换手运球上篮、后转身运球上篮、背后运球上篮、运球变向急停跳投。投篮后，自抢篮板球，交叉传球给另一组队员。④与⑤交叉站位，依次进行练习。

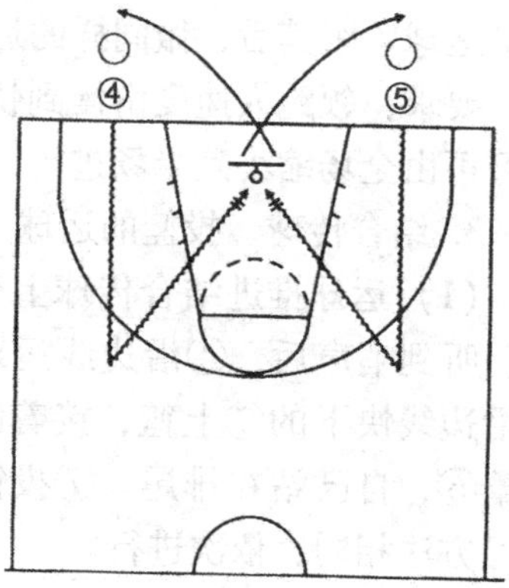

图2－66

要求：左侧运球用左手，右侧运球用右手，折回运球时必须换手运球突破。

（5）运球上篮结合抢篮板球后的第一传。按图2－67所示队形站位。④、⑤运球上篮，然后抢篮板球传给本组的第二人，自己到对面那组的排尾。依次进行练习。

要求：投篮后立刻抢篮板球，传球要快速、准确、有力。

4. 对抗练习

（1）小场地运球一对一攻击性练习。方法：四人一组各持一球，由两名队员先在球场圆圈内运球，双方在自己运球不失误的情况下，相互进行攻击，可用手连续拍打对方运球和用身体挤压对手，同时也可用各种变向运球和身体动作保护球，躲避对方。如某个运球队员的球被打出圈外，成死球或运球出圈，则由圈外队员运球立即从任一角度替换，在圈内连续进行练习，其余队员在圈外不停止运球。

要求：注意保护好球和突然攻击对方运球，不要故意犯规，替换队员要及时。

（2）全场一攻一守练习。按图2－68所示队形站位。两组同时进行全场一攻一守的练习，然后分别站到对组的排尾。依次轮流练习。

要求：开始时只准堵位，不准抢、打球，然后逐渐由消极到积极防守，最后到强烈对抗，真攻真守。

（3）全场二防一的练习。按图2－69所示队形站位。一人运球，两人防守，进行全场攻守练习。

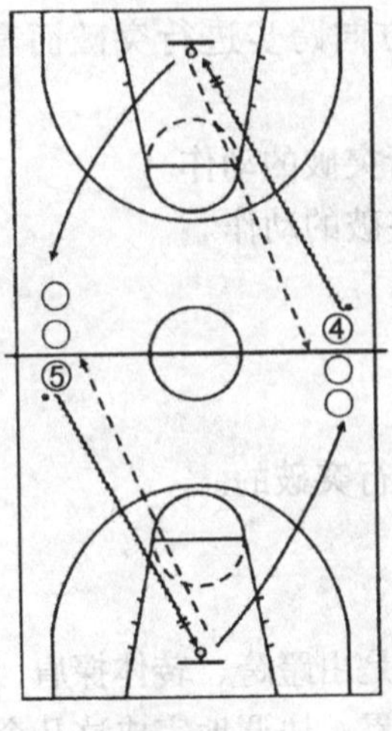

图 2－67

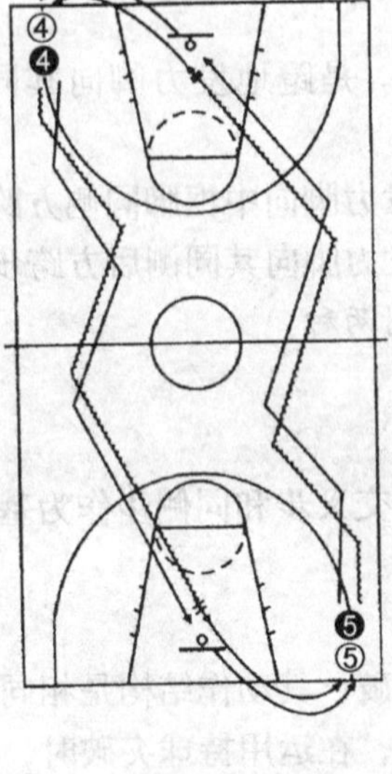

图 2－68

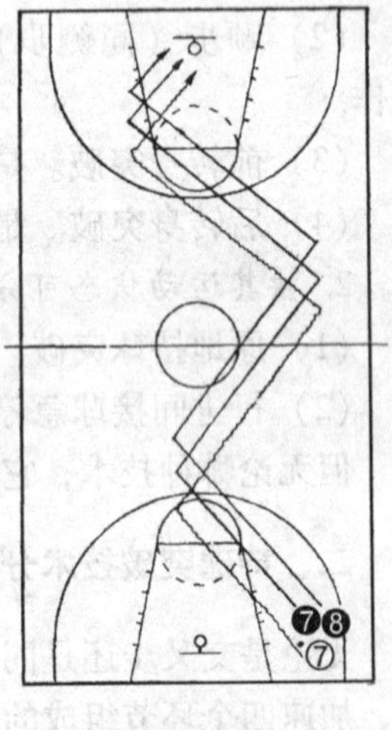

图 2－69

要求：开始时只准堵位，然后逐渐由消极防守到积极防守，进行围堵、拼抢，以提高其运球运用能力。

（4）半场或全场的二对二、三对三、四对四、五对五练习。进一步巩固和提高运球技术。

第六节　持球突破

持球突破是持球队员运用脚步动作和运球技术相结合的快速超越防守者的一项攻击性很强的技术。

比赛中熟练地掌握突破技术和突破时机，并能巧妙地运用这项技术，不仅能有力地打乱对方的防守部署，而且还可以为个人创造切入得分机会以及为全队增加更多的进攻机会。

持球突破若能很好地与投篮、传球及假动作结合起来运用，其攻击性和灵活性就会更加显著，因为持球突破可以直接逼入篮下，容易吸引对手的防守，这样为自己创造了更多的传球给同伴的机会，所以运动员掌握了这项技术，不仅可以增强个人的攻击能力，同时也为同伴创造更多良好的进攻条件。

一、持球突破技术的分类

1. 按中枢脚和另一脚跨步方向为依据可分为下列四种：

（1）持球交叉步突破。是蹬地发力脚经过中枢脚的侧前方向跨步进行突破而言的动作。

（2）顺步（同侧步）突破。是蹬地发力脚向其同侧前方向跨步进行突破而言的动作。

（3）前转身突破。是蹬地发力脚向中枢脚同侧方跨步进行突破的动作。

（4）后转身突破。是蹬地发力脚向其同侧后方跨步进行突破的动作。

2. 按其运动状态可分为下列两种：

（1）原地持球突破。

（2）行进间接球急停突破。

但无论哪种技术，它都是以交叉步和同侧步作为基础而进行突破的。

二、持球突破技术分析

无论是交叉步还是同侧步突破，其动作结构是相同的，都是由蹬跨、转体探肩、放球、加速四个环节组成的。因此，在运用持球突破时，必须连贯、协调地完成这几个环节，才能完整地做好持球突破技术。下面对这四个环节（即组成部分）进行分析。

（一）准备阶段

篮球运动中任何一种动作在进行前必须有准备阶段，只不过是时间长短的问题，而突破前的准备阶段所做的动作就是运动员本身所做的准备姿势，而准备姿势的正确与否，关系到突破动作是否能有效地完成。这里准备姿势是指两脚左右（或斜前）开立约与肩同宽，两腿微屈，身体重心下降，持球于胸前。

根据有关资料查证，原地持球突破的准备姿势中身体各关节的角度比较适宜的是：

（1）髋关节。腿部与躯干夹角约在50°～60°之间。

（2）膝关节。小腿与大腿夹角约在102°～122°之间。

（3）踝关节。足面与小腿夹角约在60°～74°之间。

（二）突破阶段

1. 蹬跨

持球突破要超越对手就必须有较快的移动速度，蹬跨是获得这种速度的第一速度（初速度）的关键。在持球突破中，蹬地的力量和方向，蹬地脚与地面之间的夹角（简称蹬地角）和速度是什么样的关系呢？

（1）蹬地力量的大小和速度的关系。在一定的生理范围内，肌肉收缩产生的力量，与其收缩前肌肉的初长度有关。因此，在肌肉收缩前适当地拉长肌肉，其收缩时产生的力量和缩短的程度就更大。例如拉弓射箭、拉橡皮筋、掷标枪、铁饼等都充分说明了这个道理。持球突破第一次发力——蹬跨时，适当地屈膝降重心，可使大腿肌肉群和小腿后肌肉群适当地拉长，收缩时可发挥更大的力量。蹬地力量越大，地面对人体的反作用力也就越大，速度相应地也就加快。由于人体重心（G）的作用，如果人体的重力和支持力（运动中讲的是蹬力）相等时，人体就处于静止状态。因此，根据作用力与反作用的原理，蹬力减去重力才是地面对人体的反作用力，所以获得相同的反作用力，对于不同体重的运动员来说蹬力（即作用力）大小是不一样的。

（2）蹬地角度和速度的关系。持球突破时，要发挥最大的速度超越对手，除加大蹬地时的作用外，适当地缩小蹬地角度（蹬力作用点和地面的夹角），可提高向前的速度。

运动员的蹬地角为 α，蹬地力为 γ。当 γ 不变时，X 水平分力越大，则向前的速度就越快；X 越大，Y 相应地也就越小。从直角坐标系也可以说明这个问题。根据三角函数余弦定律和运动生物力学速度和作用力、作用时间的三者关系推断，在蹬地力量（作用力）不变的情况下，蹬地角越小，时间越短，就会获得越快的突破速度。根据人体解剖结构并结合篮球运动的突破技术，一般蹬地角以 30°～40°之间最为适宜。因此，在进行持球突破时，不仅要缩小蹬地角，加大作用力，同时还要缩短作用地面的时间，使这个作用力变为爆发力，起到快速推动人体向前的作用。

2. 转体探肩

持球突破时，积极的蹬跨是为了获得最大的速度，而转体探肩则是为了迅速地向前移动重心，同时转探又缩小了人体的横断面积，更有利于抢占有利的位置和突破路线，力争突破第一步跨出时，就把防守者挤在自己的侧后方，以达到第一步就超越了防守。不仅如此，转体探肩还起到保护球的作用。

3. 放球（拍球）

当蹬跨、转体探肩动作完成以后，随着身体重心的前移，应迅速将球引向远离防守的一侧，放球于跨步脚的外侧前方，并注意避免向后引球的多余动作。为不影响突破时的速度，并使球仍处于保护和控制范围内，手放球时应虎口向上，便于推球前进。拍球时要掌握入射角，也就是球运行的反弹高度和方向，以便增加球向前的速度，球反弹的高度一般不要超过膝盖。入射角小反射角越小，向前的速度也就越快。

4. 加速

放球之后，中枢脚要积极蹬离地面，这是获得第二次加速度来超越对手。由于防守水平的提高，只利用第一速度很难超越对手，因此第二速度就显得非常重要，也是突破成功与否的关键一环。

总之，持球突破的阶段要做到一快二狠三挤靠。

（三）结束阶段

突破完成以后（也就是超越了防守者），突破目的还没有完成，应根据场上情况果断地进行处理：

（1）突破以后直接运球上篮得分。

（2）突破以后迅速调整步法急停跳投。

（3）突破以后传球给处于有利位置的同伴投篮。

三、持球突破技术的运用

熟练地掌握持球突破技术，对一个运动员来说，只能说仅学会了一半，而更重要的是在比赛中合理而及时地运用这项技术，充分发挥其威力。在比赛中往往由于运用不好，不仅贻误了战机，甚至于会造成失误与犯规。因此，及时、合理运用此项技术才能起到应有的效果。

（一）运用时机

抓住攻守对抗的规律，运用突破技术。在比赛中，要善于捕捉战机和了解对手的个人防守特点，进行大胆地突破。具体如下：

（1）根据防守者身体姿势的高低进行突破。

（2）根据防守者的距离远近来选择是否突破。

（3）根据防守者的位置（偏左或偏右）或脚步（左脚或右脚在前）来选择突破方向和路线（突破口）。

（4）根据防守者的防守强弱和特点，如对手防守能力差或对手只会防右不会防左，或有投篮动作时爱起跳封盖，即容易被进攻者的假动作引诱上当受骗。因此，把真假动作结合起来运用，以达到突破的目的。

（5）由于准确的中远距离投篮使对方改变防守策略而扩大防守时，要及时合理运用突破技术来制约对手的战术行动。

（6）对方队员因犯规较多，为杀伤对方的战斗力或形成一对一的有利局面时，可大胆运用突破技术。

（7）根据战术需要或为挽回被动局面时，可利用突破打乱对方的防守部署，创造良好的进攻机会。

（二）结合其他技术运用持球突破

在比赛中，掌握良好的持球突破技术，选择好合理的突破时机和突破口，是持球突破技术取得成功与否的重要因素。但比赛中只有很好地将突破与投篮、传球、假动作结合起来运用才能奏效，才能发挥出突破技术的强大威力。

1. 结合投篮运用持球突破

投篮技术是篮球比赛中最重要、威胁最大的技术，是得分的唯一手段。因此，当持球队员只要做瞄篮动作，防守者必然积极封堵、干扰，这时持球者就利用防守者的心理表现和外部行动（上步、重心变高等），抓住时机进行突破。从实战中看到，一个优秀的运动员如果具备了准确的投篮和强有力的突破，将会使对手难以防守。

2. 结合传球运用持球完成

传球是篮球比赛中的互相联系的枢纽，是全队进行战术配合达到投篮得分目的的一项重要技术。因而防守队员不仅要封堵其投篮，而且要想尽办法干扰破坏进攻者的传球，并力争抢断球。所以应利用传球吸引防守进行突破或遇补防队员及时合理地把球传给同伴，达到进攻的目的。这种持球突破技术结合传球的巧妙配合，使防守者防不胜防的战例是屡见不鲜的。

3. 结合假动作运用持球突破技术

“声东击西”乃是战争中经常运用的战略方针，而篮球比赛如果把假动作与突破技术结合起来运用同样可以起到声东击西的战略效果。因此，比赛中充分运用投篮、传球，身体各部分和眼神假动作吸引防守，迷惑对手，同样可达到突破对手的目的。

四、持球突破技术的教学训练应注意的问题

持球突破技术的教学训练中除应按一定的教学训练原则进行外，还必须注意以下几个问题：

（1）培养运动员运用突破技术的强烈意识，在运用中要养成观察判断的习惯，善于抓住战机，掌握好突破时机，合理及时运用好突破技术，并注意动作的变化。

（2）由于突破技术是在快速中完成的，所以在训练中，要培养运动员勇猛顽强的作风，迅速、果断、有力、扎实地突破。

（3）由于突破技术是建立在熟练、扎实的脚步基本功基础上的结合技术。因此，在训练中，要培养队员快速摆脱对手的能力和接球后两脚都能做中枢脚，并能及时向不同方向和不同转向进行突破的能力。

（4）在掌握了持球突破技术以后，应紧密结合其他技术和假动作进行训练，并注意动作之间的紧密衔接，运用自如。

五、持球突破的练习方法

（一）在无防守条件下练习

（1）原地持球练习交叉步和顺步突破动作。

（2）原地持球用前转身和后转身突破动作练习。

（3）向前、侧方移动接同伴或接固定传球人传来的球，然后跳步急停后，练习交叉步或顺步持球突破动作。

（4）向前、侧方自抛球，然后移动，跳步急停后，练习不同的突破动作。

（二）在有防守条件下练习

（1）两人一组，一攻一防，交替练习原地或行进间急停交叉步或顺步持球突破动作。

（2）三人一组做突破后加速运球练习。具体方法是：三人站在一条直线上，中间

一队员先为防守者并防守一持球队员，另外一队员站在防守者背后约6米处。练习开始，持球队员突破防守者，加速运球到另一队员身前，并将球传给他，接着进行防守。接到球的队员持球突破防守后加速运球到对面队员身前，并将球传给他，接到球的队员按上述方法进行突破加速运球，如此反复进行。

（3）外围三分线附近不同位置设置一固定防守者，其他队员每人一球，按次序在防守者面前，持球突破加速运球投篮，并立即抢篮板球，再回到排尾，依次进行练习。固定防守者，连续防守若干次后交换。

（4）持球突破结合传球给同伴投篮的练习。

（5）持球突破结合急停跳投的练习。

（6）半场二打二或三打三按规定练习持球突破。练习时，防守队员不许交换防守，进攻队员规定不允许掩护，只能运用持球突破和分球，以及运用积极移动摆脱防守后接球进攻。

第七节　防守对手

防守对手是防守队员合理地运用脚步移动和手臂动作积极地抢占有利位置，阻挠和破坏对手的进攻意图和行动，并以争夺控制球权为目的的。要达到上述目的，在防守对手时，要以“积极防御”为指导思想，提倡勇猛顽强的防守作风，认真负责的态度，把防守姿势、位置站法、脚步移动、手臂动作结合起来，并加以合理运用。提高集体和个人的防守能力，发挥攻击性和个人防守技术，才能更好地完成防守任务。

防守对手既是个人防守技术，又是集体防守的基础。因此，要提高全队集体防守的能力，首先必须加强个人防守的教学与训练，以利促进集体防守与进攻技术、战术的学习和提高。防守对手包括防守无球队员和防守有球队员。

一、防无球队员

在一场比赛中，防守队员绝大部分时间是防守不持球的队员，一般约占全部防守时间的70%～80%。因此，他的主要任务是全力破坏对手在有效的攻击区内接球，同时以最大的努力去阻挠、影响、干扰、破坏进攻队员预定的进攻意图。如进攻动作、方向、区域或延缓其进攻速度，使其丧失进攻时机。而且，还应尽可能地抢断传向自己对手或传越自己防守区域的球，达到转守为攻的目的。为了达到此目的，必须要有熟练、扎实的个人防守技术。个人防守技术的基础是灵活的脚步动作、合理的位置选择、适当的防守距离、手臂的干扰破坏，加上准确的观察和判断进攻队员的意图，及时合理地采用各种脚步来阻截对手的进攻，在个人负责集体协调配合下完成全队的防守任务。

（一）防守无球队员的基本要求

（1）防守无球队员时要随时保持以人为主、“人球兼顾”。在防守时应集中注意力，控制无球队员的行动，迫使其改变行动的意图，严防“漏人”。一般情况下，主要防止对手摆脱接球。在防住自己对手的情况下“人球兼顾”，用眼睛的余光观察球和其他队员在场上活动的变化情况。通过掌握球的变化，合理及时地调整、运用防守技术，通过掌握场上其他防守队员活动的变化，达到了解判断自己对手活动的意图，从而能有效地控制对手。

（2）防守无球队员时要根据对手所处的位置，做到“离球篮近防守则紧，离球篮远防守则松”，在防守中不轻易让其在篮下或离篮较近的区域内接球。离篮较近，防守距离也越近。进攻的无球队员向远离篮的方向移动时，则可以根据情况进行调整，适当地拉开防守的距离。

（3）防无球队员时要做到“球近则紧，球远则松”。“紧”是指离球距离近时，防守无球队员的距离则近，配合积极的上下肢动作；“松”则是视场上球的转移情况与无球队员的位置情况而定，离球远时，可拉开防守距离，并密切注意对手的行动。

（4）防守无球队员时要做到“强侧的防守紧，弱侧的防守松”。防守队员应根据场上球转移的情况随时调整防守的位置、距离、姿势等。“强侧”为球所在的一侧，防守要紧，防守的距离要近；“弱侧”为远离球的一侧，防守可拉开距离，让球和无球队员都在防守者的视野之内，以便随机进行调整，限制进攻的行动，以及抢断和协防。

（5）必要时应大胆放弃自己的对手，协助同伴防守对方的持球队员，并要注意培养及时夹击、补防和换防的集体配合意识。

（二）防守无球队员的基本方法

1. 防守位置的选择与距离

防守时，正确、合理地占据有利位置，会使防守由被动变主动。防守队员要根据对手、球篮、球的位置和距离，以及对手的身高、速度、进攻的特点、战术需要和防守队员的防守能力来选择防守的位置和距离。从广义上来说，防守位置应包括：

（1）身体占据的位置。

（2）站位后身体的方向。

（3）站位后眼睛的视点和视野。

根据以上三点，一般情况来说，防守队员应当与球和对手保持一定的角度和距离，站在对手与球和球篮之间的内侧位，站在进攻持球队员与无球队员的传球路线上。形成持球队员、自己所防守的对手、与自己所站的防守位置恰好形成一个三角形，并随着被防

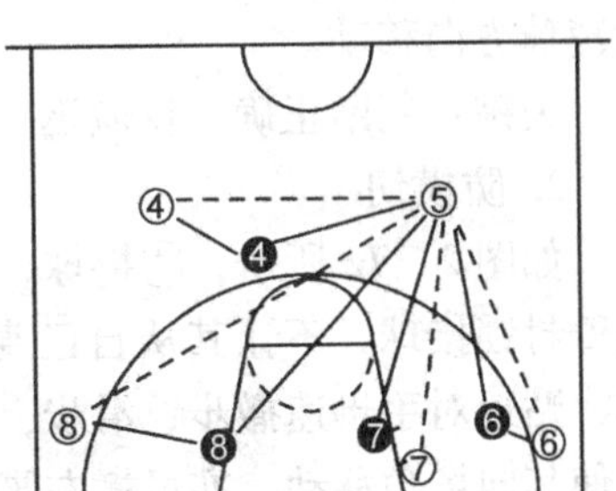

图 2－70

守的对手离球的远近而变化，如图2－70所示。

2. 防守姿势

防守队员应注意运用快速的防守脚步移动和保持良好的防守姿势，抢占有利的合理防守位置。防守时，不仅要注意张开两臂随时准备断球、打球和维持身体平衡，占据空间；而且更重要的是要用积极的脚步移动，堵截进攻队员摆脱接球的移动路线（防守的基本姿势和移动技术要领，见移动技术部分）。

防守姿势是由站立姿势、脚步动作、手臂动作三个环节所组成。由于对手处在不同的位置，向不同的方向移动，所以防守队员的准备姿势站法、防守移动的步法、手臂的动作也应随之不断变换。一般地讲，从防守开始站位有两种不同的步法：

（1）面向对手，侧向球的斜前站立姿势。靠近对手的异侧脚在前，堵截对手摆脱移动接球的路线，伸前脚一侧的手臂前伸，切断接球路线；身体的正面对着对手，用眼的余光注意球。一般对手离球较近时采用这种步法，在紧逼对手时也常用。

（2）面向球侧向对手的平行站立姿势。这种防守步法一般在防离球较远的无球队员时采用。防守姿势是身体正面向球，或平步站立姿势，使防守的无球队员和球都在防守队员的身体面向的前面，并在视野之内，用眼的余光注意对手和球的活动情况，在防守住自己对手的基础上，随时便于断球和阻挠对方的行动，以及进行协同防守配合。

（三）防守无球队员的技术应用

防守时，防守队员要根据球和进攻队员的移动，运用上步、撤步、滑步、交叉步和快跑等脚步移动，随时抢占有利的防守位置，堵截其摆脱移动路线，不让对手在有利于进攻的位置上接球。在运用时主要有防纵切、防横切、防溜底线等几种方法。

1. 防纵切

如图2－71所示，④传球给⑧，❹及时偏向球侧错位防守，当④向篮下纵切要球时，❹应抢前移动，合理运用身体堵截纵切路线，同时伸出左臂封锁接球，迫使对手向远离球方向移动。

关键：判断正确，反应迅速，行动在前，不让其用肩和脚压住自己的移动路线。

2. 防横切

如图2－72所示，④持球，⑥横切要球时，❻上左脚，合理运用身体阻截，同时伸左臂封锁接球，不让其从自己身前横切要球。这时如果⑥变向沿底线横切时，❻应面向、贴近对手迅速撤步、滑步，同时转头、伸右臂封锁接球，不让其在限制区内接球，迫使其向场角移动。亦可撤左脚后转身面向持球队员移动，然后再上右脚前转身伸右臂封锁接球。

关键：判断正确，抢步迅速、及时。

图 2－71

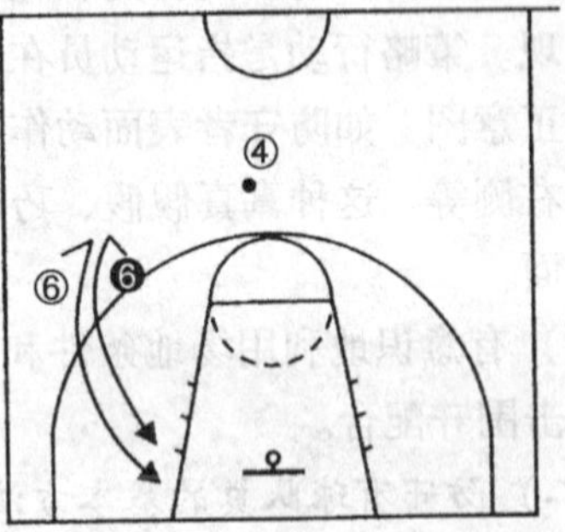

图 2－72

3. 防溜底线

当⑥直接从底线横切时，如图 2－73 所示。❻开始面向球滑步移动卡堵对手，以身体某部位接触对手，跟随其移动，同时伸左臂封锁接球。待对手移过纵轴线进入强侧时，❻迅速上右脚前转身贴近对手，伸右臂封锁接球，将对手逼向场角。

关键：抢占有利位置，正确判断对手的位置变化。

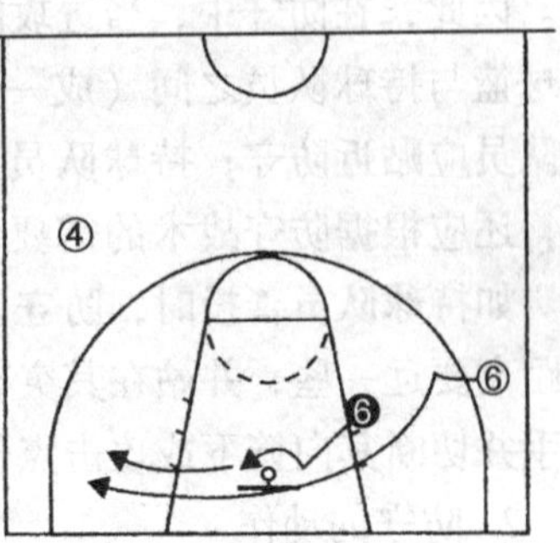

图 2－73

二、防有球队员

在比赛中，有球队员通过传球、运球突破、投篮等技术进行攻击。防守队员的主要任务是尽力干扰和破坏其投篮，堵截其运球突破，封锁其助攻传球，迫使其离开攻击区和攻击点，破坏其习惯、特长。并积极地用手臂骚扰对方，同时进行抢、打、断球来争取转守为攻，达到增加对手失误，减少对方得分的目的。

（一）防守有球队员的基本要求

（1）防有球队员时，一定要做到球到人到。即对手接球的同时，防守者已抢占正确的防守位置，并且最大限度地阻挠和干扰其投篮、突破以及传球等动作的发挥。

（2）防有球队员时，防守队员应站在对手与球篮之间的有利位置上，使对手和球、防守者、球篮三点成一条直线。

（3）防有球队员时，要根据对手的特点，及时采取合理的、有针对性的限制其技术正常发挥的对策。

（4）防有球队员时要真假防守动作结合运用。孙子曰："故兵以作立，以利功……"有球队员与防守有球队员就是比赛中攻、守相互"斗智"的过程。防守队员要达到限制有球队员行动的目的，除了要掌握熟练的技术动作外，还必须配合以策略行动才能实现。策略行动是指运动员在防守中为了实现某一目的而采用的假动作，以隐蔽自己的真正意图。如防守者表面动作是向前的，而实际是后退的；表面上是防左侧，实际上是防右侧等。这种真真假假、巧妙结合的动作，往往能达到出其不意的目的，形成有利的局面。

（5）有意识地利用场地条件和同伴的协调配合，积极对停球或运球后的对手进行主动夹击围守配合。

（二）防守有球队员的基本方法

1. 位置、距离的选择

防守时合理地选择正确的位置和距离，直接关系能否防守住对手，取得攻守主动权。因此，在防守中，当进攻队员接到球时，防守有球队员应迅速调整防守的位置，站在球篮与持球队员之间（成一直线），其距离要适当。一般来讲，持球队员离篮近，防守队员应贴近防守；持球队员离篮远时，防守队员则根据情况适当地远一点防守。同时，还应根据防守战术的需要和持球队员的特点，适当地进行位置、距离的调整和选择。如持球队员善投时，防守队员应上前些防守；如持球队员善突时，防守队员应选择的距离要远一些，并站在其突破的路线上；如持球队员善传时，防守队员则应迎前靠近对手并切断其向篮下或攻击点传球的路线。

2. 防守的动作

由于持球队员的进攻技术特点、意图及与球篮的距离不同，所以，防守持球队员的技术动作也有所不同。一般从脚步动作来讲，有两种步法：

（1）平步防守。两脚平行站立，两臂侧伸进行挥摆，眼睛盯着球。这种防守面积大，便于向左右移动，对于防守突破有利。但在对方运球停止时，上去封传球，进行夹击防守配合也可以运用平步站法。

（2）斜步防守。采用斜前站位的防守姿势，前脚同侧的手臂向斜上方伸出，另一手臂侧伸。这种防守姿势便于前后移动，对防投篮比较有利。

（三）防有球队员的技术运用

防守时，防守队员要根据进攻队员的技术特点及与球篮的距离，运用各种移动方法，随时抢占有利的防守位置，挥动手臂干扰和封盖对手的传球和投篮路线，并伺机抢、打对手的球；但要判断准确，动作突然快速，并注意保持身体平衡，避免犯规。

1. 防运球

在一般情况下，为了不让对手运球绕过自己，防守队员应与对手之间保持1米左右的距离，两臂侧下张，两腿弯屈，在积极移动中保持正确的防守姿势，在正确防守位置的前提下阻拦对手变向运球，并伺机抢、打，给对手以压力，若对手已经运球起动，则要及时迎前防守，控制其速度，并迫使其向边角运球，或迫使其停球，与同伴造成协同防守夹击。

在防守时应堵其习惯（熟练）的手一侧；防其习惯运球动作；使其按照防守的意图运球，使对手运球失误，达到以守转攻的目的。

2. 防突破

防突破的位置和距离的选择，应根据突破队员离篮的远近和对手的特点而定。距离球篮远，可距对手2米左右的距离做好防守姿势；对手距离篮近，防守队员则应靠近防守。同时还要根据其位置与习惯（中枢脚、突破方向、假动作等）来采取对策。如对手习惯以右脚为中枢脚，又经常从防守的左侧突破，则防守队员应采用堵左放右的策略，用平步防守或斜步防守，选位时要偏左侧，并堵住其左侧，迫使对手无法突破或只能向右侧运球，以削弱其攻击力。当对手运球突破时，要运用脚步动作堵截其运动突破路线，迫使对手改变运球方向或停止运球，然后迅速上前封堵其传球或投篮。脚和手要有攻击动作或假动作，给对手以压力，以争取主动。同时要特别注意通过观察对手的眼神判断其进攻意图，以便在思想上有更充分的防守准备，打乱对方意图。

关键：判断正确，步法合理，保持距离，重心要稳，防投、防切手脚灵活。

3. 防投篮

防投篮时，要掌握其投篮技术的特点及投篮点，根据其准备动作及视线的方向来判断对手是否投篮。如对手中投时，站在离对手约一步的位置上，两脚前后斜站位，屈膝直腰，前脚同侧手前伸并积极挥臂，干扰和影响其投篮，重心略偏前脚，稍提起，另一臂侧张，以防其传球和保持身体平衡，以便随时变换防守动作。当对手投篮出手时，要准确地判断其起跳时间，及时突然向上起跳封盖其投篮，并争取盖帽或影响其出手弧线，降低其命中率。

关键：调整距离选好位，集中精力判断快，封盖及时合理。

4. 防传球

进攻队员持球时在不同位置上各有若干条传球路线，如有些是威胁不大的转移传球，有些是威胁很大的助攻性传球。所以在防传球时应有重点，使对手多作转移性的传球，少作攻击性传球。因此，在防守时要了解和掌握进攻队的战术规律，传球队员的意图、所处的位置及其视线。防守时应上前贴近对手，用平步积极挥臂封堵其向有威胁的一侧传球，迫使其向没有攻击威胁的位置上传球；有时也可采用向后撤步，协助同伴防守，使对手不能传给有利位置上的同伴。如离篮较近时，主要防其突然隐蔽的传球。其规律是注视传球队员的眼神和假动作，往往传球队员的眼向上看，球向下传；向左看，球向右传；反之亦然。防守队员的精力要集中，手臂迅速屈伸挥臂干扰，同时配合脚步动作进行抢、打、断球。

关键：注意力集中，判断准确，反应敏捷。

三、防守对手的教学建议

（1）在进行个人防守技术的教学中，要使学生明确个人的防守在防守战术中的重要性，以及防守的脚步动作、防守的基本姿势这二者之间的关系对完成防守任务的重要作用。提高个人防守的能力，逐步培养认真负责的责任感。

（2）在教学中要遵循循序渐进的原则，先在简单条件下进行练习，后在复杂条件下进行练习；并由单个技术练习到综合技术练习；先在慢速中练习后在快速中进行练习；并由消极对抗到积极对抗；由个人防守的练习到防守的战术行动练习。教学的顺序也应先练习防无球队员后练习防控制球的队员；先练习脚步动作后练习手臂动作。

（3）在防守无球队员的教学中，应强调积极移动占据有利的防守位置，不断调整，使之保持人球兼顾的合理位置。防守持球队员的教学中要结合防投、防突、防传、防运，并结合运用抢、打、断球等技术进行。

（4）在个人防守训练中，结合比赛实际，要鼓励不怕苦、不怕累、勇猛顽强、敢于拼搏的精神。

四、防守对手的教学法示例

（一）防守无球队员的练习方法

1. 两人一组，相距1米，一攻一防

攻方原地练习向左右突破的假动作，守方练习撤步堵截，逐渐加快速度。也可以让进攻队员加上“虚晃”动作。

目的：提高防守中利用脚步和身体动作堵截对手的能力。

2. 伴随跑（也叫“影子”）游戏

两人一组，一人沿边线跑动，另一人与他左右相距1米，像影子一样伴随着移动。跑动者可用折回跑、转身、滑步、跳起等动作。伴随者则要紧紧地跟着他，并随他做相应动作。不能让跑动者摆脱开1米以上的距离。

目的：提高脚步动作的灵活性，动作的反应能力及模仿能力。

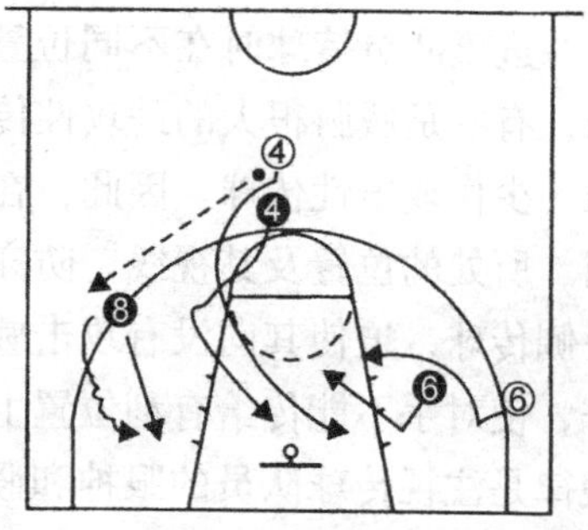

图2－74

3. 面对人、侧向球的选位防守

目的：掌握“面向人”、“侧向球”的基本方法和选位方法。

要求：脚步动作的变化更灵活，选位姿势正确，做到人球兼顾。

4. 半场三对三综合防守练习

如图2－74所示，进攻队员可以进行传、切、投、突等动作，防守队员根据对手从有球转入无球、无球到有球、强侧到弱侧转入强侧的不同情况变化进行积极的防守练习。

要求：及时调整防守位置，始终保持正确的防守姿势，合理运用防守动作。

（二）防守有球队员的练习方法示例

1. 防运球的练习

一人运球突破，一人防守。防守者待突破后，重新站好防守位置，继续进行练习，在全场内一对一。

要求：防守队员与运球队员保持一臂长的距离。

2. 防投篮、突破的练习

半场一对一进行。一人持球进攻，一人防守。进攻队员开始先做准备投篮和突破的动作，让防守队员练习防投防突的让步、撤步及扬手等动作，然后进攻队员积极进攻，增加防守队员的练习难度。

要求：掌握好防守重心，姿势正确，步法变换快，上下肢配合协调，敢于对抗。

3. 综合防守练习

半场四对四，防有球队员和无球队员的综合练习。四个进攻队员站成一个四角形，互相传球。防守队员根据球的位置不断地调整位置，练习协防。开始要断球，注意协防。

要求：防守队员移动积极，选位正确，余光观察球和人，进攻队员传球由慢至快，可做突破、溜底线、空切和跑动，但不能投篮。

第八节 抢球、打球、断球

抢球、打球、断球是防守中具有攻击性的战术，它是积极防御思想在防守过程中的体现，是积极防守战术的基础技术之一。大胆、果断、准确地运用抢球、打球、断球，能破坏对方的进攻，提高和鼓舞本队的士气，为反击创造有利条件。

一、抢球

（一）抢球技术动作方法

抢球是从进攻队员手中获取球的方法之一。抢球时要判断好时机，动作准确有力，在持球队员思想松懈或没有保护好球使球暴露比较明显时，迅速接近对手，以快速敏捷有力的动作，把球抢夺过来。根据不同的手部方法，抢球可分为两类：

（1）拉抢。防守队员看准对手持球的空隙部位，迅速用两手抓住球向后突然猛拉，将球从对方手中抢夺过来。

（2）转抢。转抢的方式有自上而下和自下而上两种，一般常用自上而下的方式。抢球时首先要靠近对手，动作要突然、果断，当两手接触球和控制球时，可用前臂和手腕、手指的（手分上下伸出）力量自上而下或自下而上地转动力量，迅速将球抢下。

（二）抢球技术动作时机

（1）一般在进攻队员动作犹豫、迟缓时抢球。

（2）当对手刚接到球、持球转身、抢篮板或跳起接球落地尚未保护好球时。

（3）当持球队员只注意防守他的队员，而忽略其他队员时。在防守队员关门、夹击配合中大胆地运用抢球技术，如图2－75所示。

图2－75

二、打球

打球是击落对方手中球的一种方法。当进攻队员持球、运球、投篮时，防守队员利用积极的脚步移动技术，出其不意地打掉进攻队员手中的球。还可以通过集体配合堵截、夹击、关门的方法把球打掉。

（一）打球技术动作方法

1. 打持球队员手中的球

当进攻队员接球的一刹那，保护不好时，或失去警惕、思想分散时，防守队员可掌握好时机进行打球。如进攻队员持球部位较高，一般采用自下而上打球。打球时手臂前伸，掌心向上，用手指和指根击球的下部；如果对手持球较低，则多采用自上而下的方式打球。打球时，掌心向下，用手指和手掌外侧击球的上部，如图2－76所示。

图2－76

2. 打运球队员手中的球

以打右手运球为例，当进攻队员运球推进时，防守队员用后撤滑步移动，用右手堵住运球队员的左面，左手臂伸向运球队员的膝前，在球刚从地面弹起的一刹那，运用左手或右手向外侧打球。手中腕前臂动作短促，并及时打球，如图2－77所示。

图2－77

3. 打行进间投篮队员手中的球

以右手投篮为例，当进攻队员行进间投篮时，防守队员随之后退，在投篮队员跨出第一步时，就靠近他。当他跨出第二步起跳时，迅速移到左侧稍前方，同时用左手从他胸前用手指、手腕、前臂的力量向斜下方将球打掉。随即迅速撤步，以避免身体接触造成犯规，如图2－78所示。

图2－78

4. 盖帽

当投篮队员的球刚离手或离手后处于上升阶段时，防守队员立即跳起将球打落，称“盖帽”。

“盖帽”前，要根据进攻队员的投篮动作及其身高和弹跳等特点，降低重心，迅速以短促的移动，选择有利的时机和位置，判断好起跳、投篮的时间，身体和手臂充分伸展，及时起跳将球打落。“盖帽”时动作要小而突然，用离对手近侧手的手腕、手指力量向侧或向前点投篮，前臂不要下压，尽量避免身体接触。当进攻队员上篮时，防守队员若是在侧面追防，一般可用单脚起跳，侧面“盖帽”。在迎面防守或防守外围进攻队员投篮时，一般采用单脚或上步双脚起跳的方法，如图 2－79 所示。

图 2－79

（二）打球技术的运用时机

（1）在进攻队员接到球的一刹那，保护球不好或因观察场上的情况而失去警惕时，可抓住机会迅速运用打球技术。

（2）进攻队员运球中保护不好时，防守队员应及时用离对手近侧的手在他准备变向运球和球从地上弹起尚未触手的一刹那向侧方打球。

（3）进攻队员强行上篮时，防守队员先迎前防守，用假动作控制对手的速度，主动靠近他，在他起跳前把球由右侧移到腹部，将要上举而球已暴露的一刹那，迅速用离对手近侧的手将球击落，迅速撤步，以避免动作接触造成的犯规。

（4）打球可以在集体防守配合中，如堵截夹击、关门时进行。“盖帽”时要注意位置距离的选择、起跳时间的掌握及“盖帽”动作的正确运用。

三、断球

断球是截获对方的传接球的方法之一，是防守队员正确判断进攻队员传、接球的路线、时间和位置后，以快速移动截获球的动作方法。根据进攻队员传球的方向和防守队员断球前所处的位置，一般可分为横断球、纵断球、斜断球三种。

(一) 断球技术动作方法

1. 横断球

横断球是接球队员侧面跃出截获球的动作方法。断球时，身体重心下降，准备起动。当球刚由对方传球队员手中传出的一刹那，以短而快的助跑，单脚或者双脚用力蹬地跃出，身体伸展，两臂前伸，用双手或单手将球截获，如图2－80所示。

图2－80

2. 纵断球

纵断球是从接球队员身后或侧后跃出截获球的动作。当防守队员要从接球队员的右侧向前断球时，右脚先向右侧前方跨出半步，然后侧身跨左脚绕过对方，同时重心前移，左脚用力蹬地向前跃出，身体伸展，两臂前伸将球截获。这种断球技术内线防守队员运用较多，如图2－81所示。

图2－81

(二) 断球技术的运用时机

(1) 当持球队员暴露了自己的传球意图时，防守者可在对方出手的一刹那跃出，将球截获。

(2) 当持球队员传球动作幅度比较大，球飞行的速度比较慢，球飞行的路线较长时，防守队员可根据球的高度、速度、方向，迅速靠近对方传球路线一侧，将球截获。

(3) 防守队员还可以用假动作诱惑对方传球，然后判断时机，伺机断球。

四、抢球、打球、断球的教学意义

(1) 抢球、打球、断球是攻击性较强的防守技术，运用起来比较复杂，在教学中应先掌握正确的动作方法和脚步动作，再逐步过渡到由慢到快，由单一技术到综合技术，由消极对抗到积极对抗的步骤。

（2）在教学中应严格动作规范，强调掌握好运用时机，判断准确，果断出击。

（3）在教学中可与快攻、反击结合起来练习，可与紧逼、防守结合训练。

（4）在教学中还应注意假动作的运用，以及隐蔽意图和声东击西能力的培养。

五、抢球、打球、断球的教学示例

（一）原地体会抢球、打球基本动作

两人一组，相距1.5米，对面站立；一人持球于腹前，另一人练习抢球和打球动作，两人交替进行练习。

要求：抢球、打球动作要果断、突然、避免犯规。

（二）原地体会进攻队员持球时的抢球、打球的时间

三人一球，相距1米左右，中间一人持球原地摆脱，另两人根据所处的位置，一边一个进行抢球、打球的练习。

要求：持球队员可做原地转身跨步动作摆脱，并且幅度小至大。另两人防守队员，抢球、打球要判断准确、果断、动作迅速敏捷。

（三）从正面打运球队员的球

在半场或全场一对一攻守练习中，防守队员紧急跟随运球队员，在球刚从地面弹起或改变运球方向时，突然上步打球。攻守交换练习。开始时进攻队员的运球速度由慢至快，动作的变化也由少至多，逐步加大难度。

要求：打球掌握好身体的重心，尽量不要上步打球，以免漏人。

（四）从背后抄打运球队员的球

两人一组，一人持球突破，一人防守。当持球队员突破的一刹那，防守队员利用前转身由突破队员身后赶上，防守队员用靠近突破队员运球的一侧手，由后向前打球，然后上步抢球，攻守交换练习。

要求：打球时应注意犯规，防守队员从背后打球时，手和身体的重心要低，手向前下方伸出，前转身的跨步要大。

（五）断球运球上篮

如图2－82所示，④和⑤，⑥和⑦相互传球，当④传球给⑤时，❽断球后运球投篮。⑥和⑦一组同样方法同时进行练习。投篮后站在另一组排尾，攻守交换练习。

要求：断球果断，断到后运球速度快，投篮准。

（六）断球结合反击

六人一组，如图2－83所示。④和⑤传球，❹和❺防守。❹断球后，❺快速超越对手，二人向前场推进。到前场后相互传接球，⑥和⑦断球反攻，原进攻者④和⑤在原地

进行防守。④和⑤断⑥和⑦的传球后反攻。如此连续进行。

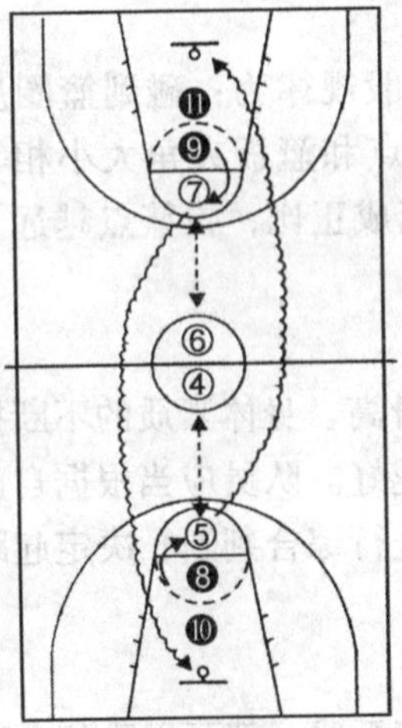

图 2－82

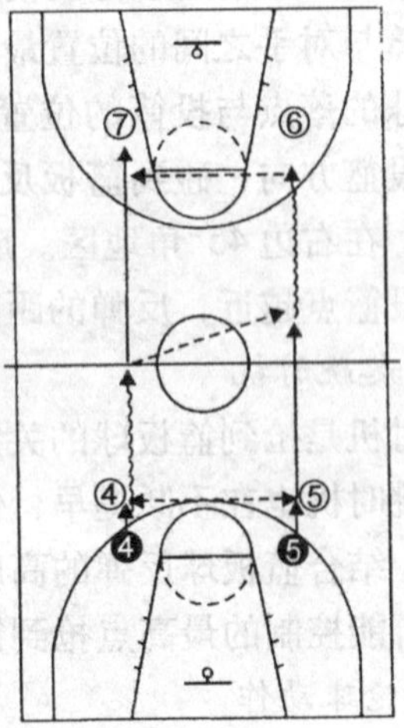

图 2－83

要求：断球后反击要快。

第九节　抢篮板球

比赛队员争抢投篮未中的篮板或篮圈反弹出来的球，称之为抢篮板球。

进攻队员抢本方投篮未中的球，称为抢进攻篮板球，亦称抢前场篮板球。防守队员抢对方投篮未中的球，称为抢防守篮板球，亦称抢后场篮板球。

如果一个队抢进攻篮板球的能力强，不仅能使本队获得篮下再次进攻的机会，同时有助于增强队员投篮的信心；而抢防守篮板的能力强，则可以造成对方更多的无效进攻，从而影响对方队员投篮的信心，同时也为本队发动快攻创造机会。

比赛中，攻守双方都力图通过争夺篮板球获得对球的控制。双方进攻篮板球获得次数之差，是造成比赛双方总进攻次数不平衡的主要原因。

随着篮球运动的不断发展，抢篮板球的技术也在发展和提高。当今抢篮板球的特点是意识强、拼抢积极，起跳早、空中控制球的能力增强，并且参加争抢篮板的人数也在增多。抢篮板球技术已成为攻、防战术中不可缺少的一个重要环节。

一、抢篮板球技术分析

抢篮板球技术是由抢占位置、起跳时机、抢球动作和抢球后的动作四个环节组成。

（一）抢占位置

抢占位置是获得篮板球的前提。一般来说，不论抢进攻篮板球还是防守篮板球，都以抢占球篮与对手之间的位置最为有利。

篮板球的落点与投篮的位置、距离有关，它的一般规律为：碰到篮圈反弹回来的球，弹向投篮方向；碰到篮板反弹出来的球，与投篮点和篮板夹角大小相等、方向相反。例如：在右边45°角地区。反弹的距离与投篮距离成正比，投篮点越远，反弹的距离越远，投篮点越近，反弹的距离也就越近。

（二）起跳时机

起跳时机是抢到篮板球的关键。由于篮球运动员身高、身体素质的不断提高，抢篮板球的起跳时机也在不断提早，但并不是起跳得越早越好。队员应当根据自己的身高和弹跳能力，结合篮板球反弹的高度和自己所处的位置进行综合判断，决定起跳时机，以使自己在所能控制的最高点抢到篮板球。

（三）抢球动作

抢球动作是抢篮板球的核心。不论抢进攻或防守篮板球，都可以跳起在空中用双手或单手抢夺球，也可以跳起在空中通过点拨球的方式，使自己或同伴获得球权。在实战中应根据当时攻、防队员所处的位置以及球反弹的方向，采用合理有效的抢球动作。

（四）抢到篮板球后的动作

抢到篮板球后的动作，直接影响本方获得球权后的进攻效果。抢到篮板球后，要注意保护好球，不要被对方从手中将球抢走。抢到进攻篮板球的队员，首先应当争取直接投篮得分，如果被防守人封住无法投篮，则应及时将球传给同伴，再组织进攻，同时自己要及时离开限制区，以免造成三秒违例。抢到防守篮板球的队员，首先应争取发动快攻，要观察快下的同伴，能打长传快攻时，就直接将球传给快下的同伴。没有长传快攻的机会时，要及时传出第一传，以便组织短传快攻。如果自己被对方严密围堵，则应尽快突破对手或用假动作摆脱对手后及时将球传出，以便本队组织进攻。

在篮球比赛中，抢篮板球是一项重要的个人技术，同时也是攻、防战术中的一个重要组成部分。在比赛中，为了更好地发挥个人抢篮板球的能力，应当依靠全队的力量，有组织、有配合地争抢篮板球。

二、抢篮板球动作方法

抢篮板球有原地抢篮板球和冲抢篮板球两种形式。每种形式都可以采用双手抢篮板球、单手抢篮板球和点拨球三种方法。每种抢篮板球的方法都由抢位、起跳、抢球、落地四部分组成。

（一）抢位

（1）前转身抢位。抢防守篮板球的队员与对手距离较远时，可采用前转身抢位动作，把对手挡在自己身后，达到抢占到有利位置的目的。

(2) 后转身抢位。抢防守篮板的队员与对手距离较近时，可以采用后转身抢位动作，把对手挡在自己身后，达到抢占有利位置的目的。

(3) 冲抢。抢进攻篮板球的队员，可利用假动作摆脱对手，冲到篮下，达到抢占有利位置的目的。

(二) 起跳

(1) 原地双脚起跳。起跳前，两腿稍屈，重心落在两脚之间，上体稍前倾，两臂屈肘，置于体侧，抬头观察球的方向，同时注意周围队员的动向。起跳时，两脚用力蹬地，两臂上摆伸向球反弹的方向，同时腰腹协调用力。

(2) 助跑单脚起跳。冲抢篮板球时，准备起跳的最后一步步幅要小，起跳脚用力蹬地，两臂迅速上摆伸向球反弹的方向，同时腰腹协调用力。

(三) 抢球

(1) 双手抢篮板球

起跳后，身体应充分伸展，两臂尽量伸直，当身体和手臂达到最高时，双手用力将球抓住，同时腰腹用力收缩，两臂迅速收回，将球拉下置于身前，以便于保护球。如果是高大队员抢到球后，也可以将球举在头上，防止小个队员围抢。

双手抢篮板球动作的优点是，握球牢固，便于与其他动作结合，缺点是抢球的制高点和控制的范围比单手抢篮板球差。

(2) 单手抢篮板球

起跳后，身体应充分伸展，手臂伸直，当身体和手臂达到最高点，指端触到球时，迅速屈指、屈腕，同时腰腹用力收缩，手臂迅速收回，将球拉下；同时另一手协助抢球，将球置于胸前，便于保护球。同样，当高大队员抢到球后，也可以将球举在头上，防止小个队员围抢。

单手抢篮板球的优点是触球点高，控制的范围较大，缺点是抢球后没有双手握球牢固。

(3) 点拨球

队员抢篮板球时遇到身材比自己高大的对手，或篮板球的落点离自己较远时，可采用点拨球的办法，把球点拨给自己的同伴，或把球点拨到自己便于接到球的位置上。

点拨球的动作要领与单手抢篮板球相似，它是通过指端点，拨球的侧方或侧下方，使球落向自己的同伴，或便于自己再次抢到球的位置的一种抢篮板球的方法。

(四) 落地

空中抢到篮板球后，两脚分开，落地时前脚掌着地，两膝稍屈，上体稍前倾，两肘自然外张保护球，同时注意观察同伴和对手的位置，准备进攻。

三、抢篮板球的技术运用

（一）抢进攻篮板球

本队投篮，队员一般在防守人的外侧，处在不利于直接抢到篮板球的位置上。因此，当本队队员投篮时，投篮队员与同伴都要及时判断球可能反弹的方向，并积极设法摆脱对手冲抢篮板或补篮。

（1）篮下队员抢进攻篮板球。当自己投篮时，投篮后要及时判断可能反弹的方向，并迅速移向球反弹的方向，及时起跳准备补篮或抢篮板球；当同伴投篮时，要及时判断球可能反弹的方向，利用假动作迅速摆脱对手的防守，移动到有利的位置上，及时起跳准备补篮或抢篮板球。

（2）外围队员抢进攻篮板球。外围队员离篮较远，不论是自己投篮还是同伴投篮，球一出手，都要有积极冲抢篮板的意识，要及时判断球可能反弹的方向，趁防守队员不备，或利用假动作摆脱对方防守，突然冲向球反弹的方向，进行补篮或抢篮板球。

（二）抢防守篮板球

当对方投篮时，防守队员应充分利用自己处于靠近篮板的有利位置，挡住投篮者并抢夺球，一旦抢到篮板球，要迅速组织快攻反击。

（1）篮下队员抢防守篮板球。当对方投篮时，篮下防守队员要根据自己与对手的距离采取相应的步伐抢占有利位置。当与对手距离较远时，可结合上步采用前转身把对手挡在自己身后；当与对手距离较近时，可结合撤步采用后转身把对手挡在自己身后。抢位挡人动作重心要低，两肘外张，以扩大控制的面积，保持有利起跳姿势，并判断球可能反弹的方向，及时起跳抢篮板球。

（2）外围队员抢防守篮板球。当对方投篮时，外围防守队员首先要利用滑步结合上步前转身或撤步后转身，堵截对手冲抢篮板球的路线，然后及时判断球可能反弹的方向去抢夺篮板球。

四、抢篮板球的教学与训练

（一）抢篮板球的教学与训练建议

（1）首先要使学生明确抢篮板球在比赛中的作用与重要意义，在教学训练中培养学生积极拼抢篮板球的意识和勇敢顽强的作风。不论处在进攻还是防守，都要养成“有抢必抢”的习惯。

（2）抢篮板球技术复杂，初学时应采用分解教学法，先学原地起跳、抢球，再学抢位、起跳、抢球，最后学习抢位、起跳，抢球结合转入进攻的完整技术，并且逐渐加大练习的难度，从个人进行练习到对抗练习，最后结合比赛进行练习。

（3）抢进攻篮板球，要强调投篮后的冲抢意识，抢到球后，要先争取投篮，没法直接投篮时再传球。

（4）抢防守篮板球，要强调先挡人后抢球，抢到球后，应与发动快攻第一传结合起来练习。

（5）加强抢篮板球技术与战术相结合的练习。

（二）抢篮板球的教学训练方法

（1）起跳练习。原地双脚起跳，模仿抢篮板球的动作，每人做20到30次。

（2）结合上步，撤步、滑步、转身进行起跳练习。在上一练习基础上，结合上步、撤步、滑步、前后转身再起跳摸篮板或篮圈，每人做15到20次。

（3）抛球跳起抢球练习。自己向上抛球，然后起跳，先用双手，后用单手做抢篮板球练习，每人做10到20次。

（4）两人一组，抛球起跳抢球练习。两人一组，一组一球，一人抛球，另一人抢球练习，10或20次一交换。

（5）向篮板抛球起跳抢球练习。两人一组，一组一球，一人防守持球队员，待持球队员将球抛向篮板时，防守人及时转身跳起抢篮板反弹出来的球，每人做10到20次交换。

（6）抢占位置练习。两人一组，相距1米，对面站立，进攻队员利用假动作设法摆脱防守，冲向篮下抢占有利位置，防守队员利用各种脚步移动，结合前、后转身，设法挡住进攻队员冲跑的路线，并起跳做模仿抢篮板的动作。

（7）两人一组，抢篮板球练习。两人一组，一攻一防，教师在罚球线外投篮，投篮后攻守双方抢篮板球。此练习攻、守两人可以在近距离练习篮下抢篮板球，也可以在较远距离练习外围抢篮板球。

（8）在半场二对二或三对三中抢篮板球练习。投篮后，进攻队员要冲抢篮板球，防守队员要积极挡人抢篮板球，攻方或守方连续抢到规定次数后，交换进行练习。

（9）半场三对三抢篮板球补篮练习。进攻队员抢到篮板球后力争空中补篮，不能补篮或直接投篮时，要马上将球传出再组织进攻，连续进攻十次后，攻、防交换。

（10）半场五对五抢篮板球结合快攻发动练习。防守队员要明确接应第一传的队员和地区，当防守队员抢到篮板球后，力争在空中将球传给接应第一传的队员，如果空中不能传球，落地后马上将球传出，进攻队抢到篮板后继续进攻。

（11）通过比赛检查抢篮板球练习。组织比赛，重点检查抢篮板球的能力与配合，可制定特殊规则，如抢到一次篮板球加一分，突出对抢篮板球的鼓励。

第十节　中锋技术

中锋，一般是指篮球比赛中主要活动于篮下以及限制区附近的高大队员。

中锋技术是指中锋队员经常运用的专门动作方法的总称，它包括进攻技术和防守技术两大部分。

随着篮球运动的发展，技、战术的不断完善，对抗性的加强，更加显示中锋在比赛中的重要作用。中锋不仅是近距离进攻得分和全队拼抢篮板球的重点，而且是全队进攻的枢纽和防守的关键。中锋队员攻、守技术的好坏，从某种程度上反映出一个球队实力的强弱。

中锋进攻有三种类型，即，以个人得分为主的强攻型中锋；以内线组织全队进攻为主的组织型中锋和技术全面，能攻善守，既能个人攻击得分，又擅长组织全队进攻的全面型中锋。他们在进攻落位和形式上，又有单中锋与双中锋、固定中锋与活动中锋之分。

中锋的重点活动区域是限制区，攻守对抗激烈，因此，中锋在进攻中要有高超的个人得分技巧和良好的战术意识。在多数情况下，中锋是背向或侧向篮接球进攻或与同伴配合。由于移动距离短，防守贴得紧，身体接触频繁，所以中锋必须掌握背向、侧向篮的抢位、接球、突破以及投篮等技术。并能在自己进攻的同时，观察场上情况，巧妙地将球传给进攻位置更好的同伴队员投篮得分，完成全队进攻战术要求。在防守时，中锋既要迅速抢占有利位置，防住自己的对手，又要及时观察判断场上情况，快速移动，进行协防、补防、抢断、封盖和拼抢篮板球，形成全队最后、最坚固的防线。

中锋的重要作用及其技术特点，要求中锋队员必须具备以下条件：较高的身材、较好的身体素质、顽强的意志品质、全面的攻防技术、良好的战术意识、清醒的头脑、反应敏捷、能攻善守。

一、中锋进攻技术运用与教学、训练方法

中锋进攻技术是个人得分的重要手段，是组织全队配合的基础，在篮下进攻具有很大的杀伤力。另外，中锋技术还适用于任何一个队员在篮下进攻中运用，使每一个队员在比赛中都能做到能里能外，内外结合。因此，中锋进攻技术已不只限于高大队员所掌握，而且是每一个队员都应该掌握的技术。

在教学训练中，要在全面掌握进攻技术的基础上，掌握中锋专门的技术。

（一）中锋进攻技术的应用

1. 移动

中锋常用的移动技术除了各种变向、加速跑动外，主要是在前场限制区周围，用跨步、撤步、滑步、前后转身、反跑等技术。

中锋移动的路线有：罚球线的左右横向移动、两腰上插罚球线移动、罚球线向下切入移动。

（1）起动与抢位相结合。中锋在篮下移动距离短，攻守对抗激烈，因此，常常是起动与抢位紧密结合，用快速的起动和敏捷的步法抢占进攻有利位置，并将对手挡在身

后，或用肩压住对手半个身体，在篮下造成接球进攻的有利时机。

（2）假动作与变向相结合。中锋多在限制区内穿插移动，并根据球的转移，不断调整进攻位置。因此，中锋在移动时，经常是假动作与变向有机地结合，迷惑对手，快速移动和摆脱防守，从而获得最佳进攻位置。

2. 接、传球

中锋进攻多是背对或侧对篮圈，主要凭借身体感觉和余光了解对方的位置和意图。另外，由于防守贴得紧，因此，中锋接球时，首先要抢好位置，用脚步和身体将对手挡在身后，用手势告诉同伴传球的方位，用远离防守侧手接球。经常采用双手、单手接高吊球或反弹传球。在传球前，要注意用手和身体保护好球，观察场上情况。传球时，要抓住战机，及时、果断、准确地将球传出。同时，要注意传球的巧妙与多变、隐蔽与实效。

3. 持球突破

中锋持球突破距离短，防守贴得紧，除了结合假动作后的侧对防守突破和体前变向换手突破外，还应多利用快速、突然的前、后转身运球技术摆脱对手，从而达到突破的效果。

4. 投篮

中锋多是背对或侧对篮接球，由于离篮近，防守密集，因此，投篮动作应在对抗、快速、多变中完成。常用挤投、跳起高手投篮、前后转身跨步跳投、勾手投篮、反手投篮、补篮、扣篮等多种投篮动作。

（二）教学与训练方法

1. 移动与接球的教学与训练

（1）原地占位接球练习。

限制区两腰左、右两侧接球练习：教师侧翼持球，中锋背对篮站位一限制区腰上处，两脚开立稍宽于肩，一手扬起要球，另一只手屈肘抬臂侧举，占据空间有利位置。接球后可做左、右晃动（假动作，也可做左右跨步）或前后转身，然后回传球，再扬手要球。先不加防守练习，后加防守练习。

要求：进攻队员依靠背部感觉防守位置。防守队员偏左时，侧左手扬起要球，同时右脚向侧后撤步；防守队员偏右时，则动作相反。先消极防守，逐渐加大对抗强度。

（2）移动抢位接球练习。

练习一：限制区两腰上、下，向上或向下移动抢位接球练习。老师侧翼持球站住，中锋背对篮站位，于限制区腰上 1/2 处。中锋在老师传球的同时，向上或下移动抢位接球，然后做前转身跳投。上、下移动接球交替练习。

要求：上、下移动距离较长时，用前交叉步启动，另一脚顺步横跨抢位，同时接球转身；上、下高吊传球时，中锋则左右跳步移动抢位接球；如反弹传球，则做顺步横跨步移动抢位接球。此练习也适用于罚球线的左右移动练习。

练习二：横向移动抢位接球练习。老师持球，站位同练习甲，中锋在限制区另一侧腰处站位，先向上或向下做切入动作，在限制区内，用前变向或后转身突然变向横插、移动，在限制区另一侧横跨步抢位接球，转身投篮。

2. 传球的教学与训练

（1）传、接球五人练习。

中锋背向或侧向篮站罚球线处，其余四人站罚球线以上成梯形站位，方向同限制区一致，各保持3~4米距离，其中3人持球，可依次把球传给在罚球线的中锋。中锋接球后做前、后转身瞄篮或突破等假动作，然后可用双手或单手，侧向或背对，反弹或背后将球传给无球队员。反复练习。

要求：中锋在接球的同时，转身面对篮。传球时用余光观察每个队员的位置，传球动作迅速巧妙、准确。

（2）中锋策应传球给纵向切入队员的三人练习。

中锋站限制区腰1/2处，其余2人按后卫与前锋站位。练习时前锋将球传给中锋，与后卫作行进间交叉掩护。中锋接球后，先给沿外侧移动的后卫作策应传球动作，当边锋与后卫掩护后，迅速转身从中线向篮下切入，中锋及时用单手背后反弹传球给切入篮下的前锋投篮。

要求：中锋策应传球动作先外后内。传球时用余光观察同伴的移动位置，隐蔽及时，准确地将球传给同伴，随后跟进，冲抢篮板球。

3. 投篮技术教学与训练方法

（1）中锋连续跳投练习。

中锋持球站篮下一侧，面对篮圈，两脚用力蹬地跳起投篮。着地后，接球落篮圈另一侧，再迅速跳起投篮，连续反复练习。

要求：跳起投篮动作快速、突然、出手点高，两侧移动步法迅速、协调，自投自抢。

（2）转身跳投练习。

练习一：篮下左、右两侧移动转身跳投三人练习。中锋在限制区腰胯处，其余2人站前锋位置，中锋先向有球侧做横式移动要球，在限制区外接球，前转身跳投，冲抢篮板球后，上前传球给另一侧同伴，再横插要球投篮，左右两侧反复做。

要求：横插上步接球时，内侧做脚尖向篮圈方向转动，起跳时两脚尖对准篮。转身投篮动作快速、自投自抢。

练习二：篮下左、右两侧虚晃转身跳投练习，老师侧翼持球，中锋背对篮限制区腰侧底部要球，在老师传球的同时，中锋向篮下跳步接球，先背对篮做反方向的投篮，然后迅速前转身跨步跳起投篮。

要求：中锋队员跳步接球尽量接近篮下，贴近对手，假动作与转身投篮动作要连贯、突然。左、右交替练习，然后换边练习。

(3) 勾手投篮练习。

中锋持球在篮下连续做左、右手的勾手投篮练习。

要求：右手投篮，左脚蹬地起跳，抬右腿，左手投篮动作相反。先做面对篮的勾手投篮，后做侧篮和背对篮的跨步、转身勾手投篮，动作伸展，出球点高。

(4) 接球转身，前跨步跳投练习。

中锋背对篮，站在限制区腰1/2处持球，以右脚为轴，左脚蹬跨前转身，面对篮做投篮假动作，随后左脚再迅速向前跨一步，两脚同时用力蹬地跳起投篮。反侧练习，动作相反。

要求：身体重心降低，利用快速转身和投篮假动作，破坏防守重心。起跳快速、有力，投篮动作有一定对抗性。

4. 突破练习

(1) 前转身交叉步突破练习。

老师持球站罚球线前3米处，中锋站限制区腰处，上插罚球线，跨步抢位接球，前转身做投篮假动作，然后交叉步突破上篮。

要求：突破快速、突然、连贯。先练习交叉步突破，后练习侧步突破。

(2) 原地后转身突破练习。

中锋背对篮持球站罚球线，先向反方向做策应传球假动作，然后，迅速从反向做后转身跨步放球，突破篮下投篮。

要求：后转身突破时，后撤步抢位，上体后靠，重心下降，球尽可能后放。

二、中锋防守技术运用与教学、训练方法

中锋防守是一项专门的防守技术。由于攻守双方离球篮距离较近，对抗的激烈程度和防守技术与其他位置有着根本的区别。因此，中锋在防守时，必须有很好的观察、判断能力，反应快，移动迅速，善于选择和抢占有利的防守位置，敢于接近对手，防止和减少对手接球，堵截对手的移动路线。同时，还要随时补防，干扰传球，及时堵截运球突破，封盖投篮，积极挡人，拼抢篮板球。

(一) 中锋防守技术的运用

1. 对无球中锋的防守

在多数情况下，中锋进攻是处在无球状态的移动、抢位、要球。因此，防守无球中锋的关键是限制其活动范围，防止和减少进攻中锋在限制区内或附近接球。善于运用各种脚步移动和手臂动作，并根据外围持球队员与中锋，以及球篮所处的位置、距离、角度，迅速抢占合理的防守位置，积极地堵截、封锁对手的移动路线和传球路线，防止其接球。

（1）有球区的防守站位方法。

持球队员在半场某一侧站位，为有球区，另一侧为无球区。

1）根据中锋与持球队员站位的角度选位。

以篮圈为圆心，确定夹角为45°的另一条直线。如中锋站限制区腰位45°角下侧，持球队员站45°角上侧，防守中锋则应选位在对手的上侧方，上侧脚在对手的侧前面，下侧脚在对手上侧脚侧后，身体面对对手，眼看有球方向，前侧手臂扬起，另一手臂屈肘紧贴对手腰部，干扰对手的传接球路线。

中锋站 45°角上侧，持球队员站下侧，则防守选位在对手下侧方，脚步动作相反。

2）根据协防队员的位置选位。

当中锋与持球队员站位在同一角度上时，防守中锋则应根据线上或线下有无同伴队员回收协防来选位。一般情况下，防守选位可稍偏上，由线下队员协防，也可在中锋身后防守堵位。

如中锋与持球队员站位都在45°角以下，防守中锋选位则应在对手的下侧，线上队员回转协防。

3）根据中锋与持球队员以及与球篮的距离选位。

当中锋站位在罚球线附近，与持球队员距离较近，而离篮较远时，防守中锋选位则应在中锋的身后，两脚平行站位，堵截中锋向篮下移动要球。

如中锋站位在限制区腰下侧，与持球队员和球篮距离较近，防守中锋选位可在对手的身前，背对或侧对中锋贴身防守，眼看持球队员，两脚平行或前后站位，右手扬起，用左手触摸对方感觉判断其位置变化和移动方向，及时调整干扰和封锁持球队员传球路线。

（2）无球区的防守选位与方法。

选位：中锋在无球区腰上站位，持球队员在另一侧无论是任何位置，防守中锋的选位应在限制区内的中线上，与中锋和持球队员成锐角三角形，并随有球区球的转移上下调整防守位置，做到人球兼顾。

方法：防守身体侧向中锋侧对球的方向，眼睛正视前方，余光观察对手和球，离对手远侧脚在前，抬右臂指向球的方向，衔接下一个进攻动作，并有针对性地重点防投或防突破。其关键是防守贴得紧，面积大，判断准确，抢位、堵位及时，迫使持球中锋向限制区外侧运球或传球。

1）防投篮。

防守队员在积极移动、堵位的同时，还应主动靠近对手，举手干扰和封盖持球中锋的投篮动作，并根据对手投篮的习惯动作和位置，准确判断对手投篮时间，及时起跳，垂直向上伸臂封盖对方的投篮点或路线，落地后立即转身挡住对方，拼抢篮板球。

2）防持球突破。

防守队员要加强对中锋强侧手的防守，敢于接近对手，两脚平行开立，一只手向上举起，另一只手向体侧伸去，了解对手的习惯动作，准确判断突破方向。当对手突破时，防守队员要迅速向对手突破方向横滑步堵位，并用同侧手干扰运球，堵截其突破路线，迫使对手改变突破方向，用弱侧手运球，降低突破速度。同时，防守队员还要有较强的对抗能力，最大限度地将持球中锋的突破控制在远离篮下的区域。

3）防传球。

当中锋持球是活球时，防守队员应在积极堵位和防投篮的同时，根据对方的位置和进攻配合，以及传球的习惯动作，判断对手传球方向，尽可能封堵和抢断传向限制区内的球。当中锋持球成死球时，防守队员应迅速贴近对手，抢占有利位置，两手随球摆动，积极干扰，封堵其传球路线，看准时机抢、打球，或造成对手违例。当对手传球出手后，要及时调整防守位置，防止对手空切篮下进攻或抢篮板球。

4）补防。

中锋处于篮下防守，要有敏锐的观察能力和准确的判断能力，随时协助同伴进行补防和盖帽。当对方向篮下运球突破摆脱防守时，中锋队员应大胆放弃自己对手，迅速抢占对方突破的路线，堵截其突破，迫使对方远离篮下停球或传球。要善于运用假动作，准确、及时地封堵和抢断传向限制区内的球。封盖投篮时，要利用自己的身高，原地双脚或单脚步快速起跳，向上伸臂，用手指、手腕动作把球打掉。

（二）中锋防守技术的练习方法

（1）原地挡人要位接球练习。如图 2－84 所示，④持球，⑤扬起左或右手要球，另一手屈臂抬肘侧举，用臂、肩、臀、腿挡住对手。接球后双手持球做左右摆动或跨步，转身，然后回传给④，再扬手示意要球。逐渐增加防守。

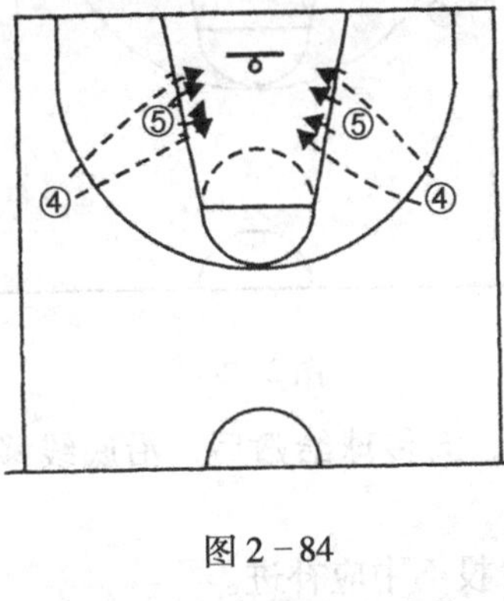

图 2－84

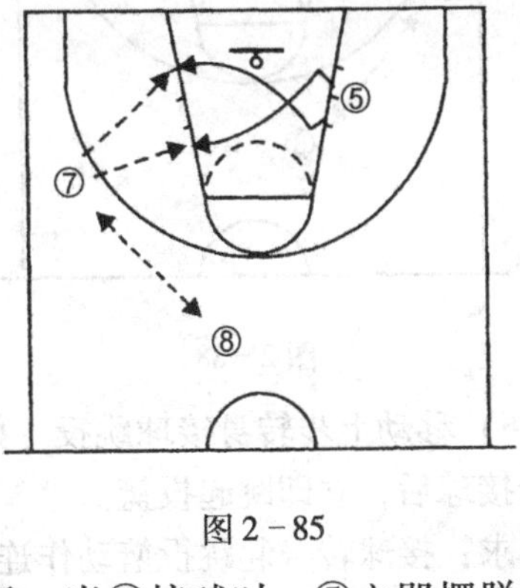

图 2－85

（2）向有球侧位横移动抢位。如图 2－85 所示，当⑦接球时，⑤立即摆脱防守插向有球一侧接球。

（3）移动中后转身变向抢位接球。如图 2－86 所示。⑤插向篮下，在跑动中用右脚为轴做后转身接⑥或④的传球。

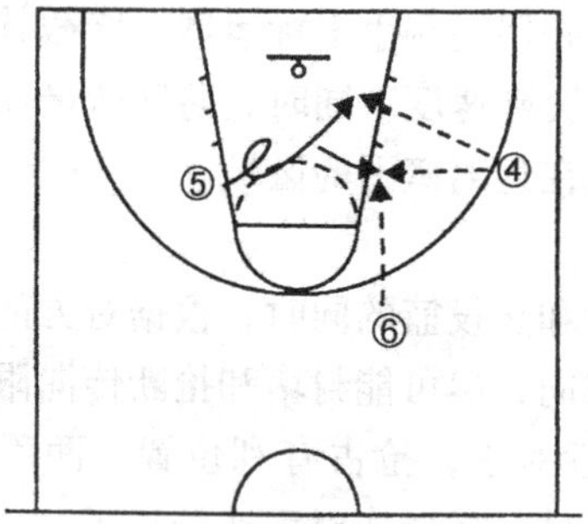

图 2－86

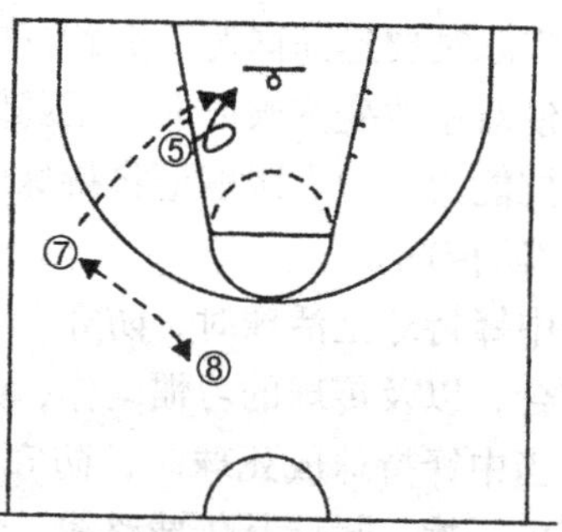

图 2－87

⑤以左脚为轴做后转身抢位接球（如图 2－87 所示）。

要求：转身时身体要靠紧防守人，转身后要加速插向篮下。

（4）移动中前转身接球。如图 2－88 所示，⑤沿底线移动，接球时，以左脚为轴用前转身接球，接球后要面对或侧对球篮。

要求：跨步、转身、并步接球动作连贯。

（5）抢占底线位置接球转身跳投。如图 2－89 所示，❺固定防守外侧，⑤用身体挤、靠防守，抢占底线位置，伸右手示意要球，接球后向底线转身跳投。

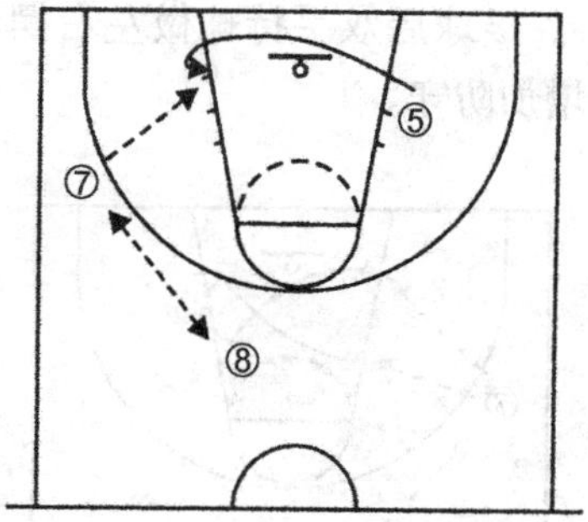

图 2－88

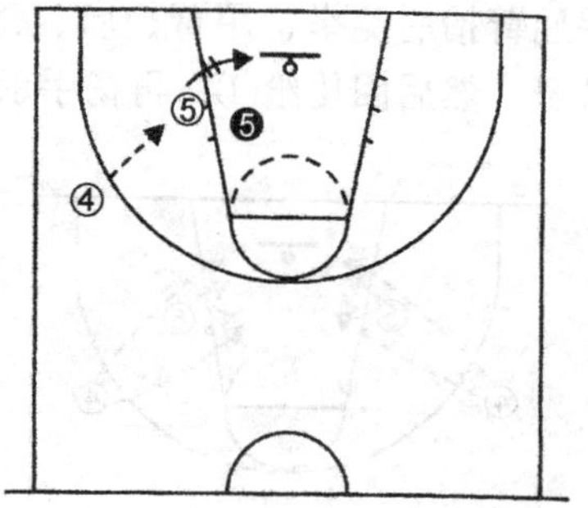

图 2－89

（6）移动上步转身接球跳投。如图 2－90 所示，⑤传球给△后，沿底线移动，上步转身接球后，立即跳起投篮。

要求：接球转身起跳投篮动作连贯。自投自抢，投不中应补进。

（7）移动接球转身突破投篮。如图 2－91 所示，⑤从右侧或左侧插至罚球线，接球后，用前转身交叉步突破上篮或急停跳投。前转身熟练后可做后转身突破，交叉步突破熟练后再练同侧步突破。

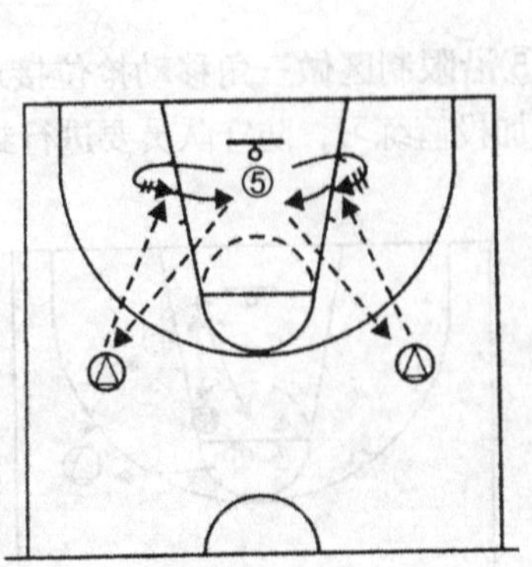

图 2－90

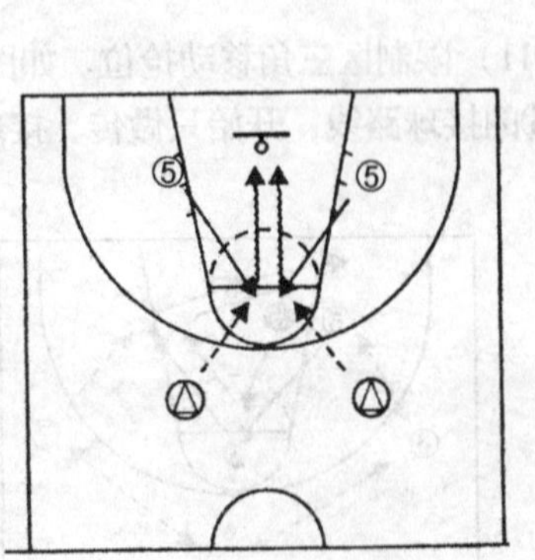

图 2－91

（8）勾手投篮练习。如图 2－92 所示，⑤持球于篮下，用左手或右手在篮下两侧做勾手投篮。

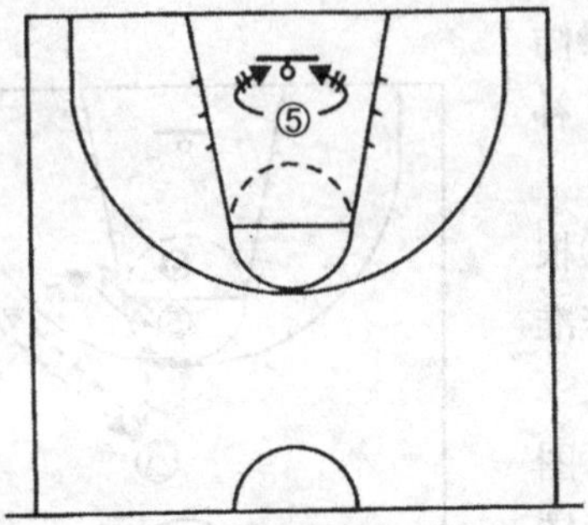

图 2－92

图 2－93

（9）防强侧内中锋。如图 2－93 所示，根据球的位置，用绕前步和撤步抢占防守位置。

（10）防弱侧中锋向强侧移动要球。如图 2－94 和图 2－95 所示。

图 2－94

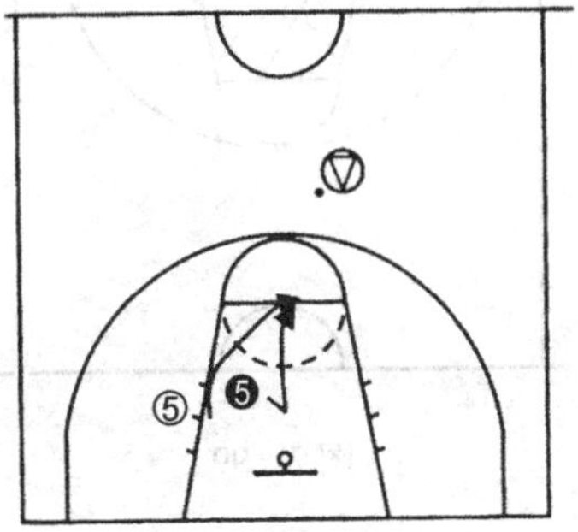

图 2－95

（11）限制区三角移动抢位。如图2－96所示，⑤沿限制区做三角移动抢位接球，❺尽力堵⑤的接球路线，开始只做传、接球练习。逐渐增加投篮练习，防守队员要进行封盖。

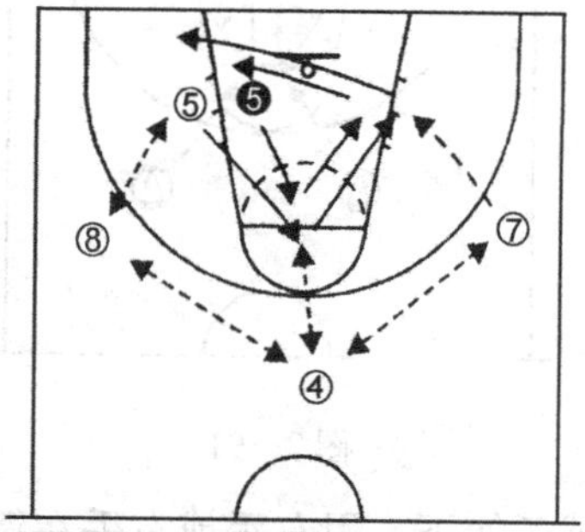

图2－96

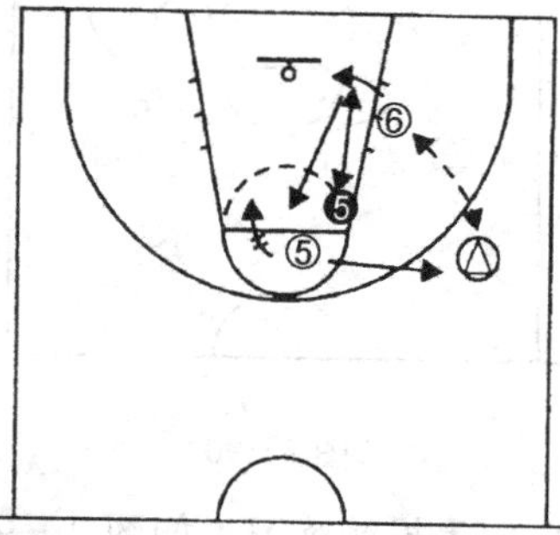

图2－97

（12）补防、盖帽练习。如图2－97所示，❺防⑤接球，当△传球给⑥跳投时，❺要迅速移动，补防、盖帽。盖帽、抢篮板球后迅速回防⑤。

（13）要位、接球练习。如图2－98所示，⑤根据外围传球，运用脚步移动抢位，用身体挡住防守准备接球。

（14）摆脱接球。如图2－99、图2－100、图2－101、图2－102所示，在移动中，运用跨步、转身等步法摆脱防守接球。

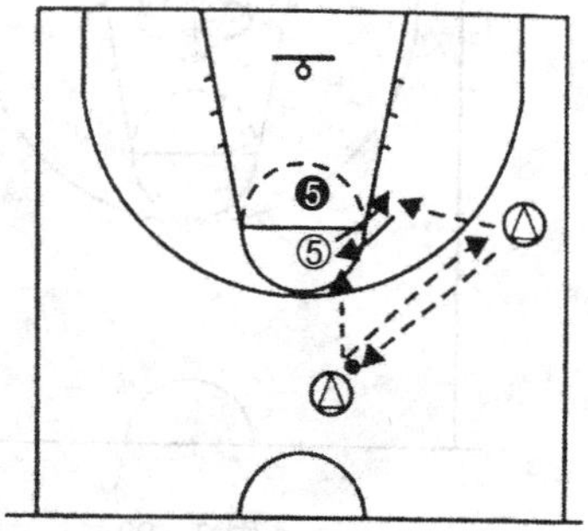

图2－98

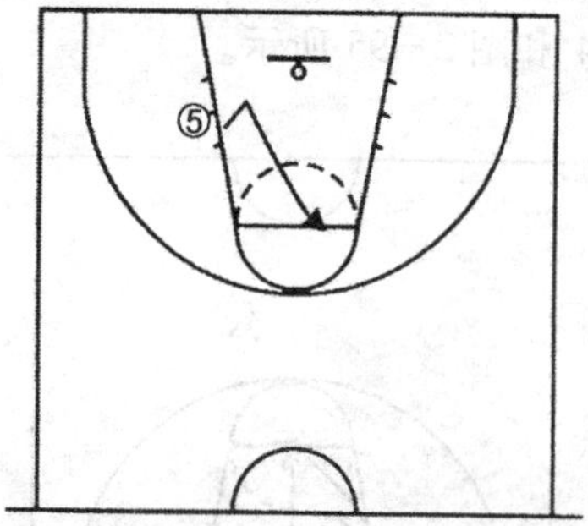

图2－99

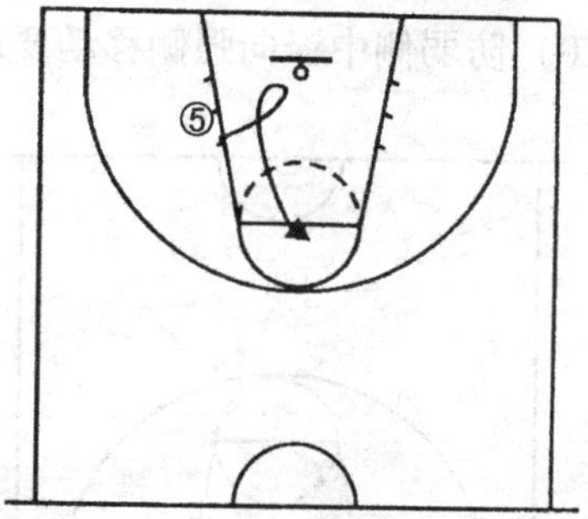

图2－100

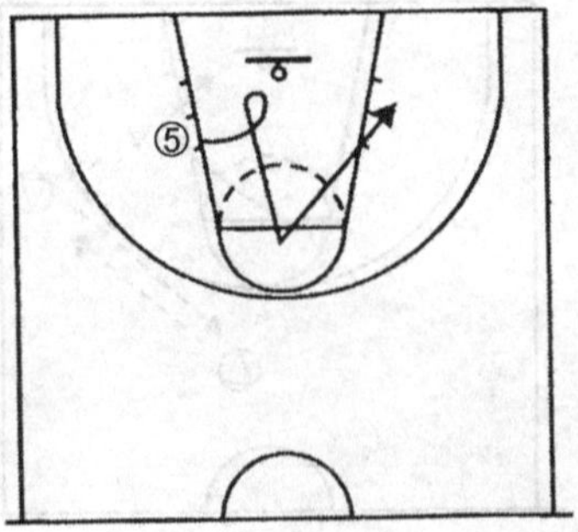

图 2－101

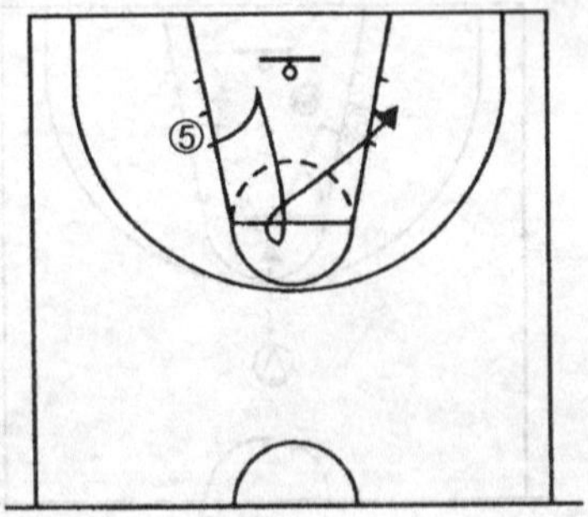

图 2－102

(15) 控制、保护球练习。如图 2－103 所示，原地三对三，接、传球练习。⑤接球后，三个防守人抢其球，⑤持球摆动、跨步、转身保护球。做几次以后将球传给外围同伴，重新再接球，此练习也可在罚球区两腰进行。

(16) 原地接、传球练习。如图 2－104 所示，⑥、⑦、⑧、⑨各持球，先后传球给⑤，⑤连续做接球和传球练习。

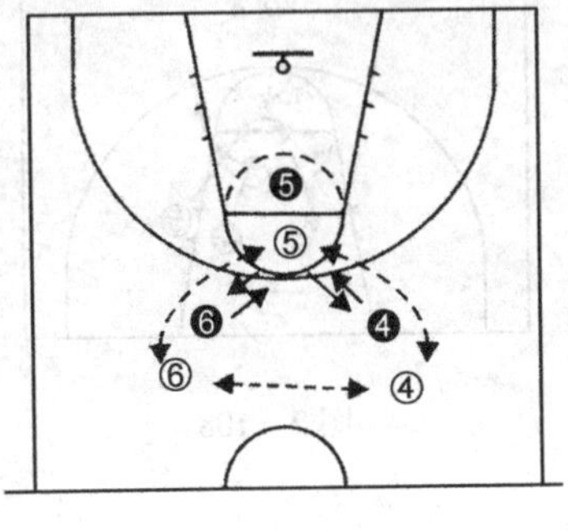

图 2－103

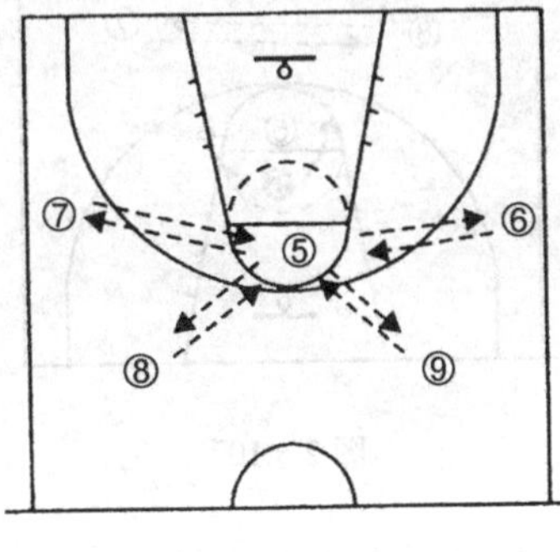

图 2－104

(17) 移动、接球、转身、突破上篮或跳投练习。如图 2－105 所示，⑤摆脱插上罚球线，接⊘传球后做转身、突破上篮急停跳投。

(18) 空切接球跳投。如图 2－106 所示，⑤根据外围传球情况，突然空切接外围传球，转身跳投或上篮。

(19) 勾手投篮。如图 2－107 所示，中锋向篮下移动接球进行勾手投篮。

(20) 防罚球线上进攻队员。如图 2－107 所示，当球传向⑧时，❺应迅速上步防守⑤的左侧。当球传向⑦时，❺应移动到⑤的右侧。当球在弧顶前方转移时，❺如图所示移动选位。

要求：根据球的不同位置快速移动，抢占防守位置。

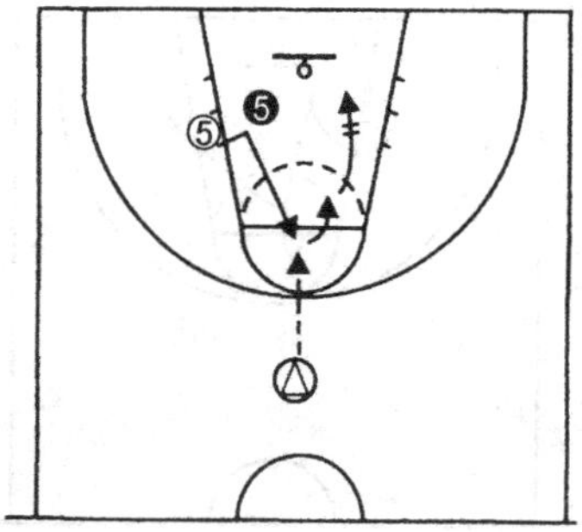

图 2－105

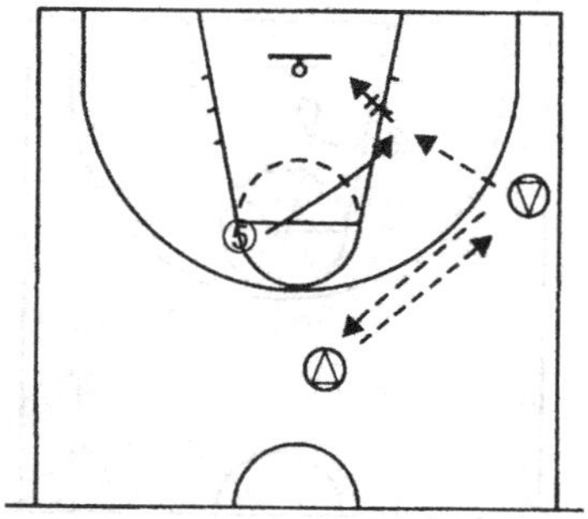

图 2－106

（21）防守转身接球突破练习。如图 2－108 所示，一对一攻守。❺首先堵截⑤摆脱接球，当⑤接球后，转身突破，❺向⑤突破方向做撤步，堵住切入路线。当⑤改变突破方向或变为急停跳投时，❺要及时做出应急的防守行动。

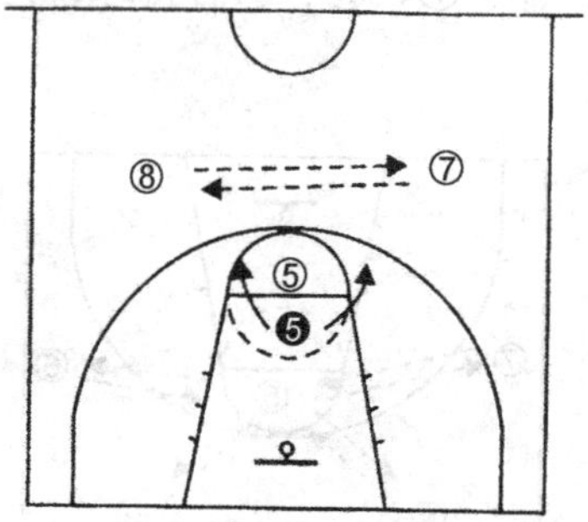

图 2－107

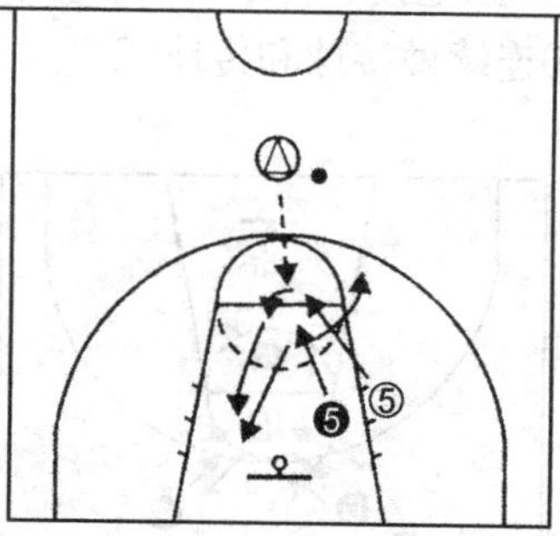

图 2－108

三、教学与训练建议

（1）首先讲解中锋在比赛中的重要作用和技术运用的特点，使队员对中锋技术有一个完整的概念。

（2）在全面进行技术教学训练的基础上，逐步加强中锋技术的专门训练，培养中锋的技术特长。

（3）中锋技术训练应该与身体、战术训练相结合。

（4）中锋技术训练应该内、外结合，既能在篮下进攻，又能发挥中、远距离投篮威力。

（5）在进攻技术的教学与训练中，应该重点练习摆脱抢步接球，与同伴队员的掩护策应，前后转身跨步跳投，抢篮板球和补篮技术。

（6）在防守技术的教学与训练中，应该在移动中，重点练习上步、撤步、跨步、滑步等基本步法，选择和抢占合理的防守位置，堵截对手的移动路线，不让对手从身前移动要球、封盖投篮和抢篮板球等。

（7）在掌握攻、守技术的基础上，可采用以多防少或以少防多的练习方法，逐步提高中锋的进攻能力、协防能力以及对抗能力。

（8）加强中锋的心理素质和作风的训练，经常提示队员用脑子去打球，鼓励队员不畏强手，要敢打、巧打，要沉着、冷静，在比赛中充分发挥出自己的水平。

第三章 篮球战术教学与训练

第一节 篮球战术教学训练原理

一、篮球战术的概念

篮球战术是为篮球比赛中队员和队员之间有策略、有组织、有意识地协同运用技术进行攻守对抗的布阵行动，是以篮球技术为基础，在一定的战术指导思想和战术意识支配下的集体攻守方法。其目的是通过一定的组织形式，使每个队员有组织、有计划、有目的地协调行动，使分散的个人形式有机联系成整体，以保证充分发挥每个队员的积极作用，争取主动，获得胜利。

篮球战术是在攻、守矛盾对立统一、技术发展的创新和规则的不断修改，以及运动员身体条件和体能提高等因素的作用下，在比赛实践中从简单到复杂，由低级到高级逐步发展的。篮球战术水平由队员技能、战术形式和战术方法三要素组成。队员的个人技能是基础，队员个人技能水平越高，战术配合质量也越好。战术形式是战术策略的外部表现，不同的战术形式必然反映不同的战术内容，体现了不同战术形式的特点。战术方法是战术组成的核心，它包括人与球的移动路线、同伴之间的配合、行动的时机与变化等具体内容。

二、篮球战术的结构原理

篮球战术是由队员技能、战术形式和战术方法三个基本要素组成的。由于战术行动是以人为主的对抗活动，以动作表现于运动过程，因此，战术指导思想和战术意识也包含在战术结果之中。

（一）战术指导思想

战术指导思想是篮球战术的核心，战术在比赛中能否有效，关键在于指导思想是否正确。战术指导思想是战术内容的核心和前提，对于本队战术的形成具有重要的指导意义。正确的战术指导思想来自对现代篮球运动规律和客观实际的正确认识和把握。确立球队的战术指导思想是球队建设的重要任务，教练员要有计划、有步骤地进行战术训练，形成自己的战术风格和体系。

（二）战术意识

战术意识是篮球意识的核心，是运动员正确合理运用体能、技术、战术的先导和前提，使运动员的行动更具有目的性和预见性。篮球比赛中战术意识具有定向、抉择、反馈、支配等作用，队员的战术意识越强，实现战术的可能性也就越大，从而越能反映运动员的战术能力和行动效果。

（三）技术

战术是作战的技术，技术是比赛的手段。队员掌握的技术越全面、熟练、准确和实用，战术的实现就越有保证。技术是战术的基础，战术是技术的运用。战术要求由相应熟练和准确的技术来实现其攻守的目的，促进技术的发展和更新。战术和技术之间，既相互联系、相互影响，又相互制约、相互促进。

（四）形式

战术形式是战术行动的外部表现，一种战术形式反映一定的战术内容，是构成战术体系的基本要素之一。战术形式都有一个相对完整的活动过程，即开始发动、配合攻击、结束转换三个阶段。一个战术形式除了过程相对完整外，其结构是相对稳定的，但结构中的某一个因素发生变化，战术形式也就会发生变化，所以要求个人与集体积极对抗，善于观察比赛中的变化，抓住战机，争取主动，进行攻击与获球，这正是战术灵活性所在。

（五）方法

方法是战术的具体内容，是组成战术的核心部分。方法是指完成战术行动的原则、要求和程序，是战术行动构成的内在基本要素，它规定了人、球移动的方向和路线，技术动作的选择与组合，行动的时机与实践及技术运用等要素。战术方法是从实践中规范出来的活动程序，既依赖于队员的运用能力，又需要有一定的阵势来保证队员技术的发挥。实质上，方法就是队员和队员之间的有意识、有组织、有步骤的攻守行动方案和过程。

篮球战术分类如图 3－1 所示。

三、篮球战术教学的方法与步骤

篮球战术教学首先要使学生建立起对战术概念的认识，采用小黑板、沙盘、图片和组织队员进行战术演示。同时，运用简明扼要的语言，阐明战术的阵形、配合方法、移动路线、动作顺序与时间，以及每个队员的作用和同伴协调行动，使队员比较清楚地了

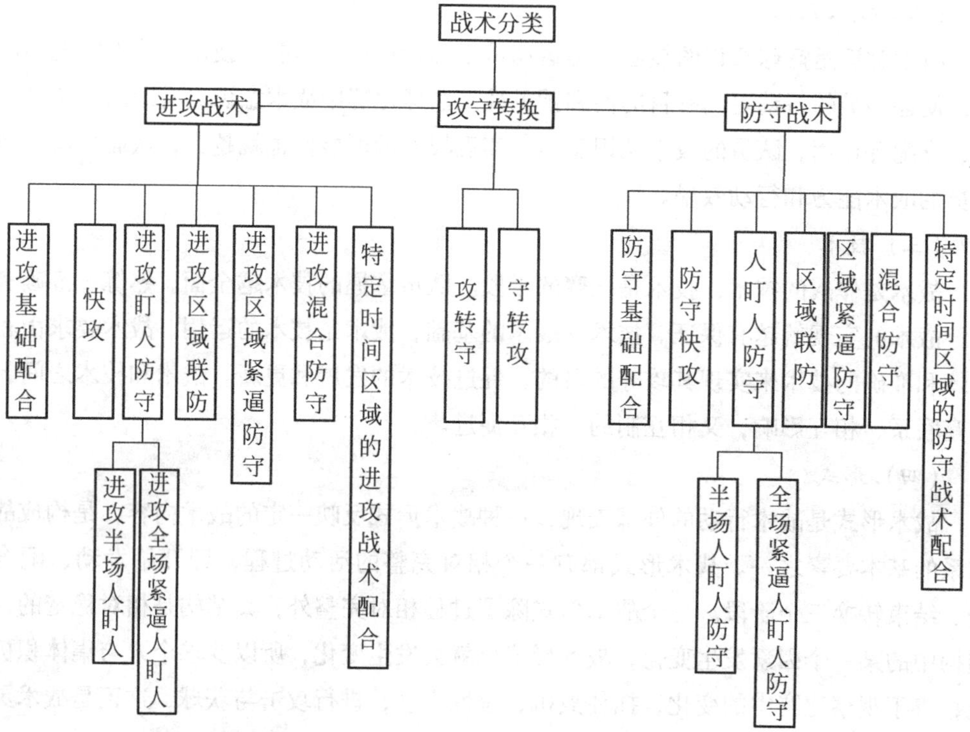

图 3－1

解战术方法的全过程，逐步建立相应的战术意识。重点的配合环节要进行重复演示，启发队员的积极思维，加深对所学战术的理解。与此同时，还要培养队员的配合与协作意识，使队员能够在实践比赛中机动灵活地运用。

（一）局部基础战术配合训练

篮球的全队战术配合形式多样，但都是由局部的基础配合构成的，因此，要从两、三人的局部基础配合学起。在学习过程中要遵循由浅入深的原则，从固定无干扰条件下练习到设置假设的对手和标志物为对抗条件为背景的练习。建立队员之间的配合默契，只有熟练地掌握运用这些基础配合，才能在比赛中灵活运用全队战术，发挥战术的作用。

（二）全队战术配合训练

在掌握了一定局部基础战术配合的基础上，可以进行战术配合的衔接训练，包括局部战术配合衔接训练和全队战术配合的衔接训练。一般首先进行战术阵势、运用时机和配合的路线等理论知识的学习，然后在消极攻守条件下进行配合练习，最后在积极攻守对抗条件下进行实战练习。通过这种练习，提高全队配合的整体观念，明确在全队配合下自己的行动，以提高行动与配合的合理性和攻击性。

（三）攻守转化下战术配合训练

在学习掌握了基础战术和全队战术方法的基础上，结合实战比赛进行攻守转化和各种战术组合的练习。一方面能提高攻守战术的转化能力，另一方面可以提高综合运用战术的能力。

（四）比赛中的战术配合训练

实战比赛是战术练习的最高形式，是检验战术训练水平的重要手段。通过比赛训练，可以发现战术配合训练中存在的问题和不足，找出不足的原因，提出改正的方法，提高队员的运用能力。

四、篮球战术训练的要求

（一）树立正确的战术指导思想

战术指导思想是制定战术的准则，战术的制定必须从实际出发，充分考虑本队队员的技术水平特点，建立本队的战术体系，形成本队的战术风格，使技术和战术在促进中不断发展。

（二）培养运动员的战术意识

意识与行动有着密切的关系。比赛中的情况瞬息万变，这就需要通过训练和比赛培养运动员机动灵活的战术意识。

（三）基础战术与整体战术训练相结合

加强两三人基础配合的训练，严格要求配合技术的质量。两三人的基础配合，是把完整的战术配合分解成局部的配合，要反复练习，为完整配合打好基础，以适应比赛中多变的战术变化。

（四）战术训练要与身体训练、技术训练、心理训练、智力训练相结合

只有这样才能在战术训练中不断提高训练水平。

第二节　战术基础配合

战术基础配合，是两三个人之间有目的、有组织、有攻防合作行动的方法。它包括攻与守两个部分，是组织全队攻守战术的基础，也是培养运动员篮球意识的重要手段。只有熟练地掌握各种基础配合，才能使全队战术配合更加灵活多变，更加有效地发挥作用。

一、进攻基础配合

进攻基础配合是指两三名进攻队员为了创造进攻机会，合理运用技术而组织合作的方法。

(一) 配合方法

进攻基础配合包括传切、突分、掩护和策应等多种配合方法，现将主要的配合方法分述如下：

1. 传切配合

它是进攻队员之间利用传球、切入等技术组织的简单配合。它包括一传一切和空切配合两种。

(1) 一传一切。

如图3－2所示，⑤传球给④后，立刻摆脱对手❺向篮下切，接④传来的球投篮。

(2) 空切。

如图3－3所示，④传球给⑤之际，⑥乘其对手不备之机，突然空切篮下，接外围同伴的传球，然后投篮。

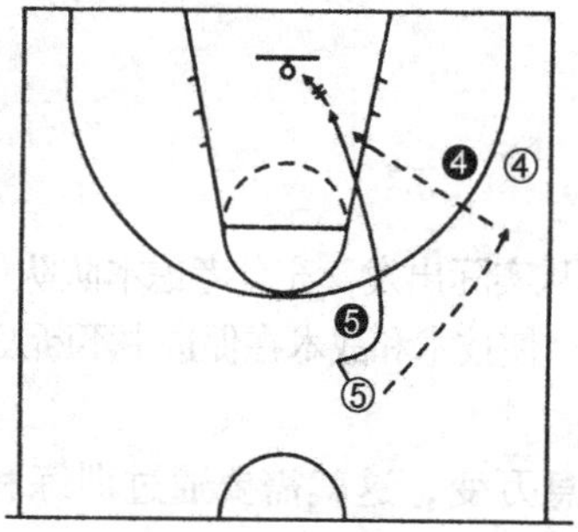

图3－2

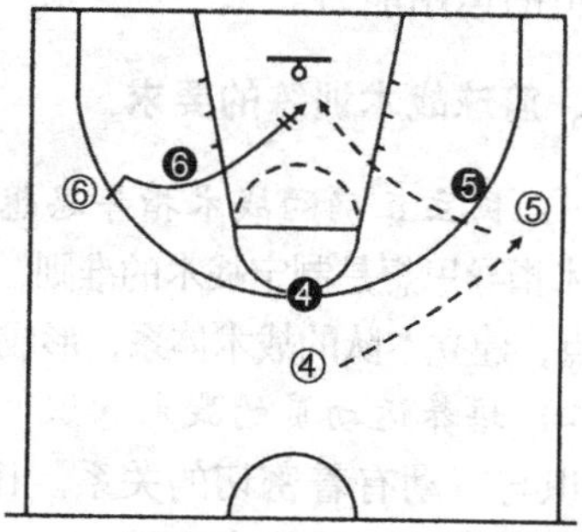

图3－3

(3) 传切配合练习方法。

练习一：如图3－4所示，分成两队用一个球练习。⑤将球传给移动上来的④后立即切入，④接球后做投篮、突破假动作，然后传球给⑤上篮。⑤自抢篮板球，把球传给④后站在⑥的后面。⑦移动接④传来的球，④立即切入，依次练习。

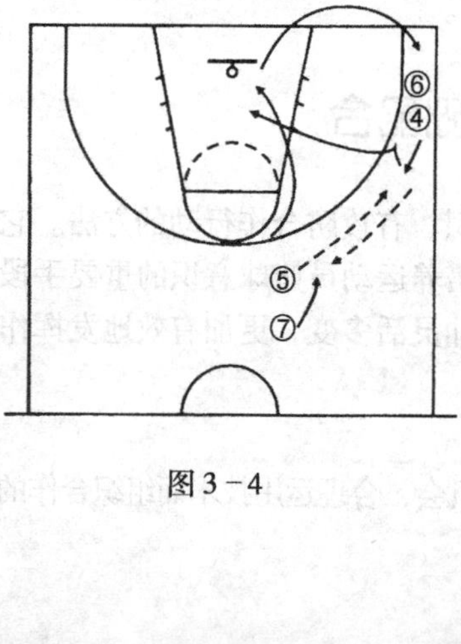

图3－4

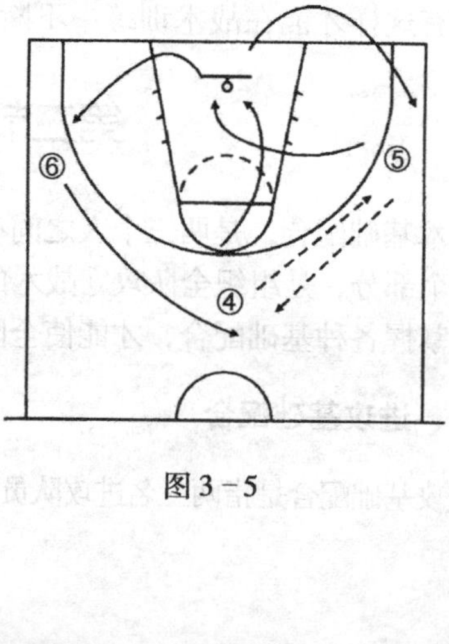

图3－5

练习要求：传球队员传球后切入动作要突然，用侧身跑，并以手示意要球。传球队员要做假动作，用余光看切入的同伴。

练习二：如图 3－5 所示，三人一组连续传切，④传球给⑤后切入，⑥立即跑到原④号位接⑤的传球，⑤立即切入。此时④跑到原⑤号位接⑥的传球，⑥传球后立即切入，⑤切入后到⑥原号位，当⑥切入时，⑤立即到原④号位接④传来的球，连续练习传切。此练习接球者要注意切入者的行动，并做投篮突破等假动作。

练习三：把队员分为三组，如图 3－5 所示站位。⑤和⑥互相传球，④突然摆脱防守⑥的传球投篮。练完一次按顺时针方向轮换，继续练习。

(4) 传切配合的要求。

切入队员要根据情况掌握切入的时机，果断、快速地摆脱对手，并随时注意接同伴的传球。传球队员要运用假动作吸引、牵制对手，当切入队员已摆脱对手并处于有利位置时，应及时准确地将球传给切入队员。

2. 突分配合

突分配合是持球队员突破后，利用传球与同伴配合的方法。

(1) 突分的练习方法。

练习一：如图 3－6 所示，⑤从防守者的左侧突破，④协防，封堵⑤向篮下突破的路线，此时④及时跑到有利的进攻位置，接⑤的球投篮，或做其他进攻配合。

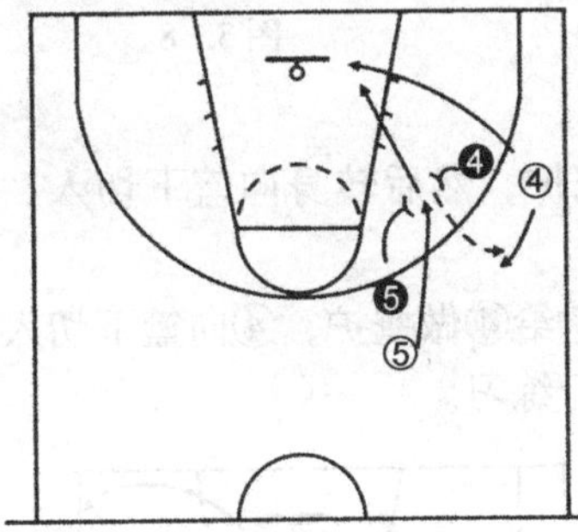

图 3－6

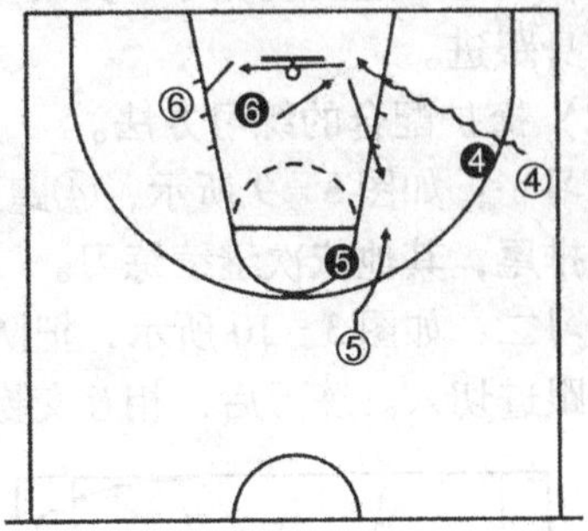

图 3－7

练习二：如图 3－7 所示，④从防守底线突破，⑥协防，封堵④篮下突破线路，⑤也后撤进行协防，④可将球传给插入到有利位置的⑥或⑤进攻。

(2) 突分配合的要求。

突破动作要突然、快速，在突破过程中既要做好投篮的准备，又要随时观察场上攻守队员的位置和行动，以便抓住有利战机，及时、准确地把球传给有利进攻的同伴。

3. 掩护配合

掩护配合是掩护队员采用合理的行动，用身体挡住同伴的防守者的移动路线，使同伴借以摆脱防守；或利用同伴的身体为掩护摆脱防守；从而接球进攻的一种配合方法。

（1）配合要领。

掩护时，掩护队员跑到同伴的防守者前、后或侧面，保持适当距离（要符合规则要求），两脚开立，膝微屈，两臂屈肘于胸前，上体稍前倾，扩大掩护面积。当同伴利用掩护摆脱防守时，掩护队员要及时转身跟进，准备抢篮板球或接回传球。

掩护配合可以由无球队员给有球队员做掩护，也可以由有球队员为无球队员做掩护和无球队员为无球队员掩护。

掩护配合有多种形式，以下列举几种经常运用的配合形式来说明。

前掩护：是掩护队员站在同伴的防守者面前，用身体挡住防守者向前移动的路线，使同伴借机摆脱防守的一种配合方法。

后掩护：是掩护队员站在同伴的防守者身后，挡住他的移动路线，使同伴借以摆脱防守的一种配合方法。

侧掩护：是掩护队员在同伴防守者的侧面，用身体挡住防守者的移动路线，使同伴借以摆脱防守的一种配合方法。

示例：无球队员给持球队员做侧掩护。如图 3－8 所示，⑤传球给④后，跑到❹的侧后方做掩护，④接球后利用投篮或突破的假动作吸引住❹，当⑤到达掩护位置时，④迅速摆脱防守，突破投篮，⑤掩护后要及时转身跟进。

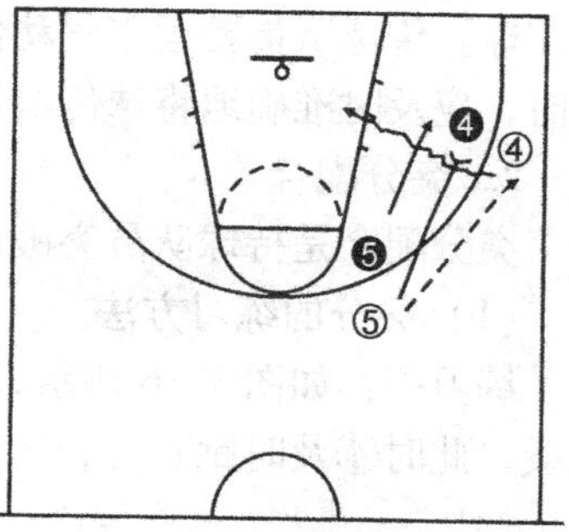

图 3－8

（2）掩护配合的练习方法。

练习一：如图 3－9 所示，④跑到△的侧后方掩护，然后转身向篮下切入。做完练习跑到排尾，其他依次继续练习。

练习二：如图 3－10 所示，把队员分成两组，⑦给④做掩护，④向篮下切入，⑦同时转身跟进切入。练习后，相互交换位置，依次进行练习。

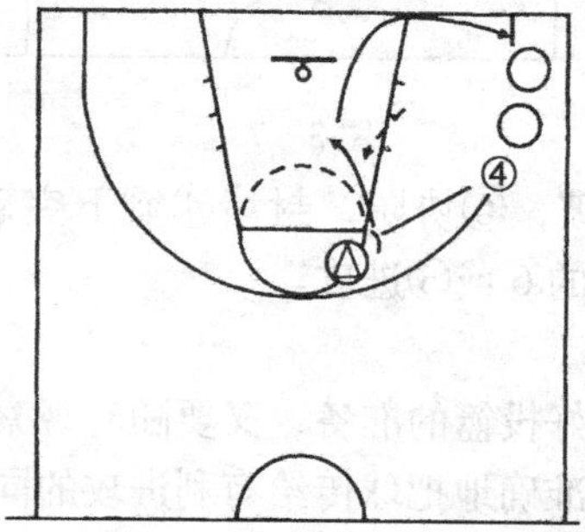

图 3－9

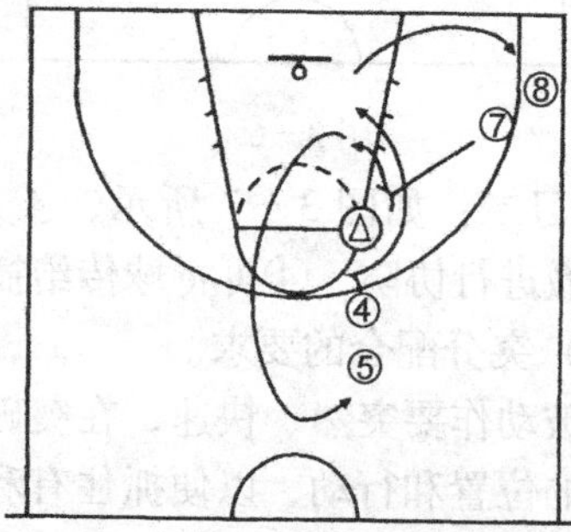

图 3－10

练习三：如图 3－11 所示站位，⑤站在罚球区分位线的位置，⑥利用⑤的定位掩护挡住❻的移动，插向篮下接④传来的球进行攻击。⑤转身抢篮板。如果❺换防⑥，⑤转身挡住❻后插入罚球区接④的传球投篮。

图 3－11

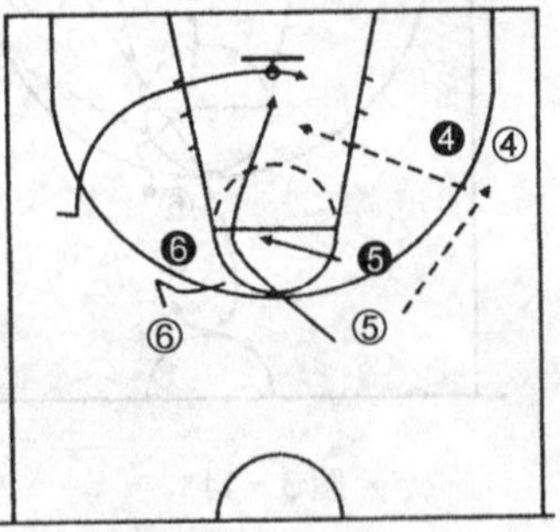

图 3－12

练习四：如图 3－12 所示，⑤传球给④去给⑥做掩护时，发现❺未紧跟防守，此时⑤立即插向篮下接④传来的球投篮。

(3) 掩护配合要求。

要求一：掩护时，队员的身体姿势要正确，距离适当，动作要合理，行动隐蔽。

要求二：被掩护队员要用假动作配合行动，当同伴到达掩护位置时，摆脱对手的行动要突然、快速。

要求三：掩护人成功后，应立即转身跟进，做好接球进攻和抢篮板准备。

要求四：两人要配合默契，及时行动，并根据情况变化，及时应变，争取第二次进攻。

4. 策应配合

策应配合是指进攻队员背对篮或侧对篮接球，由他做枢纽与同伴相配合而形成里应外合的配合方法。

示例：如图 3－13 所示，⑤传球给④后，利用假动作摆脱防守，上提到外策应位置接④的传球做策应，④传球后摆脱防守，然后接球投篮或突破上篮。

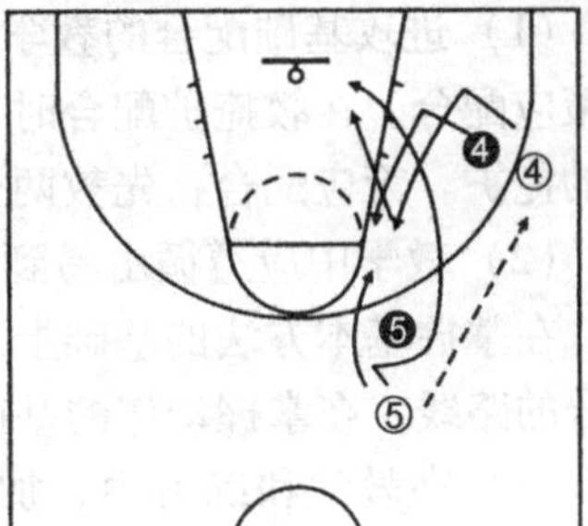

图 3－13

(1) 策应配合的练习方法。

练习一：队员分两组，如图 3－14 所示，一组做策应者，一组做传球者。⑦到罚球线后做策应，接⑥的传球后向⑥切入方向做传球的假动作，然后把球传给⑧，传球后跑到④的后面，⑥跑到⑧的后面。

练习二：队员分两组，如图 3－15 所示，❹为固定防守者。⑤传球给④后摆脱❹插到罚球线后做策应，❹跟随防守。④及时传球给⑤后，做摆脱切入接⑤的传球投篮或到④的身前接球投篮。⑤也可以传球给④，也可做传球假动作后自己进攻。两组互相交换位置，依次轮流练习。

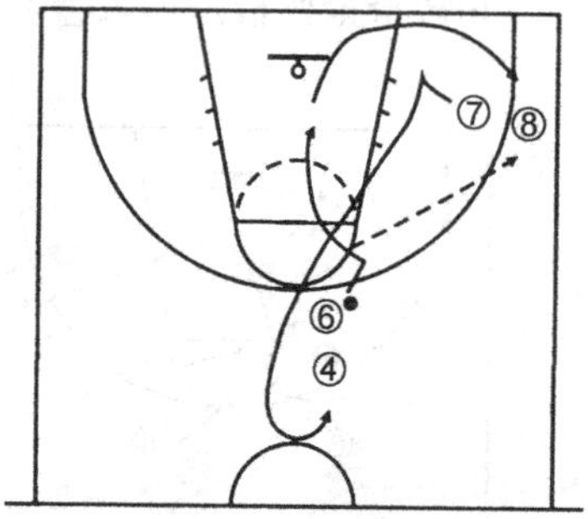

图 3－14

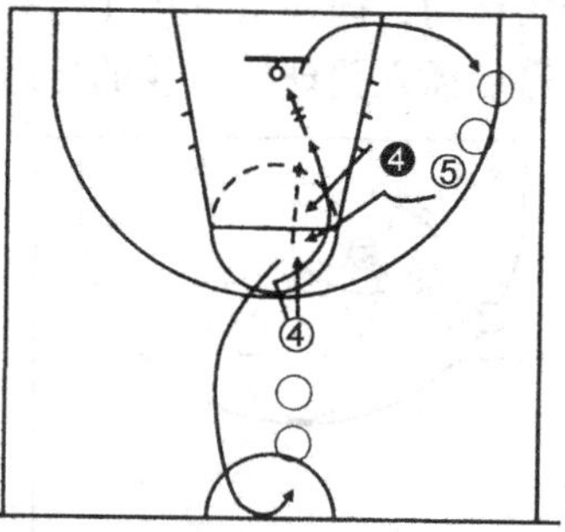

图 3－15

（2）策应配合的要求。

策应者要及时抢位要球，接球后，两手持球于胸前，两肘外展保护球。如策应者身材高大，也可将球置于头上，要随时观察赛场上情况，以便及时把球传给处于最有利位置的同伴，同时注意自己的攻击机会，根据攻防情况，处理好内外结合的关系。在策应时，要用转身、跨步等动作协助同伴摆脱防守或个人进行攻击，配合人员要根据策应者的位置，及时把球传到远离防守的一侧，做到人到球到，并设法摆脱防守，准备接球，配合结束（投篮）后，两人立即跟进抢篮板球。

（二）进攻基础配合的教学建议

（1）进攻基础配合的教学顺序是先教传切配合和突分配合，再教掩护配合，最后教策应配合。在教掩护配合时，先教无球队员之间的掩护，后教无球队员与有球队员之间的掩护。策应配合，先教两个人的配合，后教三个人的配合。

（2）教学中应遵循由易到难的原则，首先要让学生了解各种配合的方法，运用时机。在掌握基本方法的基础上进行有步骤学习配合的各种变化。先在无防守情况下熟悉配合的路线，在掌握动作的基础上，再加强防守练习，以便提高实战能力。

（3）在教学和练习中，加强篮球意识的培养，特别是注意团结合作的意识培养，提高基本技术的熟练程度，在临场中合理提高基础配合的运用及应变能力。

二、防守基础配合

防守基础配合是两三名防守队员为破坏对方利用合理的技术，进行配合，或当同伴防守出现困难时，及时互相协作行动的方法。

（一）配合方法

防守配合包括挤过、穿过、绕过、交换防守、关门、补防和夹击配合等。

1．挤过配合

它是破坏掩护配合的方法之一。当对方掩护，防守队员在掩护队员接近自己时，要迅速向前跨出一步，靠近对手，从两个进攻队员之间侧身挤过，继续防住自己的对手。防守掩护的队员应及早提醒同伴并后撤一步，以备补防。

图 3－16

示例：如图 3－16 所示，④传球给⑤后，去给⑥掩护，❹及时提醒❻，❻在④临近的一刹那，迅速抢在④之前继续防守⑥。

挤过配合要求：挤过时要贴近进攻队员，上前抢步要快，防守掩护者的队员，要提醒同伴，并选择协防的有利位置，密切注意两个进攻队员的行动，及时做好补防准备。

2．穿过配合

它是破坏掩护的一种方法。当进攻队员掩护时，防掩护者的队员及时提醒同伴并主动后撤一步，让同伴及时从自己和掩护队员之间穿过，继续防守自己的对手。

示例：如图 3－17 所示站位，⑤传球给⑥，④给⑤掩护，❺后撤从④和❹中间穿过，继续防守⑤，❹要主动后撤，以便让❺顺利通过。

穿过配合要求：防守掩护者的队员要及时提醒同伴，并主动让路。穿过队员要迅速穿过，继续防守自己的对手。

3．绕过配合

绕过配合是破坏掩护配合的一种方法。当对手掩护时，防掩护者的队员贴近对手，让同伴从自己的身后绕过，继续防守自己的对手。

图 3－17

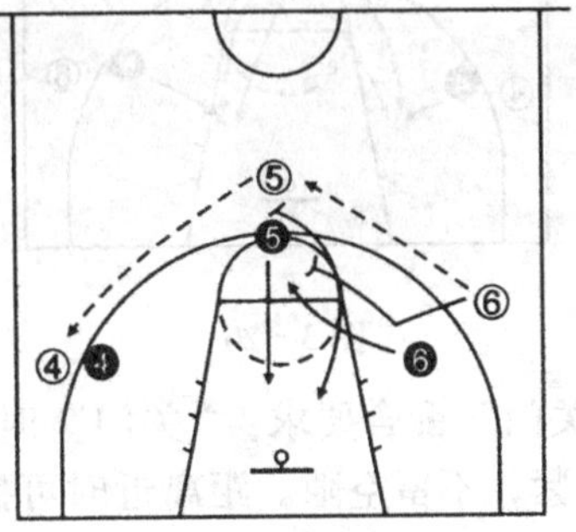

图 3－18

示例：如图 3－18 所示，④传球给⑥后，去给⑤掩护，⑤切入，❺发现不便挤过或穿过时，从❹身后绕过，❹要配合默契，主动贴近自己的对手，以便使同伴顺利通过。

绕过配合要求：防掩护的队员应主动提醒同伴，并上前贴近自己的对手，被掩护者应根据掩护者和同伴的位置主动后撤一大步，及时绕过防自己的对手。

4．交换配合

交换配合是破坏掩护配合的一种方法。进攻队员利用掩护已经摆脱防守时，防掩护的队员及时发出换防信号，与同伴交换防守对手。在适当时候再换防原来的对手。

示例：如图 3－19 所示，⑤去给④做掩护，❺要提示同伴，❹被挡住时，❺主动向同伴发出换防信号，❺防守④的突破，❹应迅速调整位置防守住⑤。

图 3－19

交换防守配合要求：交换防守前，一般是由防守掩护者的队员主动提示同伴。换防时，动作要果断、快速。适当时再换回，提高整体防守能力。

5. 关门配合

关门配合是临近的两个队员协同防守突破的配合方法。当进攻队员运球突破时，防守突破的队员向侧后方移动，挡住其移动路线，临近突破一侧的防守队员，应及时快速向突破队员的前进方向移动，与防突破靠拢，像扇门一样的关起来，堵住突破者的前进路线。

示例：如图 3－20 所示，⑤向右侧突破时，❹和❺进行“关门”。向左侧突破，❻和❺“关门”防守。

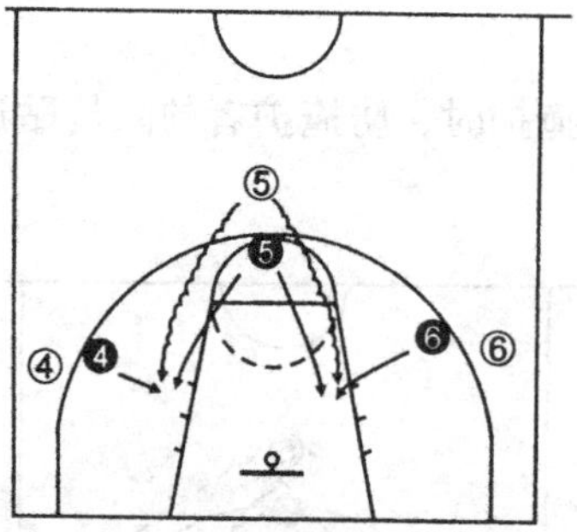

图 3－20

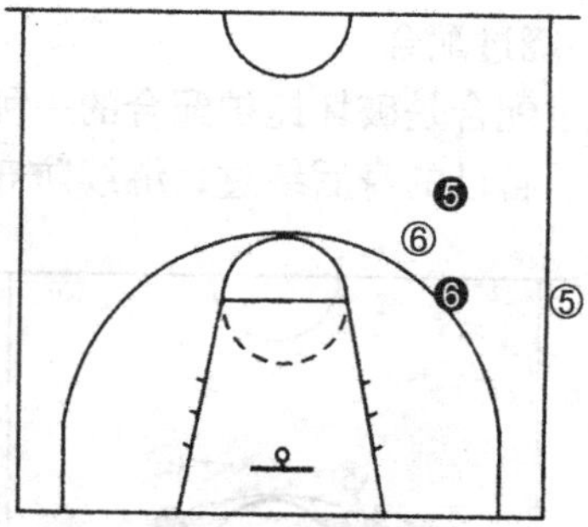

图 3－21

“关门”配合要求：“关门”时，防守者与相近的同伴默契配合，堵位移动快，两人要靠紧，不留空隙。距离近时可撤步后移“关门”。距离远时可横移“关门”，堵截突破者的去路。

6. 夹击配合

夹击配合是两个防守队员防守一个进攻队员的一种配合方法。

示例：如图 3－21 所示，⑤发边线球，❺放弃对⑤的防守，协同❻夹击⑥。

夹击要求：当对方停球和持球队员处于各个场角时，要果断夹击，并积极挥动手臂，封堵其传球路线，不要盲目抢、打球，尽量减少不必要的犯规。

7. 补防配合

补防配合是两个防守队员之间的一种协同配合方法。当同伴的防守被突破时，临近的防守队员立即放弃自己的对手，去补防那个威胁最大的进攻者，漏人的防守队员则要及时换防。

示例：如图 3－22 所示，当❺的防守被突破后，❻应迅速补防⑤。❻应放弃⑥，撤到篮下，防止⑤切入篮下要球、投篮。

补防配合的要求：补防时，动作要快速、果断。其他防守队员要及时换防威胁最大的进攻者。

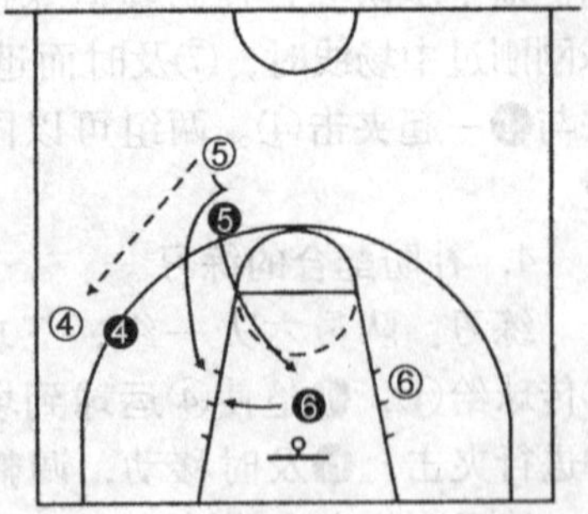

图 3－22

（二）防守基础配合的练习方法

1. 挤过、穿过、绕过和交换防守的练习

练习一：将队员分成四组，④组给⑤组掩护，❹组和❺组可根据教师的要求练习挤过、穿过、绕过和交换防守等配合。做完后攻防交换配合位置。

练习二：在三人“8”字运球掩护中练习以上配合。

练习三：二人一组，二对二或三人一组，三对三进行练习。

练习四：在半场二对二、三对三、四对四练习破掩护的各种防守配合。

练习五：在教学比赛中，用增加分值的方法和鼓励大胆运用破掩护的各种方法进行，在突破中锻炼防守配合。

2. “关门”配合的练习方法

图 3－23

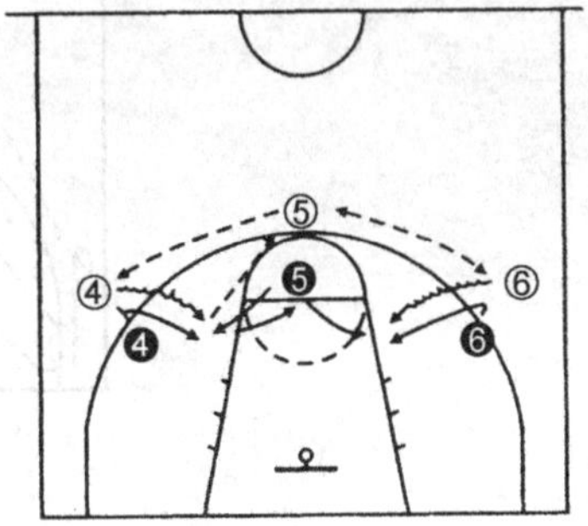

图 3－24

练习一：如图 3－23 所示，半场二对二，④突破时❺协同❹进行“关门”，若④传球给⑤时，❺迅速回防⑤。⑤突破时协同❺进行“关门”。反复进行练习到一定次数后攻守相互交换。

练习二：如图 3－24 所示，六人一组，⑤传球给④，④从右侧突破，❺协同❹“关门”，❻调整防守位置，④传球给⑥，❻防底线突破，⑥从右侧突破❺再协同❻协防“关门”。做若干次后按顺时针防守队员防卫，继续练习，然后再攻守交换。

3．夹击配合的练习

练习：如图3－25所示，④沿边线运球前进，❹在④的侧前半步防守，控制其运球行进的速度和方向。当④运球刚刚过中场线时，⑦及时而迅速地迎上去，迫使④停球，并与❹一起夹击④。两组可以同时练习。队员按逆时针换位。

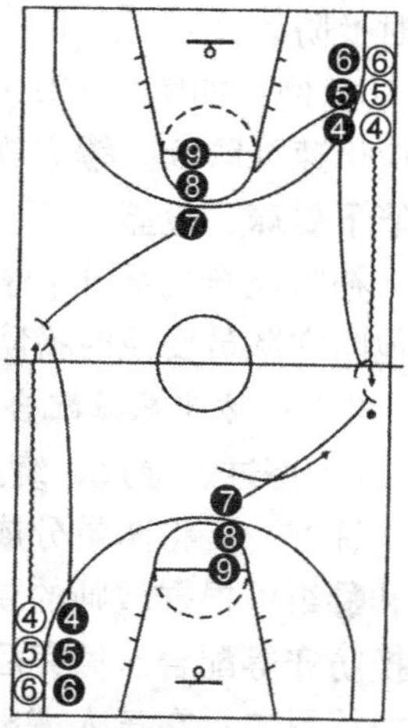

图3－25

4．补防配合的练习

练习：队员六人一组，三攻三守。如图3－26所示，⑤传球给④，❹迫使④运球到场角，❺及时而迅速地去和❹进行夹击，❻及时移动，调整位置进行补防，并准备断球。练习到规定次数后，攻守交换练习。

（三）防守基础配合教学建议

（1）防守基础配合的教法应先教挤过、穿过、绕过，然后教换防、关门、夹击和补防。

（2）教学中，要严格要求个人防守技术，注意配合的合理性与及时性。

（3）在练习防守配合时，要与进攻配合结合起来进行。练习步骤由固定到变化，由消极到积极，并逐步把各种组合方法综合起来进行练习，提高防守配合意识和应变能力。

图3－26

第三节　快攻与防守快攻

一、快攻

快攻是由防守转入进攻时，以最快的速度、最短的时间在对方尚未部署好防守之前，创造人数上、位置上的优势，果断而合理地进行攻击的一种快速进攻战术。

快攻是在短暂时间内（约5秒钟），连续地、没有停顿地、乘对方防守立足未稳时进行攻击。快攻是篮球进攻战术的重要组成部分，采用快攻能有效地削弱各种防守战术，在对方没有布置好防守时就发动或者结束攻击。它还能使每个队员都成为潜在的得分者，使参加快攻的队员更容易有机会投篮得分。另外，快攻能使对方产生心理压力，争取进攻主动权，达到较好的进攻效果。随着篮球运动的发展、比赛规则的变化，以及篮球运动本身的规律等都决定了篮球运动向快速方向不断发展。

快攻最能体现篮球运动的快速、灵活、全面、准确的特点，它对培养篮球运动员积极主动、勇猛顽强的作风，对提高身体素质水平，对全面发展快速的基本技术都起着促进的作用。

（一）发动快攻的时机

（1）抢到后场篮板球发动快攻。

（2）掷发后场，端线界外球快攻。

（3）抢、打、断球后发动的快攻。

（4）跳球时发动的快攻。

在实践中，抢到后场篮板球发动快攻的机会最多，抢、打、断球快攻成功率最高，掷界外球发动快攻最难争取，但能出其不意打对手措手不及。跳球快攻机会最少。打法快速的球队能积极利用在防守转入进攻的每一次快攻机会，争取五人都能参加快攻。

（二）组织快攻的战术形式

快攻有长传快攻、短传结合运球推进快攻两种类型。

1. 长传快攻

长传快攻是队员在后场获得发球权后，立即把球传给迅速摆脱对手、已进入前场进行偷袭的同伴的一种方法。这是一种速度快、时间短、配合简单的快攻战术配合。

2. 短传结合运球推进的快攻

这是队员在后场获得球后，利用快速的短距离传球、运球、短距离传球和运球结合，迅速地向对方篮下进行推进，创造有利的投篮时机的一种配合方法。这种快攻形式灵活，容易创造快攻战机，往往是短传推进和运球推进结合在一起。

（三）快攻战术的组织方法

1. 长传快攻战术的组织方法

长传快攻通常是由快攻的发动和快攻的结束两部分组成，也有通过接应后进行长传快攻。其组织方法如下：

（1）抢篮板后的长传快攻。

如图 3－27 所示，⑤抢到篮板球后，首先观察前场情况，寻找长传快攻的机会，⑥和⑧判断④号能抢到篮板球时，立即快下，突破防守形成偷袭快攻。⑦插中，以便长传受阻时能快速接应一传。若长传快攻发动成功，⑦接着从中路快速跟进，准备接同伴的回传球或投篮不中时及时补篮，④和⑤也应空插跟进。

（2）掷后场界外球长传快攻。

如图 3－28 所示，当对方失误或违例时，⑥应立即捡球掷界外球，迅速把球传给快下的⑧或⑤投篮。

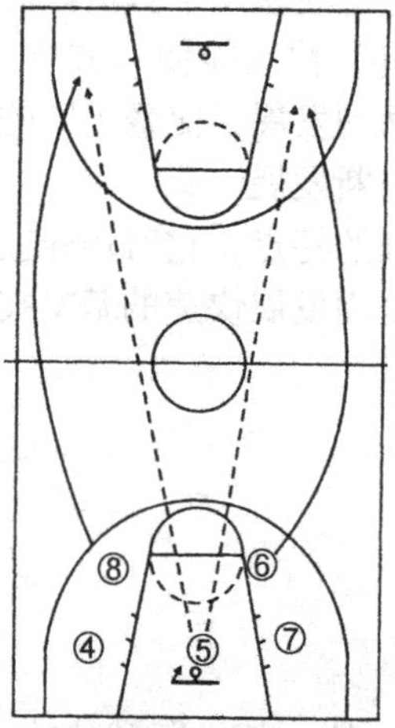

图 3－27

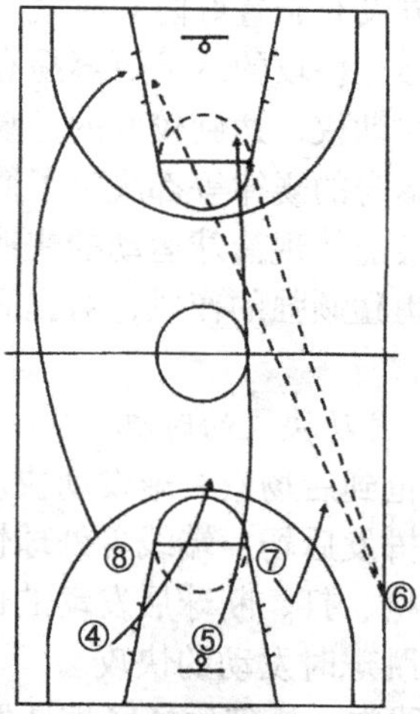

图 3－28

（3）掷端线界外球通过接应后长传快攻。

如图 3－29 所示，当对方投中篮后，离球近的⑤立即跑到端线掷界外球，⑧和⑥各沿边线两侧快下，随时准备接⑤的长传球进行投篮。

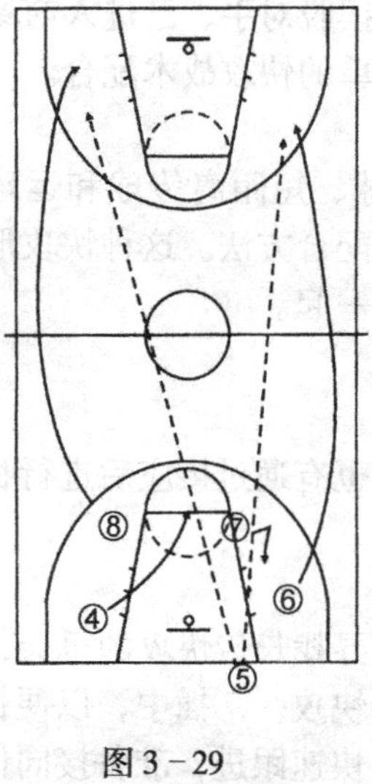

图 3－29

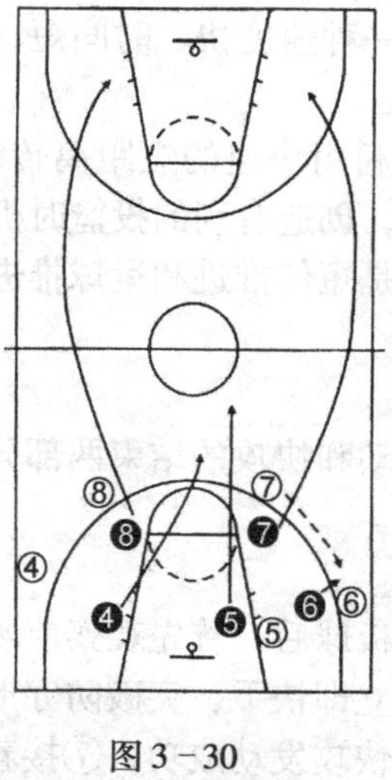

图 3－30

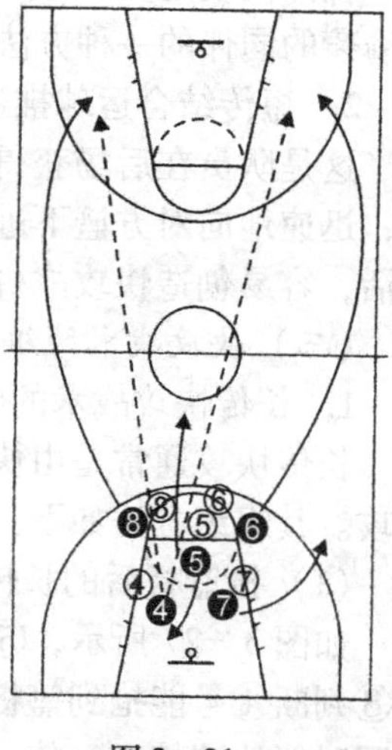

图 3－31

（4）断球后长传快攻。

断球后发动长传快攻一般是在后线防守的队员断球时进行，如图 3－30 所示，❻断球后，看到❽已快下，可立即传球或运球后传球给❽投篮。

(5) 跳球长传快攻。

如图 3-31 所示，跳球队员⑤把球拍拨给已暗示好的④，当⑤跳起拍球时，⑧和⑥抢先起动快下，以便跳球成功后接④的长传球投篮，⑤从中路跟进，④和⑦也随着跟进。

2. 短传结合运球推进快攻的组织方法

其组织结构通常是由发动与接应、推进、结束三个阶段所组成，也有由控制队员直接突破推进的快攻。

由于短传球推进和运球推进往往是相互结合进行的，所以进攻者根据攻守双方的位置和防守队员的行动而决定采取传球或运球的手段向前推进。为了更好地发挥快攻的威力，特别是在不利的情况下争取更多的快攻战机，在控制球后必须采用合理的推进方法，有组织地快速进攻。

(1) 快攻的发动与接应。

它是指防守转入进攻时，控制球的队员迅速地传出一传，另一队员即时地接应，以便组织快攻。

发动与接应是快攻的重要环节，因此控制球队员要有发动快攻的意识，而且能观察场上情况，并迅速、及时、准确地进行第一传。接应队员要摆脱防守，及时地选择有利的位置。接球后迅速、合理地向前推进。快攻接应分固定接应和机动接应两种。固定接应包括固定地区固定队员的接应和固定地区不固定队员的接应和固定人不固定地区的接应几种形式。机动接应是根据控球队员的位置，以及双方各队员的位置和行动所决定，接应队员和接应位置均不固定，这种接应更灵活，更能争取主动，在快攻的发动和接应期间，前锋队员应迅速地由后场跑到前场的进攻区域。

1) 抢后场篮板球的快攻发动与接应。抢到后场篮板球的队员，争取在空中转身时就能观察到接应者的合理位置，最好是在空中将球直接传出，加快发动快攻的速度，使对方防不胜防。如果不便于传球时，应在落地后向没有防守干扰的一侧边线转身，迅速传出一传或利用突破防守后发动快攻。

2) 断球快攻的发动与接应。实践证明，断球后发动快攻的成功率最高，断球快攻突然性强，由守转攻的转换速度快，往往使对手措手不及，难以退守。前线防守队员突然断获球后，往往处于极好的反击位置，只要及时，继续加速运球推进或及时传球给迅速前跑的同伴，快攻成功的可能性就很大。在后线防守的队员断获球后，其他的同伴队员必须迅速选择合理的移动路线，力求造成摆脱防守或者以多打少的有利局面，争取最短的时间进行攻击。

3) 掷发界外球的快攻与接应。从后场掷发界外球的机会很多，发球队员必须有强烈的意识抢发球，力争快速一传给前跑的快下队员或插上接应的队员。发球队员应指定专门的人或者是离球最近的队员，并有组织和预谋，形成较好的进攻队形。

4) 跳球快攻的发动与接应。在中场和后场跳球时，应有预谋地组织快攻。跳球快攻的发动与接应常用的方法有两种：一种方法是直接跳球给某一前锋队员，迅速传球给另一前跑的快下队员；另一方法是跳球队员在没有争球优势的情况下，把球后拨，接球后按预定计划组织进攻。

（2）快攻推进阶段。

快攻推进阶段指发动快攻后，至快攻结束前中场配合的阶段。发动快攻以后，必须要有快速合理的推进才能创造良好的结束阶段。在快攻推进过程中，5 名队员要注意保持前、后、左、右的纵深队形，并根据场上情况协同完成推进任务。

推进的形式有传球推进、运球推进、传球与运球结合推进。

推进的路线有中路推进、边路推进、中路和边路结合推进。

（3）快攻结束阶段。

快攻结束阶段指快攻推进到前场最后完成攻击配合的阶段。它是决定快攻成败的关键，创造以多打少的局面是快攻结束的良好战机。在人数相等的时候，进攻者可利用对方的立足未稳和区域上的优势进行攻击。还有可能出现以少打多的局面，这时只要合理地捕捉战机，仍然可以有效地进行攻击，在快攻到离篮圈 5～8 米的距离时，中路队员可根据防守队形，选择不同的配合方法。

方法一：以多打少的配合方法

原则上中路队员、边路前跑队员和跟进队员都应该准备直接行进间投篮。传球给进行篮下投篮的队员，应使他们在接球后不运球或者少运球。如果防守队员补防，应及时回传给补防一侧的进攻队员。

二攻一配合示例：

示例一：利用快速传球吸引防守者。如图 3－32 所示，⑨和⑩在快速传球推进中❹突然前来防守⑩，⑩立即把球传给切入篮下的⑨投篮。

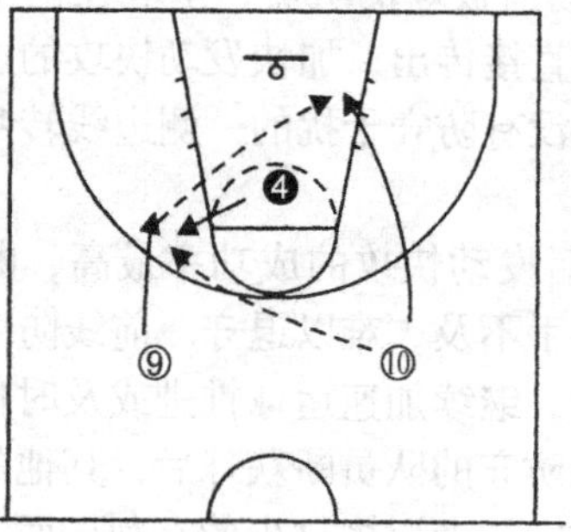

图 3－32

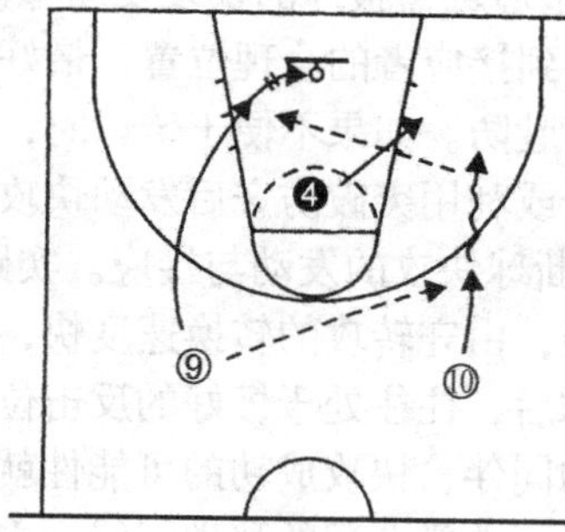

图 3－33

示例二：利用快速运球吸引防守者。如图 3－33 所示，⑩快速运球逼近篮下，当❹突然前来堵截时，便立即把球传给⑨投篮。

三攻二配合示例：

三攻二配合时，左右两侧的进攻队员要跑弧线拉开，中路队员稍拖后，保持三角形的纵深队形。当推进到限制区弧顶附近时，中路队员就必须选择一种进攻配合。常常可能出现几种情况：

示例一：防守队员平行站位时的进攻方法。如图 3－34 所示，⑧先从两防守之间中路运球突破，在突破中遇到❹堵截，⑧立即传球给⑨投篮。

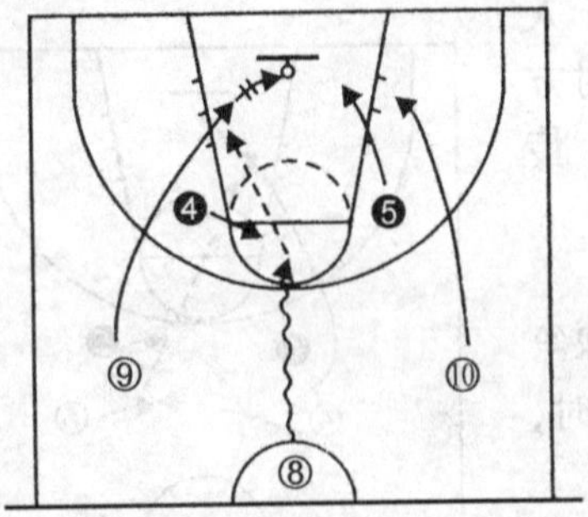

图 3－34

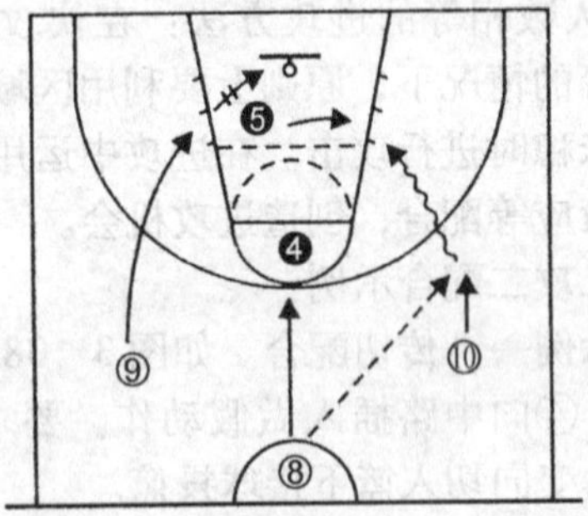

图 3－35

示例二：防守队员前后站位时的进攻方法。如图 3－35 所示，对方采用前后站位时，中路防守较紧，弱点在两侧的边路，这时进攻应首先从两边组织快速运球切入篮下，若❺号防守稍偏左侧，⑧立即传球给右锋，向篮下切入，如果遇阻截时，右锋立即把球给左锋投篮。

示例三：防守采用斜线站位时的进攻方法。进攻从中路运球开始。如图 3－36 所示，⑧从中路突破，遇到❹向中路堵截，⑥立即传球给切入篮下的⑩投篮，若⑩又遇到❺补防，⑩可以把球传给⑨投篮。

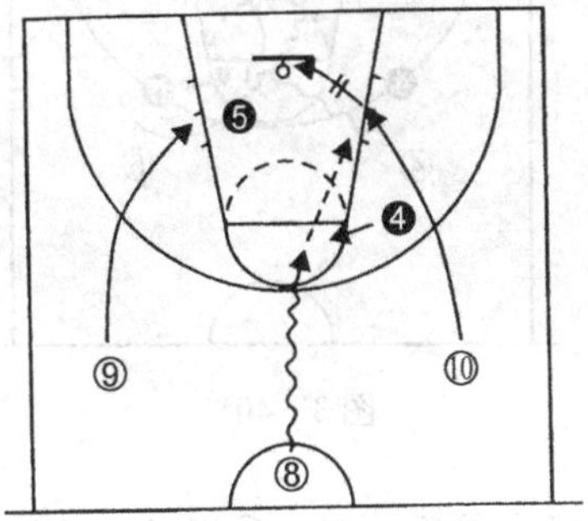

图 3－36

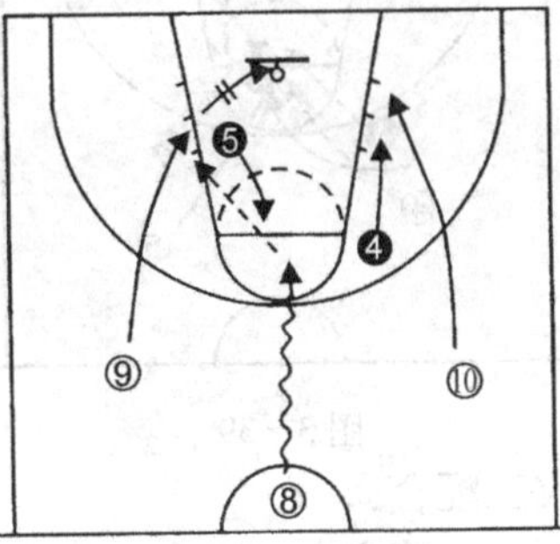

图 3－37

又如图 3－37 所示，⑧从中路运球推进，由于❹后撤防守⑩的篮下切入，而❺及时移动堵截⑧的中路突破，⑧立即把球传给⑨投篮。

示例四：两名边锋队员在同侧时的进攻形式。两名边锋队员在同一边快速向篮下切近时，处于前面的队员应迅速溜底扩大攻击面，形成常规三攻二。

四攻三的配合：

边锋队员沿边线快下，拉开限制区，中路两名队员前后站位，传球落边后，中路纵插篮下，跟进队员接前插向有球侧的罚球附近，造成局部地区以多打少，持球队员伺机将球传给处于空档位置的同伴攻击。

方法二：人数相等和衔接段进攻

人数相等的进攻方法：在快攻结束阶段处于人数相等的情况下，原则上要利用区域的优势，在对方立足未稳时进行攻击。在进攻中运用突入、掩护、传切、策应等配合，创造进攻机会。

二攻二配合示例：

示例一：传切配合。如图 3－38 所示，④传球给⑤后，④向中路插入做假动作。要求：当❹堵截时，④突然变向切入篮下接球投篮。

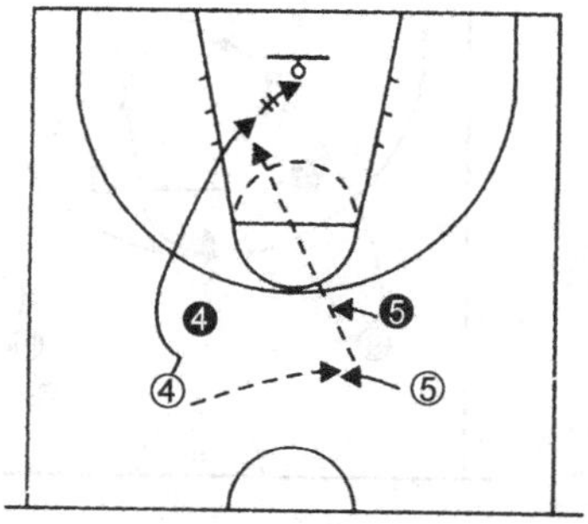

图 3－38

示例二：运球交叉掩护配合。如图 3－39 所示，④向中路运球，⑤做假动作后随之与④在中路形成运球掩护，④挡住❺的移动路线并把球传给⑤，⑤接球后迅速上篮，④迅速冲向篮下抢篮板球。

示例三：策应配合。如图 3－40 所示，④把球即时传给从中路斜插的⑤，⑤接球后立即背向篮做策应动作，然后再把球回传给切入的④投篮。

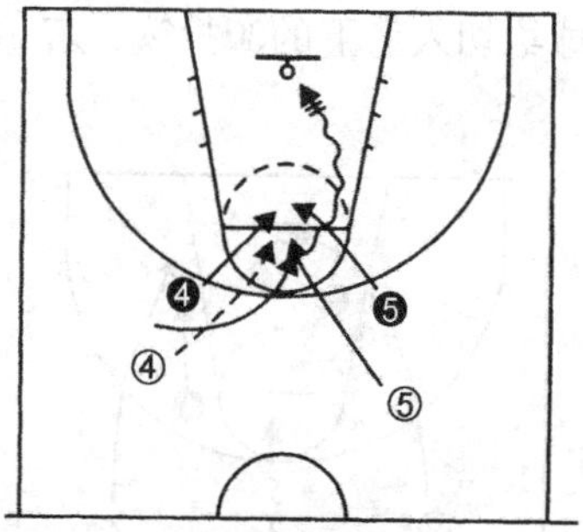

图 3－39

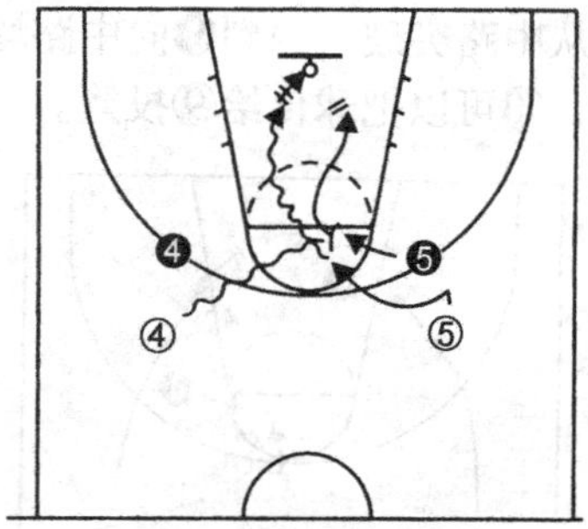

图 3－40

三攻三配合：

示例一：策应交叉配合。如图 3－41 所示，当球在⑧手中时，⑥迅速向中路斜插要球，并做策应动作。⑦和⑧接着在⑥的面前做交叉切入，⑥根据场上的情况把球传给机会较好的⑦或⑧投篮。

示例二：无球队员掩护配合。如图 3－42 所示，⑧沿边线运球切入，吸引❽的防守，⑥和⑦在向前跑动过程中逐步靠近，当两人接近时，⑦抢前一步跑在❻的侧面，⑥随之在⑦的后面变向切入并接球投篮。⑦做完掩护后也加速前跑，若❼换防⑥时，⑦就要设法接球投篮。

衔接段进攻：在快速进攻中，当防守已经占据有利的防守位置，但尚未形成一定的防守阵形，进攻队员乘对手立足未稳，采用阵地进攻的方法连续地发动攻击，这种配合方法我们称为衔接段进攻。这种进攻战术是在快攻的基础上连续的、没有停顿的情况下进行的，因此，衔接段进攻比阵地进攻能减少传球次数和移动的幅度，制造投篮机会，取得更好的配合效果。此段采用基础进攻配合，实施机动攻击效果较好。

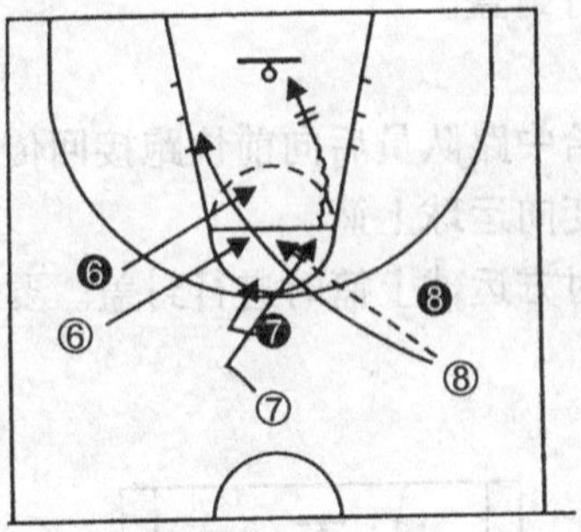

图 3－41

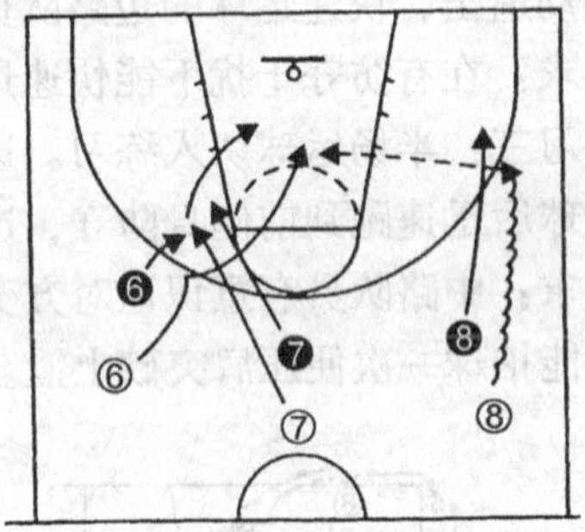

图 3－42

二、快攻战术的教学与训练

（一）教学与训练建议

（1）准确地掌握行进间的投篮动作，熟练各种上篮的基本技术，能在对手快速追击的情况下准确地投球入篮。

（2）快攻战术教学。要把快攻的组织结构和基本要求讲清楚，然后让队员练习快攻的结束部分，结合结束部分，练习快攻的发动和推进。在教学中要把以多打少作为教学训练的重点，一般可先练习长传快攻，再练习短传推进的快攻，然后练习抢篮板快攻，最后练习抢发界外球的快攻和跳球快攻。

（3）快攻战术练习，应先在固定形式下掌握快攻的方法，然后过渡到机动的情况下练习。先不加防守，再逐步增加防守进行练习，最后到接近比赛情况下的反复练习，不断提高。

（4）经常反复练习以多打少快攻配合的同时，必须提高发动快攻的分散速度和机动接应的推进能力，形成左右快下有平衡，前后梯次有纵深的良好队形，并逐步提高高大队员的跟进速度，使快攻更具威力。

（5）在整个教学训练中，要始终注意培养队员的快攻意识，养成快攻的习惯，制造更多的追击快攻的机会。同时，也要培养勇猛顽强的意志品质和敢打敢拼的战斗作风，注意与身体训练相结合。

（6）通过教学比赛和公开比赛，检查快攻效果，研究改进快攻战术方法和训练工作。

（二）教学与训练方法

（1）基本快攻上篮技术练习。

练习一：传球转一攻一上篮。两名队员由端线开始传球至中场，中间的队员转为防守，边路队员接球后快速运球上篮。中路队员转防守并进行封盖。

要求：传球快速准确到位。边路队员接球后运球熟练，上篮稳健，中路队员快速移动进行干扰。

练习二：快速运球上篮。两名队员侧对教师站立，教师把球传给边路队员后，中路队员起动追击，快速运球的边路队员在投篮时进行封盖。

要求：在有防守干扰下能快速运球上篮。

练习三：半场运球切入练习。边路队员传球给中路队员后向前快跑接回传球，中路队员传球后迅速跑到前侧身防守，这时边路队员变向运球上篮。

要求：中路队员有意识让对方变向，然后当对方运球上篮时进行封盖。要求运球变向后只能拍球一次便压肩突破上篮。

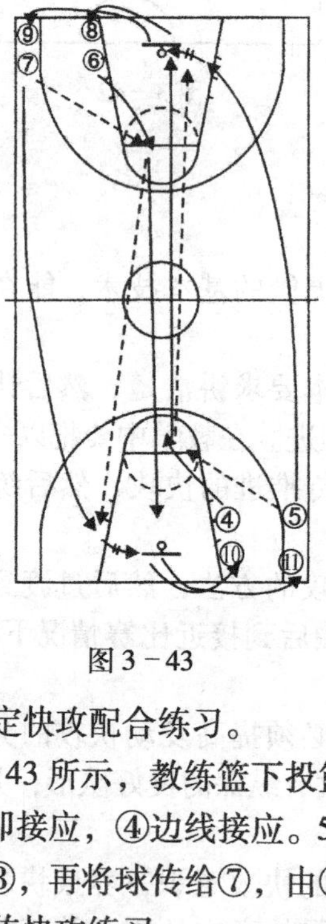

图 3－43

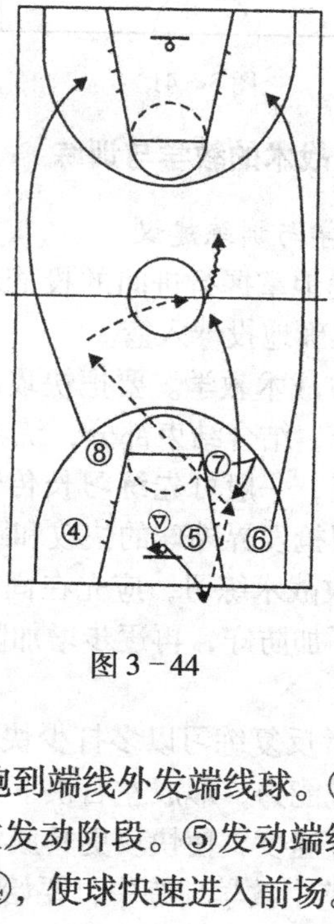

图 3－44

（2）固定快攻配合练习。

如图 3－43 所示，教练篮下投篮投中，⑤立即跑到端线外发端线球。⑧、⑥沿边线快下，⑦立即接应，④边线接应。5 人立即转入快攻发动阶段。⑤发动端线球先看前面快下的⑥、⑧，再将球传给⑦，由⑦运球推进传给④，使球快速进入前场。

（3）长传快攻练习。

练习一：如图 3－44 所示，⑤传球给④，迅速沿边快下，接⑤的长传球上篮。④跟进抢篮板球，到对侧端线两人换位。

练习二：如图 3－45 所示，⑤插中接④的传球，④传球后沿边线快下，接⑤长传球上篮，练习结束到对侧端线换位。⑥、⑦如法练习。

（4）短传结合运球推进快攻的练习。

练习一：两人一组，由后场端线外开始向前场直线快跑，相互快传推进，篮下投篮。

篮球

练习二：全场二攻一练习。如图3－46所示，两人一组，快速向前场推进，⑥进行防守。④和⑤进攻结束后，⑥和⑦接着向对面运球进攻，⑧或⑨进行防守。

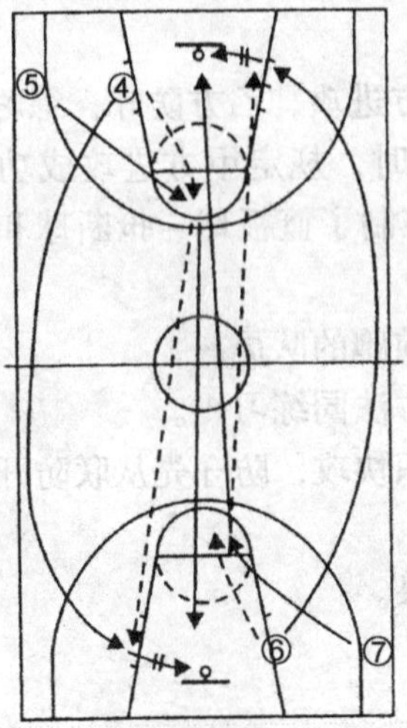

图3－45

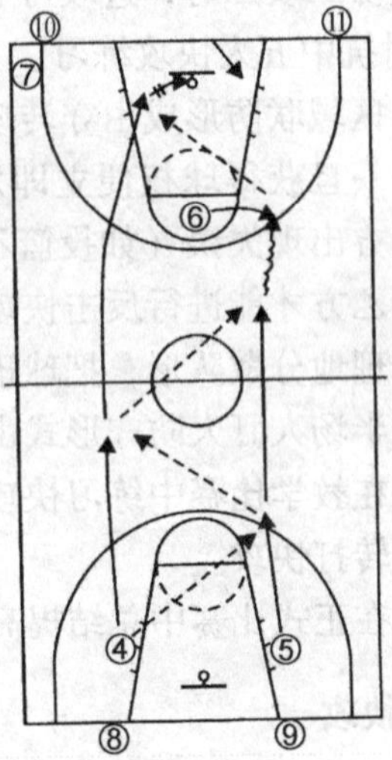

图3－46

练习三：如图3－47所示，三人一组，站在端线外，④、⑤、⑥进攻时，⑦和⑧进行防守；④、⑤、⑥进攻后，⑦、⑧、⑨接着向相反方向进攻，⑩和⑪进行防守，往返进行练习。

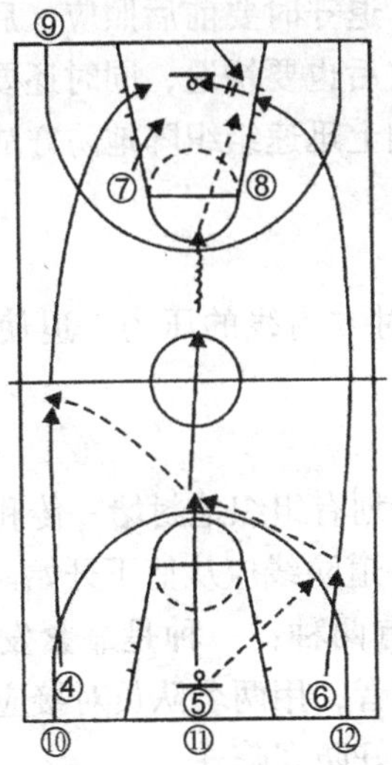

图3－47

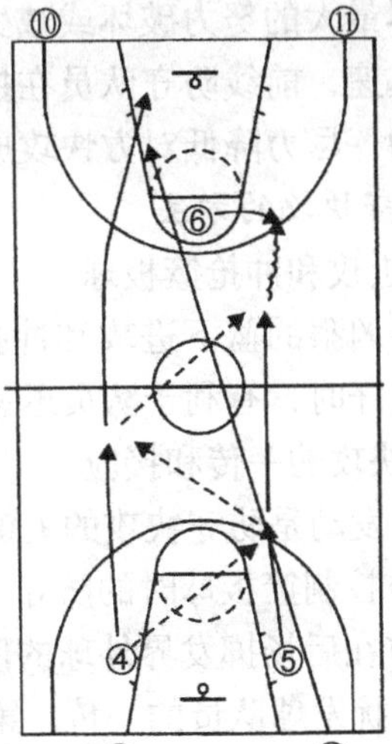

图3－48

练习四：如图3－48所示，二攻一加追防。④和⑤两人向前场快速推进，⑥进行防守。当④和⑤开始推进时，⑦追防，④和⑤力争在快速二攻一时结束进攻。如二攻一没有机会，⑦追防二攻二时，进攻可通过突破、传切、策应、掩护配合进攻。

（5）在对抗中五人快攻练习。

练习一：区域联防形成由守转攻的练习。如甲方进攻，乙方防守，练习时在半场攻守开始，乙方一旦获得球权便立即发动快攻。练习时，规定甲方进攻成功，则连续进攻；只有当甲方出现失误（如投篮不中），而乙方控制了篮板球、抢断球和违例后的掷发界外球等，乙方才能进行反击快攻。

要求：合理地分散队形，把球迅速输送给快速前跑的队员。

练习二：半场人盯人防守形式由守转攻练习。方法同练习一。

练习三：在教学比赛中练习快攻。为了便于组织快攻，防守先从联防开始，然后再练人盯人防守转打快攻。

练习四：在正式比赛中总结提高快攻的运用效果。

三、防守快攻

防守快攻是防守战术的重要组成部分，攻转守时期的防守，已成为衡量球队防守能力的重要标志之一。掌握防守快攻的方法，能制约对方的进攻速度，为本队按计划组织有效的防守争取时间。

在篮球比赛中，由进攻转入防守时，首先是组织力量阻止对方发生快攻。队员必须具有积极主动的思想，顽强的精神，沉着冷静的头脑，并能合理地应用封、夹、抢、断球等手段，尽最大的努力破坏或减少对方发动快攻。退守时要前后照应，后线防守队员退守一定要迅速，前线防守队员在控制对方发动快攻后也要快退，同时还要提高后场以少防多的能力，尽力降低对方快攻成功率。在此基础上迅速组织阵地防守战术。

（一）防守快攻的方法

1. 篮下进攻和冲抢篮板球

通过内线凶狠的篮下进攻和冲抢篮板球，造成对方内线的压力，迫使外线队员回避，以便攻转守时，有利于队员迅速回防。

2. 封堵快攻的一传和接应

限制对方发动是防守快攻的关键，因此必须有计划有组织地封堵一传和接应。

（1）对方控制篮板球时的防守。阻挠快攻的第一道防线应从篮下开始。

（2）对方在后场掷发界外球的防守。常用方法有两种：一种是靠紧发球队员，用身体和手臂干扰发球队员的一传。第二种是放弃发球者，用两名队员对接应队员进行夹击，贻误发动的时间，其他队员迅速防守，迅速组织好防守阵式。

3. 控制对方的推进

当对方发动快攻后，前线防守队员不能只是后撤，应边撤边防，与对手保持一定距离，迫使对方减慢推进速度，并使对手不便于传球，从而有效地组织防守。

4．控制比赛节奏，提高投篮成功率

在特定的条件下，全力退守，预先站好防守位置，堵住快下队员的移动路线。

5．以少防多

当对方顺利地发动了快攻，并迅速地向前推进时，防守队员往往来不及全部退回，形成了以少防多的局面，这样对防守是不利的。但防守队员如能积极、顽强并合理地运用防守技术，互相弥补，也会获得成功。以少防多应重点注意防守篮下。

（1）一防二。防守队员首先要有顽强的精神，要沉着冷静，边防边退，退守中始终占据有利位置，并尽可能让运球和传球能力较差的队员推进，防守队员则积极移动和利用假动作干扰，给控制球队员造成压力和错觉，迫使对方出现错误，从而造成对方失误和延误进攻速度，以便为同伴争取退守时间。若以上手段均未奏效，防守队员应当占据篮下有利位置进行封盖，干扰对方投篮。

（2）二防三。防守的两名队员要积极移动，紧密配合，相互弥补。两人中应有一个对付控制球的队员，另一名队员应该选择合理的防守位置，做到既能控制篮下，又能兼顾两名无球进攻队员的防守。随着对方球的转移，两名队员的任务也相应改变。

根据进攻的情况，防守队形有三种。

第一种：如图3－49所示，二人平行站位，当对方⑤沿边线推进时，❹和❺可采用平行站位法，❹重点防守⑤，❺则选择有利于防守④和⑥的篮下内侧位置。当⑤把球传给④时，❺向中路堵④，❹立即撤下向篮下并同时注意⑤和⑥的行动。

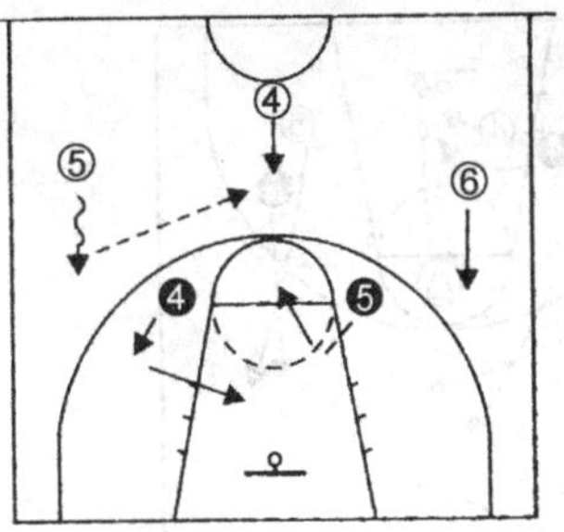

图3－49

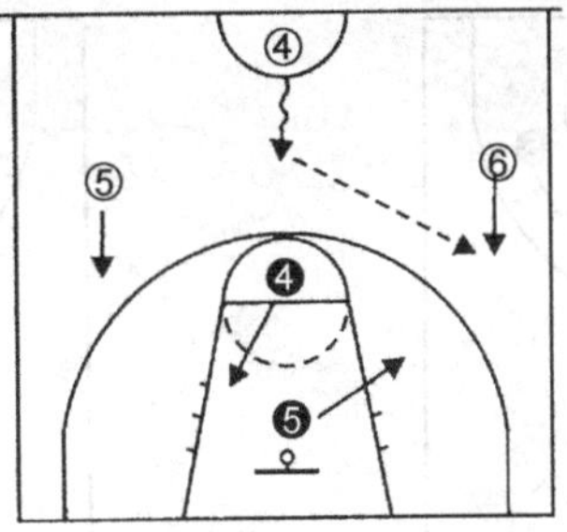

图3－50

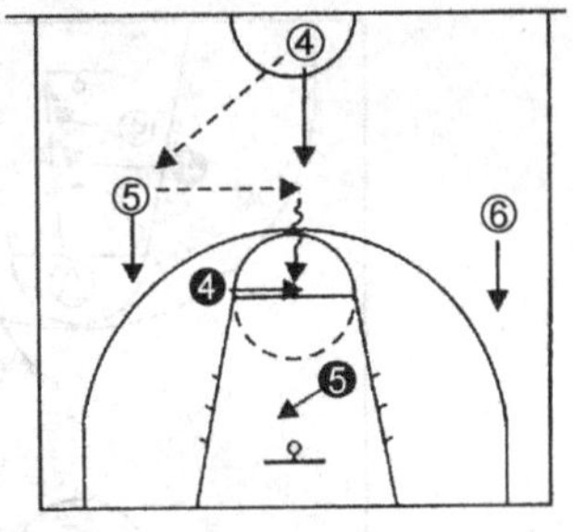

图3－51

第二种：两人前后重叠站位。如图3－50所示，当对方④从中路运球推进，⑤和⑥沿边线快下时，❹在前堵截中路，❺在后兼顾⑤和⑥的行动，当④把球传给⑥时，❹则前去堵⑥，❹后撤篮下兼顾④和⑥。

第三种：二人斜线站位，队形如图3－51所示，当对方④和⑤进行短传推进时，❹

在前选择偏左的位置，并注意④和⑤的行动，❺则在后选择偏右的位子，形成斜线站位法。当④接球运球推进时，❹立即堵中路，不让④突破❺向篮下移动，并注意对⑤和⑥的防守。

（二）防守快攻的教学与训练

1. 教学与训练的建议

（1）教学防守快攻时，首先应把防守快攻的几个阶段和要求讲解清楚，使队员对防守快攻有初步概念。

（2）防守快攻的教学，应采用分解教学，把防快攻的发动、推进和结束分段进行，然后再进行整体防守的教学。

（3）在整个教学与训练过程中，应始终注意加强拼抢篮板球、防运球、补防、以少防多的技术和配合的训练。在防守中应分工明确，配合默契，根据落位情况，及时封一传，堵接应，防快下，有组织地迅速退守。

（4）在防守快攻的教学与训练中，应注意培养队员防快攻的意识，培养队员坚韧不拔的意识和拼搏作风。

（5）防守快攻与快攻的教学与训练应紧密结合，互相促进，不断提高攻守能力。

（6）通过教学比赛和检查比赛，不断总结、改进与提高防守快攻的质量。

2. 教学训练方法

（1）堵截快攻

练习一：二对二堵截快攻的发动与接应练习。如图 3－52 所示，△将球投向篮板，当④抢到篮板球时，❹立即上前挥臂封④的传球路线，而❺则去堵截⑤的接应。

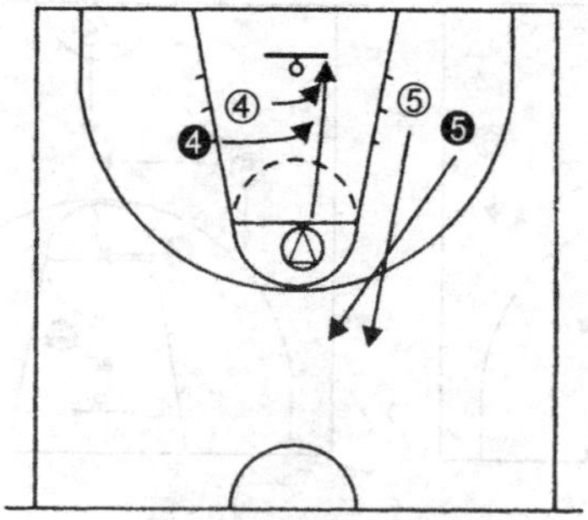

图 3－52

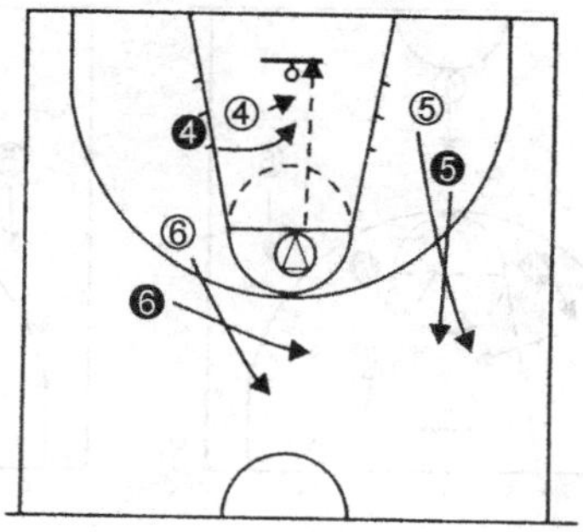

图 3－53

练习二：三对三堵截快攻的发动与接应练习。如图 3－53 所示，当④得到篮板球时，❹立即上前挥臂封其传球路线，⑤和⑥均未接应队员，❻堵截⑥的接应，❺堵截⑤的接应。

练习三：三对三夹击第一传。如图 3－54 所示，当④控制篮板球时，❹和❺一起夹击④的球，❻放弃快下前跑的⑥，而去堵截⑤的接应。

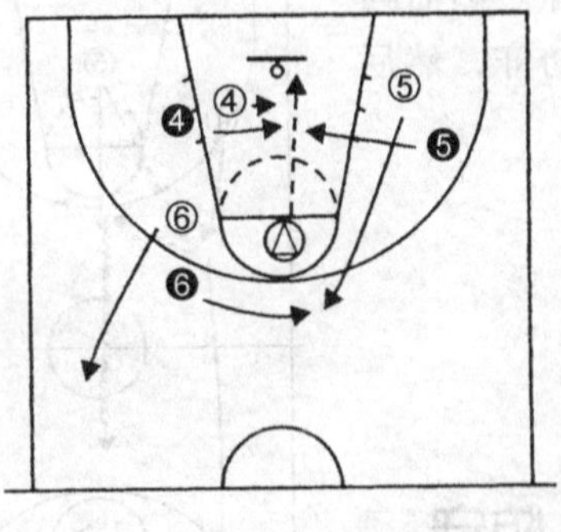

图 3－54

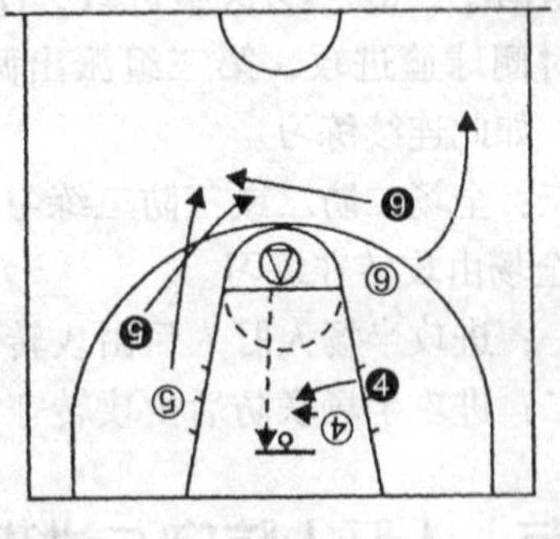

图 3－55

练习四：三对三夹击接应队员。如图 3－55 所示，当④控制篮板球时，❹上前挥臂封其传球路线，⑤插上接应，⑥快下，这时❻放弃⑥，与❺协同夹击接应的⑤。

（2）防守快下队员。

如图 3－56 所示，△将球掷向篮板，⑥和⑤快下，而❺和❻也随着快退控制后场，△掷球后立即上前抢到篮板球，长传给偷袭的快下队员，❺和❻尽力断获长传球。

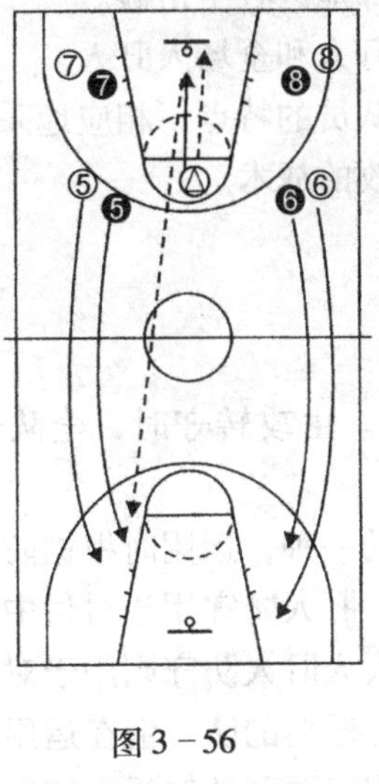

图 3－56

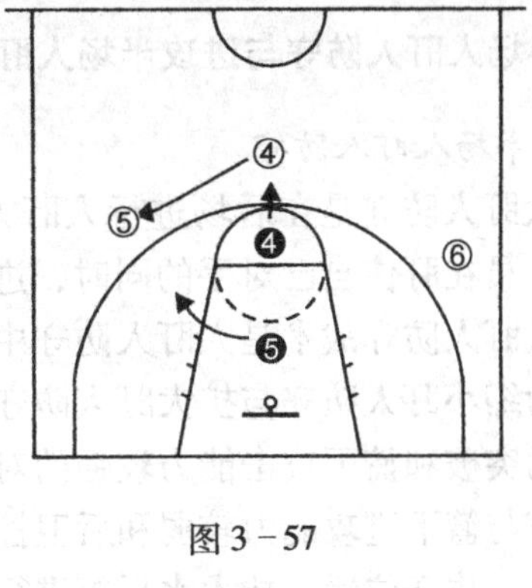

图 3－57

（3）快攻结束时的以少防多。

练习一：半场一防二练习。如图 3－57 所示，当⑥把球传给⑤并由⑤运球推进时，❺则从稍偏⑤一侧退守，在退守中要利用假动作干扰对手，当⑤又把球传给⑥时，❺立即移动到稍偏⑥一侧。

练习二：全场二防三连续练习。如图 3－58 所示，④、⑤、⑥一组向⑦、⑧、⑨这组进攻，⑦和⑧防守。然后与⑨一起向对侧球篮进攻，第三组派出两名队员防守，然后三人反击。如此连续练习。

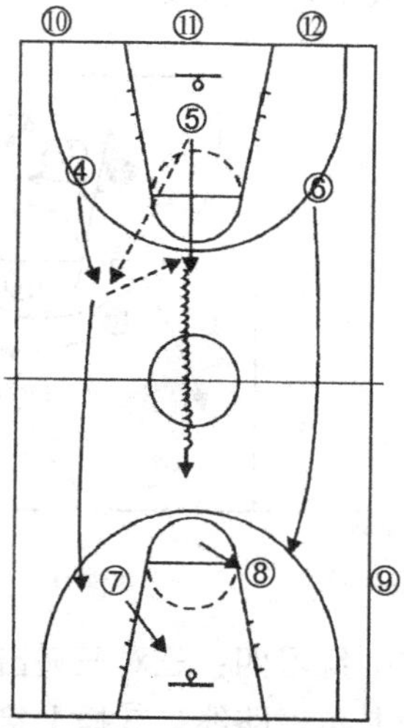

图 3－58

练习三：全场二防二或三防三练习。

（4）全场由攻转守练习。

练习一：进攻半场人盯人后由攻转守练习。

练习二：进攻半场联防后由攻转守练习。

第四节　人盯人防守与进攻人盯人防守

人盯人防守是每个防守队员盯住一个进攻队员，同时协助同伴完成集体防守任务的全队防守战术。

人盯人防守是运用最普遍的一种防守战术。它的优点是以盯人为主，分工明确，针对性强，便于发挥队员的防守积极性和提高责任感；它机动灵活，易于根据对方进攻情况，及时调动防守部署，有效地控制对方进攻重点。它的缺点是易被进攻队在局部地区各个击破。

根据防守的范围，人盯人防守战术可分为半场人盯人和全场人盯人。

进攻人盯人防守战术，是根据对方防守的范围及队员的特点，相应地采取不同的进攻队形，运用掩护、策应、传切、突破等组织全队进攻的战术。

一、半场人盯人防守与进攻半场人盯人防守

（一）半场人盯人防守

半场人盯人防守是在后场进行人盯人的防守战术。由攻转守时，全队迅速退回后场，每个队员在盯住自己对手的同时，进行集体防守。

半场人盯人防守战术是人盯人防守中运用得最多的一种，运用时根据防守的重点不同，可分为缩小盯人防守与扩大盯人防守，半场缩小人盯人防守用于对付中、远距离投篮不太准而突破和篮下攻击能力较强的对手。半场扩大人盯人防守则用于对付外围投篮较准、突破与篮下进攻能力较弱和后卫控制支配球能力较弱的队。但在运用时，都要根据队员身高、攻守位置、技术水平等进行合理分工，明确要盯的对手，按半场人盯人防守的基本要求，积极进行防守。

在防守时，要根据强侧（又称有球侧）与弱侧（又称无球侧）的不同，进行不同的防守。强侧、弱侧的划分，以假设球场中间纵轴线为界，有球一侧为强侧，无球一侧为弱侧。

强侧防守要求：球在正面罚球圈顶一带时，要错位防守站在能够控制对手接球的路

线上，积极阻挡对手接球，如图 3－59 所示。球在 45°角一带时，❺要侧前或绕前防守，防对手接球，❽要回缩到罚球线延长线上进行协防，如图 3－60 所示。

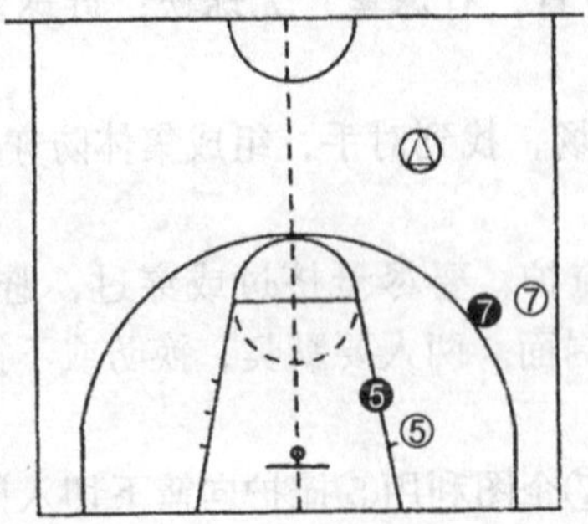

图 3－59

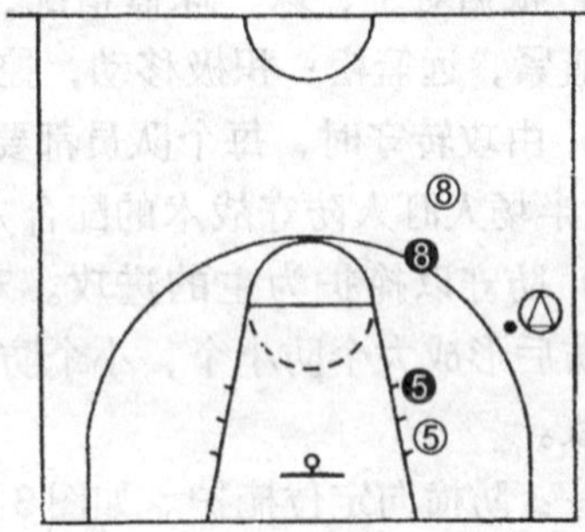

图 3－60

弱侧防守要求：如图 3－61 所示，球在正面罚球圈顶一带时，❹缩回，注意“关门”协防，❻向罚球线移位，注意对手和篮下。球在弱侧 45°角一带时，如图 3－62 所示，❹要回缩到罚球线的位置，❻要移动到篮下进行防守，防对方篮下进攻。

图 3－61

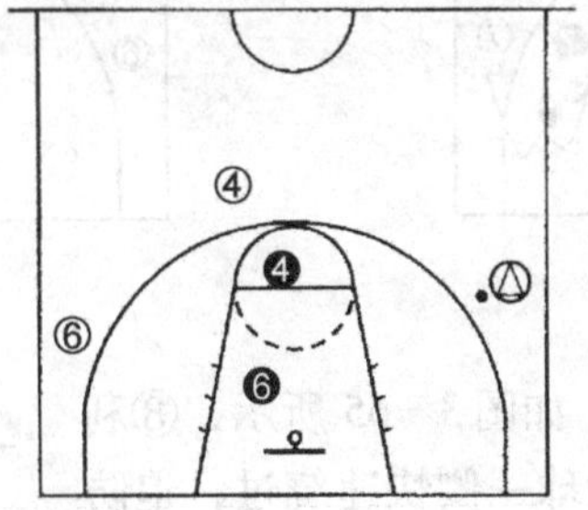

图 3－62

图 3－63

按球在强侧、弱侧进行不同的选位与移动，这样既能积极破坏对方进攻，又能有效地控制一定的范围，更好地完成全队防守任务。如图 3－63 所示，⑧持球时，❽紧逼❺、❼错位防守，不让⑤、⑦接球；❹后撤，❽向❽靠近，准备关门协防，防止⑧各中路突破；❻远离⑥靠近罚球线，补防腹地空档。

1．半场人盯人防守的基本要求

（1）防持球队员，一般要逼近对手，积极干扰对手的投篮、传球及运球，不让对方持球任意移动。

（2）防无球队员，应切断对方接球的路线和防止对方空切篮下，并及时调整位置，注意球的变化，随时准备协防。

(3) 防守要根据双方队员的身高、技术水平和攻守位置进行分工，尽量与对方力量相当。

(4) 根据对手、球、球篮情况，选择有利位置，有球紧，无球松；近球紧，远球松；近篮紧，远篮松；积极移动，控制对手。

(5) 由攻转守时，每个队员都要迅速退回后场，找到对手，组成集体防守。

2. 半场人盯人防守战术的配合方法

(1) 防守以掩护为主的进攻。对方横向侧掩护，要尽量挤过或穿过，避免换防，以免换防后形成大个防小个，小个防大个的被动局面。两人要默契，换防或不换防必须行动一致。

例一：防横向定位掩护。如图 3－64 所示，⑦企图利用⑤掩护向篮下切入接球，❼要尽量避免被⑤挡在底线，要积极挤过，堵截⑦向篮下切入的路线。

图 3－64

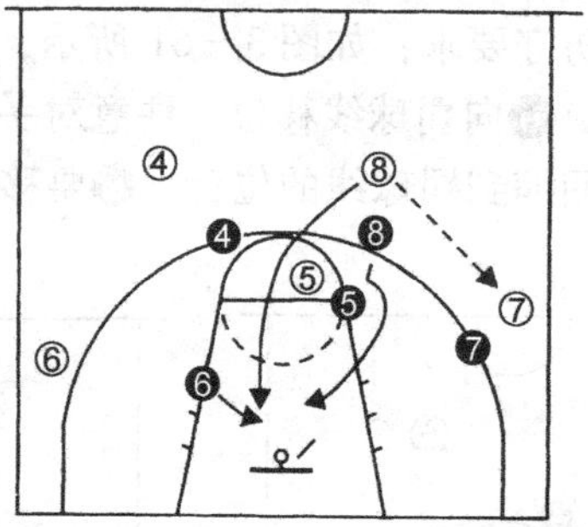

图 3－65

例二：防纵向定位掩护。如图 3－65 所示，⑧利用⑤掩护篮下纵切，❽应从近球一侧快速绕过，追防⑧；如对方借机高吊球给⑧，❻应补位断球。

例三：防双掩护。如图 3－66 所示，⑧利用双掩护从上线空切，如被❽挡住，则❼与❽要换防。如⑦罚球区横动，则❺立即换防⑦；❽防守⑤。

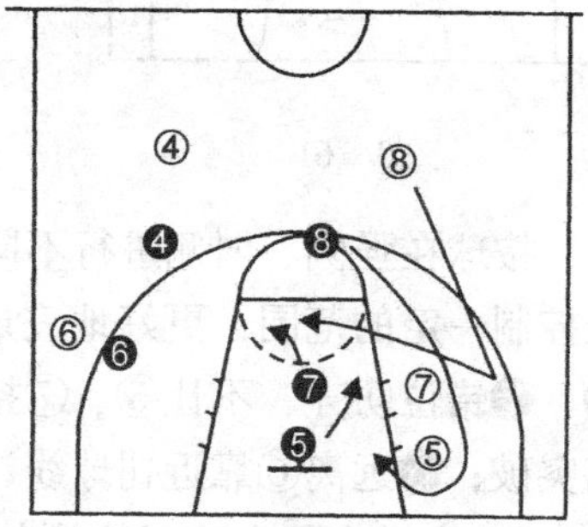

图 3－66

例四：防守"8"字运球掩护。对方运用"8"字运球掩护进攻时，如果对方的主要目的是掩护切入投篮，防守时可以缩小防区，松动防守或连续换人；如果对方的主要目的是通过连续运球掩护，压缩防区做中距离投篮；防守时则应防紧，多运用挤过、穿过跟防，破坏对方配合路线。如图 3－67所示，主要是防"8"字掩护切入，⑥传球给④并给④掩护，防④的❼应退后一步，利用穿过继续防守④；❻应同时后撤一步给❼让开通路。又如图 3－68 所示，对方的主要目的是压缩防区，制造中投机会，❻、❼、❽防中，当对方掩护交接球时，防运球掩护的队员，应上步迎前换防，破坏对方配合；当对方传球给④时，❼可突然断球反攻。

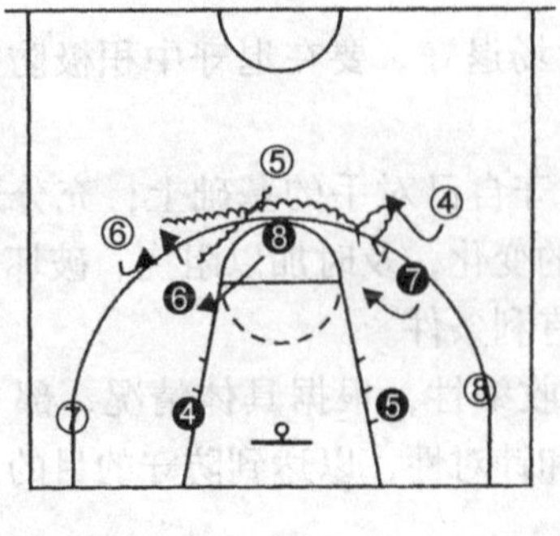

图 3－67

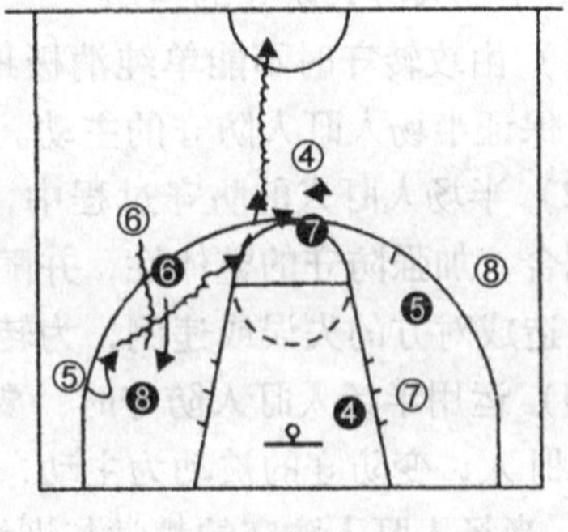

图 3－68

（2）防守通过中锋进攻。如果进攻中锋的身高、技术均强于防守队员，队员进攻重点是通过中锋，这就需要其他队员协助防守。

例一：防守单中锋进攻。当进攻中锋威胁很大，对方外围中投也较准时，对持球队员应紧逼，防其投篮，同时也积极干扰他向中锋传球。如图 3－69 所示，❼上前防守持球队员④，❺缩回协助❻，防守中锋队员⑥，当④传球给⑧时，❺上前防守⑧，❼缩回协助❻防守中锋队员⑥。

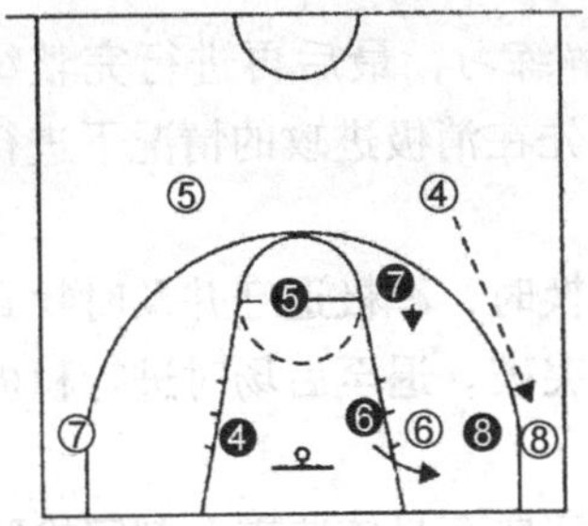

图 3－69

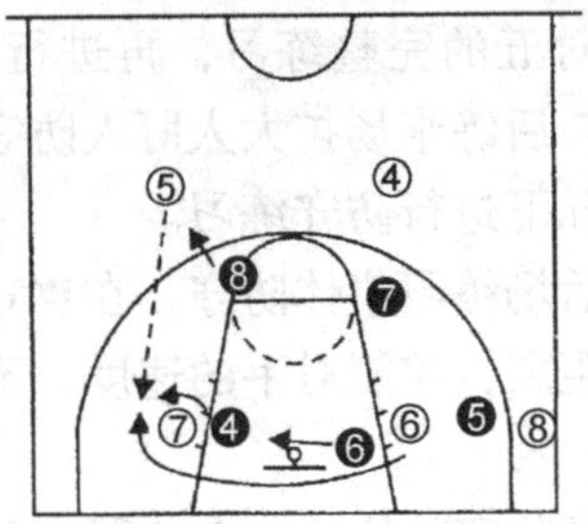

图 3－70

图 3－71

例二：防守双中锋进攻。双中锋进攻战术的变化，主要是两个中锋在篮下交替穿插和互相掩护寻找攻击机会。防守双中锋主要是破坏他们篮下的互相配合。如图 3－70 所示，⑤持球时，❽上前防守。⑥利用⑦掩护⑤的传球，❹和❻要及时换防，❹上前防守⑥，而❻防守⑦。

例三：防球传向中锋队员。如图3－71所示，当④持球时，❻错位紧逼⑥，❼绕前防⑤，切断④与⑤的配合，❽错位篮下负责断④传给⑤的高吊球，离球较远的❼应向限制区后撤准备补防。

3. 半场人盯人防守的运用

（1）由攻转守时不能单纯消极地由前场向后场退守，要在退守中积极防御，争取时间，保证半场人盯人防守的主动。

（2）半场人盯人的防守过程中，要在个人防守自己对手的基础上，充分运用防守基础配合，加强防守的整体性，并随着进攻配合的变化，及时加以阻挠、破坏，争取抢断球，造成对方的失误或违例，为转守为攻创造有利条件。

（3）运用半场人盯人防守时，要强调防守的收缩性，根据具体情况，部署紧逼或松动的盯人，变防守的被动为主动，加强攻击性和针对性，以达到防守的目的。

4. 半场人盯人防守的教学与训练

（1）建议。

1）通过示范、讲解使队员了解半场人盯人防守的战术方法和基本要求，认识防守的重要性。

2）在提高个人防守能力的基础上，掌握防守配合的方法，提高防守配合意识，加强全体防守的整体观念。

3）根据队员的技术水平和练习时间，提出半场人盯人防守的练习任务和具体要求。

（2）练习方法。

方法一：开始采用半场五对五的完整练习，再进行分解练习，最后再进行完整练习。先练半场缩小人盯人防守，后练半场扩大人盯人防守。先在消极进攻的情况下进行防守练习，后在积极进攻的情况下进行防守练习。

方法二：结合全场退守至后场练习集体防守，在攻守转换时，积极退守并及时找到自己防守的对手，保持一定的距离，控制对手的速度，不让突破。退至后场时进行积极防守，逐渐增加防守的难度。

方法三：在教学比赛中提高防守的质量，在比赛中对防守要有具体要求。制定检验半场人盯人防守的检测指标、方法和评定标准，用以检查、评定教学训练效果，调控教学、训练过程。

（二）进攻半场人盯人防守

进攻半场人盯人防守战术是各种传切突分、掩护、策应等基础配合组成的全队战术。

1. 进攻半场人盯人防守的基本要求

（1）要根据本队队员的身体条件、技术水平，选择进攻战术配合和适宜的战术队形，以便扬长避短，发挥本队的优势。

(2) 在组织战术中，应该注意各种进攻基础配合之间的衔接和变化，既要明确每个进攻机会，又要明确全队的进攻重点，还要保持进攻的战术连续性。

(3) 组织进攻战术时，应该尽量做到内外结合，左右结合，要扩大进攻面，增多进攻点，增强战术的灵活性。

(4) 由防守转入进攻时，在前场要迅速落位，形成战术队形，立即发动进攻。

(5) 在进攻配合中，既要积极地穿插移动，又要注意保持攻守平衡。在进攻结束时，既要有组织地抢前场篮板球，又要有组织地进行退守。

2. 进攻半场人盯人防守战术的队形

(1) 2－2－1 队形。单中锋内策应落位，外线机动地通过中锋打法，如图 3－72 所示。

图 3－72

图 3－73

图 3－74

(2) 2—1—2 落位队形。三前锋机动打法，如图 3－73 所示。

(3) 2—3 落位队形。单中锋外策应落位如图 3－74 所示。

(4) 1—3—1 队形。双中锋上、下站位打法，如图 3－75 所示。

(5) 1—2—2 队形。双中锋篮下站位，如图 3－76 所示。

图 3－75

图 3－76

（6）1—4 队形。双中锋上提进攻打法，如图 3－77 所示。

（7）1—2—2 队形。马蹄形落位机动中锋打法，如图 3－78 所示。

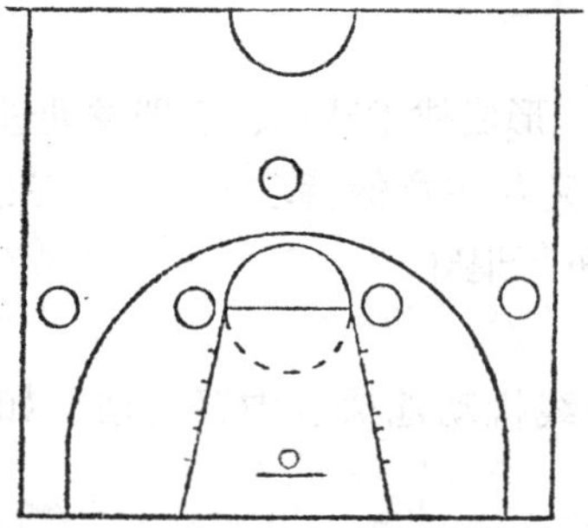

图 3－77

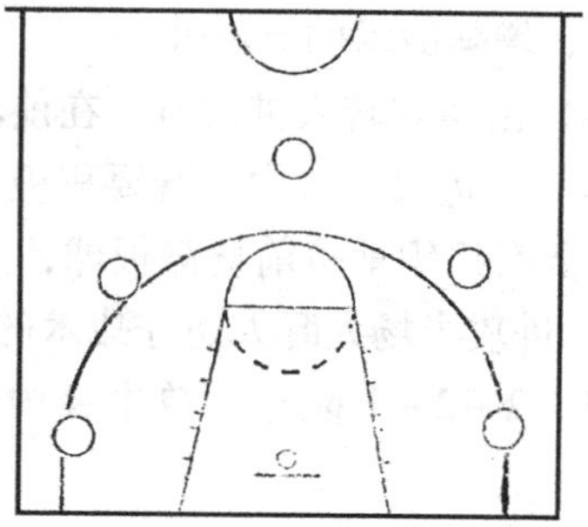

图 3－78

3．进攻半场人盯人防守战术的配合方法

（1）通过中锋进攻法。

通过中锋战术的首要任务，就是设法把球传给中锋，但要随时观察外围同伴活动情况，以便及时传球给机会更好的同伴投篮。

通过中锋进攻法一般有单中锋进攻和双中锋进攻两种。

第一种：单中锋进攻。如图 3－79 所示，⑤传球给⑥，⑦给⑤做行进间掩护，⑥策应传球给⑤投篮。⑦的移动目的：第一是拉空篮下，便于⑤切入；第二是给⑤掩护，当对方换人时，⑦转身切入⑥的球投篮，⑧跟进抢篮板球，⑥传球后也要冲抢篮板球。④向中间移动，随时准备退守。

第二种：双中锋进攻。如图3-80所示，横向移动利用定位掩护，采用“1—2—2”

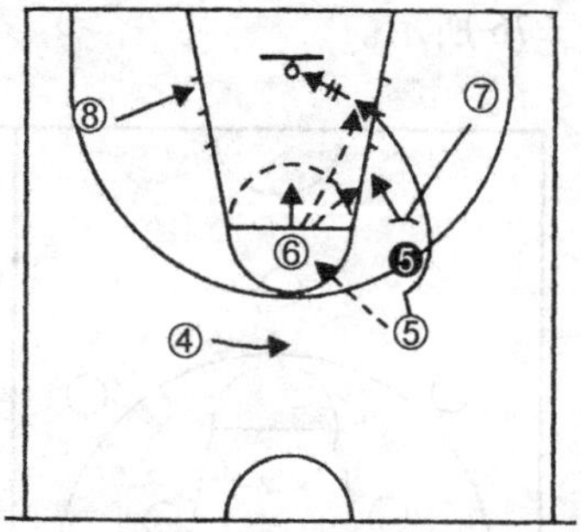

图 3－79

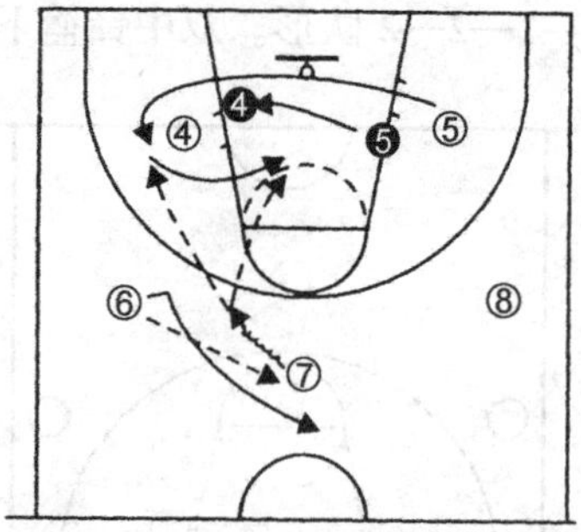

图 3－80

队形落位，⑥传球给⑦并向⑦身后绕切，⑦向左运球；同时二中锋⑤利用④作定位掩护，从④身后绕出。如❺被挡住，⑦即传球给⑤跳投；如❺跟防很紧未被挡住，⑤可继续从④外侧向罚球区切入，接⑦传球投篮。又如图 3－81 所示，采用“1—3—1”队形落位，⑦传球给④时，⑤可乘机向篮下切入，⑥同时向下移动，④则传球给⑤或⑥投篮。

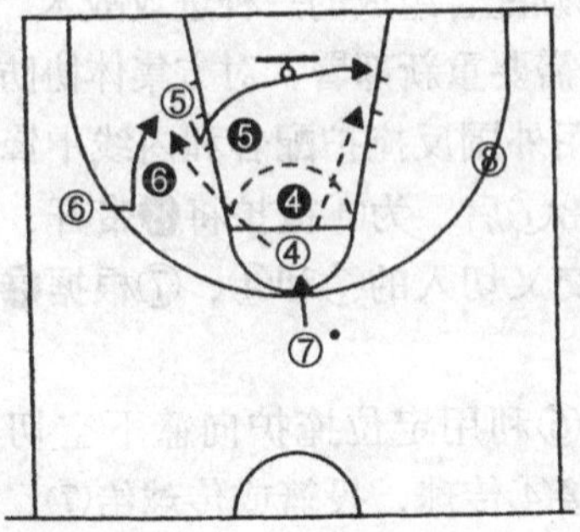

图 3－81

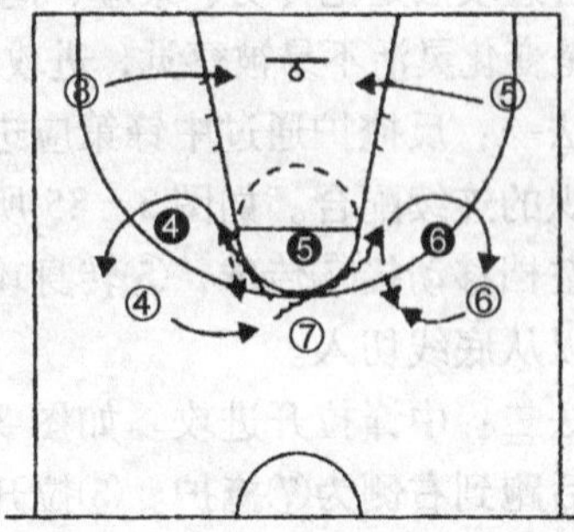

图 3－82

(2)“8”字掩护进攻法。

方法一：压缩对方防区，创造中投机会。如图 3－82 所示，防守队员移动跟踪，④、⑥、⑦运球掩护压缩防区，造成中距离投篮机会。当外围队员投篮时，⑧和⑤立即冲抢篮板球。

方法二：“8”字运球切入投篮。如图 3－83 所示，如果防守队员跟防很紧，外围三个队员利用运球掩护切入投篮。如果❺补防换人，切入的⑥可传球给⑤投篮。外围切入时，⑧、⑤要随时准备接应。

方法三：“8”字运球掩护，结合中锋定位掩护进攻。如图3-84所示，外围三人

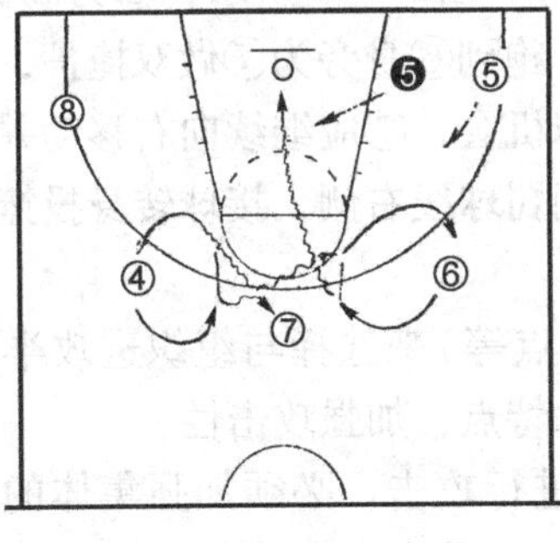

图 3－83

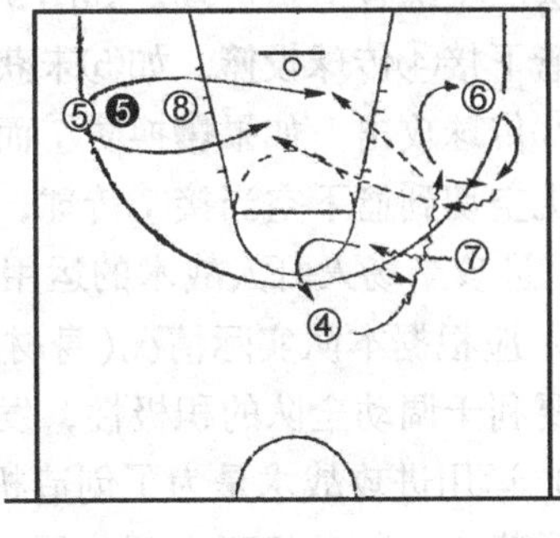

图 3－84

"8"字运球掩护时，⑤利用中锋⑧做定位掩护向篮下切入；外围运球掩护的队员不仅要注意自己的投篮时机，还要随时注意将球传给⑤和⑧。

运用"8"字运球掩护战术的要求：三人行动配合要协调，保持节奏，继续进行，抓住战机，运球切入或中投；要随时注意传球给篮下没有防守的同伴。

（3）综合进攻法。

综合进攻法是把传切、策应、掩护、突分等基础配合组成的一种进攻战术。这种战术的特点是变化灵活不易被察觉，进攻连续性强，不需要重新部署，对方集体协防困难。

方法一：反掩护通过中锋策应进攻。它是利用外围反掩护配合和内线中锋策应相结合而组织的连续配合。如图3－85所示，⑧传球给⑦后，为④掩护将❽带开，中锋⑤向罚球线空档移动接⑦传球，⑤转身攻击或传球给交叉切入的⑦和④；⑦根据❼的防守情况也可以从底线切入。

方法二：中锋拉开进攻。如图3－86所示，⑥利用定位掩护向篮下空切，未接到球，然后跑到右侧为⑦掩护。⑤拉开左侧到底面接④传球，投篮或传球给⑦。

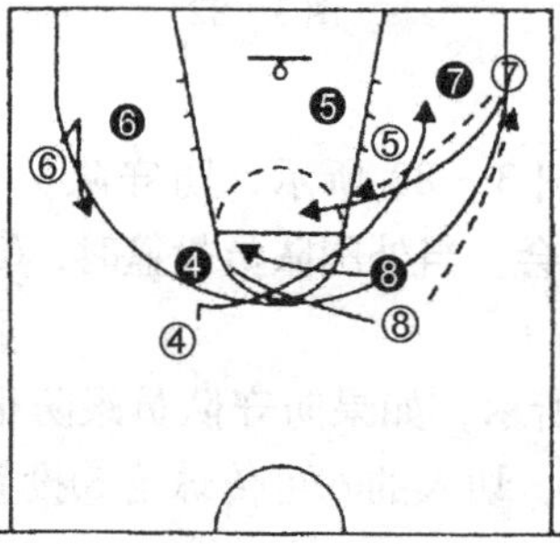

图3－85

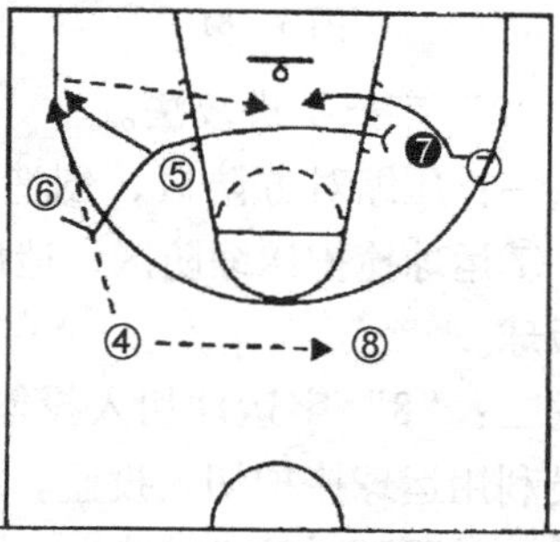

图3－86

方法三：综合掩护进攻。如图3－87、图3－88、图3－89所示，⑧为⑤做后掩护，⑤切向篮下接④传球投篮。如⑤未获得攻击机会，跑到⑥身旁为⑦做双掩护，⑦向篮下切入接⑧传球攻击。如果❻换防⑦而破坏了⑦接球机会，⑦应继续向右移动并接球，中锋应乘机空切到篮下空当接⑦传球，投篮或插上到罚球线右侧，接球转身投篮。

4．进攻半场人盯人战术的运用

（1）应根据本队实际情况（身材、技术水平、特点等）来选择与组织进攻半场人盯人战术，要利于调动全队的积极性，发挥队员的技术特点，加强攻击性。

（2）运用进攻战术是为了创造机会，有效地进行攻击，必须加强集体的观念，迅速按阵形落位，注意相互之间位置、距离的关系，以及配合方法的发动、节奏、变化等，保证整个战术方法的顺利进行。

（3）在运用进攻战术中，要掌握好攻击时机，既要依靠集体力量，也要发挥进攻

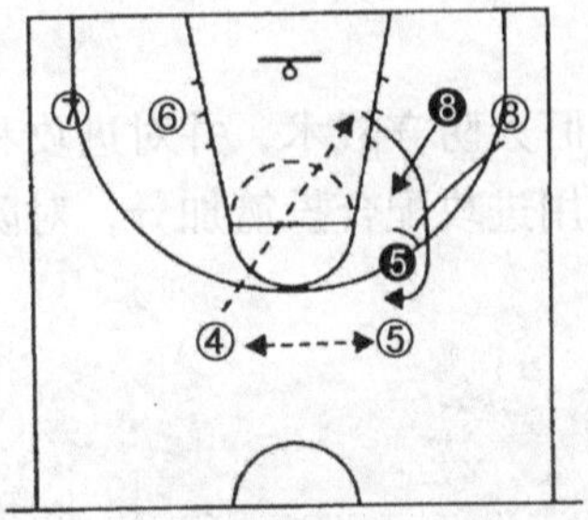

图 3-87

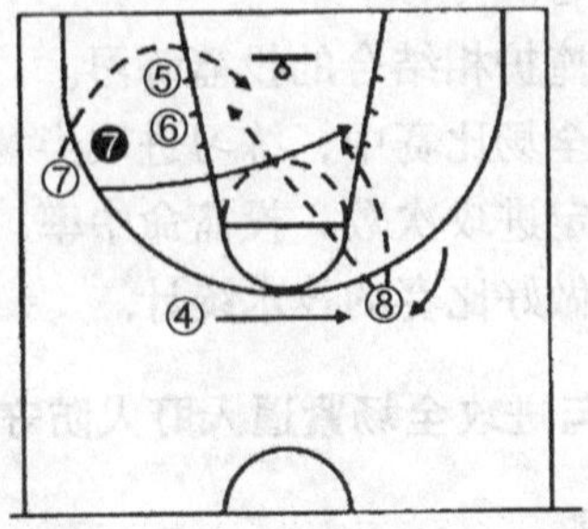

图 3-88

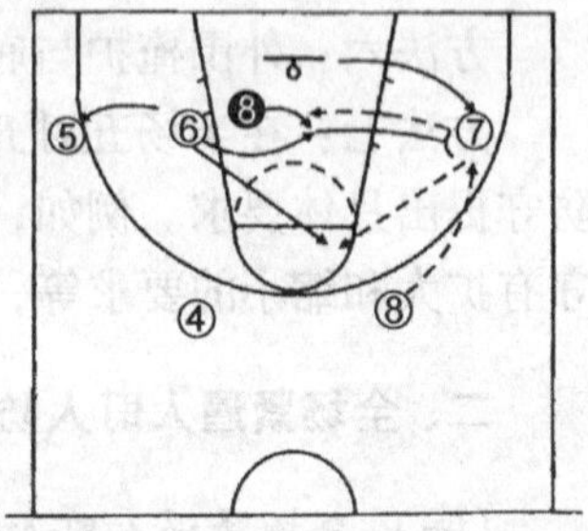

图 3-89

能力，正确处理好集体配合与个人行动的关系。

5. 进攻半场人盯人战术的教学与训练

(1) 建议。

建议一：运用演示、讲解的方法，使运动员对进攻战术的队形、配合方法、配合方法之间的衔接和变化、投篮机会以及抢篮板球、退守等有一个完整、清晰的了解和认识，最后再进行实际练习，形成完整的战术概念。

建议二：进攻战术练习步骤。先采用完整练习，再进行分解练习，最后进行完整练习。在完整练习时，使队员明确进攻战术队形和职责分工，熟悉战术路线和进攻机会；在分解练习时，要按照进攻战术中配合方法的先后顺序分解，熟悉战术配合方法以及战术配合之间的衔接和变化。

建议三：开始在假设性的防守或消极防守的情况下进行练习，要对防守提出具体要求，以便更好地配合进攻练习。在进攻队员基本掌握战术方法之后，要采用积极防守，要求防守队员给进攻队员制造各种困难，积极干扰和破坏进攻。

建议四：在进攻战术练习中，队员要耐心地进行进攻配合。

建议五：制定检测与评定进攻战术训练质量的指标与方法，以便更好地控制进攻战术教学训练过程。

(2) 练习方法。

方法一：各个位置的投篮和运球突破投篮练习。

方法二：不同位置的摆脱接球练习，包括摆脱防守“弹出”接球、摆脱防守反跑空切篮下接球、摆脱防守插中策应接球。

方法三：传球后，做切入篮下的移动、做围绕策应的移动、做反掩护移动练习，如不能直接传球，做与同伴运球交叉掩护的移动练习。

方法四：运球突破分球练习。运球从底线突破分球、运球，从45°突破分球、运球，从罚球线弧顶分球。

方法五：策应配合投篮练习。

方法六：外围掩护与底线掩护相结合的投篮练习。

方法七：在半场五对五和全场比赛中，练习进攻半场人盯人防守战术，并对进攻和防守提出具体要求。例如，规定进攻次数、投篮命中率，运用进攻配合投篮加分，对防守有扩大和缩小的要求等，并做好比赛的技术统计。

二、全场紧逼人盯人防守与进攻全场紧逼人盯人防守

（一）全场紧逼人盯人防守

全场紧逼人盯人防守是指进攻转入防守时，防守队员在全场范围内分工负责，紧逼自己的对手，并利用各种防守配合破坏进攻的一种攻击性防守战术。

全场紧逼人盯人防守战术能充分发挥运动员的速度和灵活性，培养运动员积极主动、勇敢顽强的作风，以及提高运动员的身体素质和促进技术的全面发展。

1. 全场紧逼人盯人防守战术的基本要求

（1）由进攻转入防守时，全队思想要统一，行动要一致，每个队员要以先声夺人的气势，迅速找人，抢占有利的位置防住自己的对手。

（2）防守无球队员时，以防止或减少对手接球为主，人球兼顾，随时准备补防和断球。

（3）防守持球队员时，首先要防止对手投篮、切入和传球。当对手运球突破时，要迫使对手向边线运球，并设法使其早停球。当对方停球后，要立即贴近防守，封堵其传球。

（4）全队要有良好的配合意识，前后、左右要相互呼应，密切配合。

2. 全场紧逼人盯人防守战术的配合方法

全场紧逼人盯人防守一般分为前场、中场和后场三个区域。

（1）前场紧逼人盯人防守配合方法。

由于进攻转入防守的情况不同，所以，采用紧逼人盯人防守的方法也不一样。以防守对方在端线掷界外球为例，一般有三种紧逼防守的方法。

方法一：一对一的紧逼防守方法。如图3－90所示，当④掷界外球时，❹应立即上前紧逼，积极挥动双臂，注意观察④的传球意图，封堵传球角度，争取断球。同时场内的❺和❻要选择在⑤和⑥的侧前方位置进行防守，并根据⑤和⑥的移动不断调整位置，切断传球路线，争取造成④的5秒违例。❼可采取松动防守，保持一定的距离和角度，以便当④长传球时，及时断球或在❺和❻漏防时，要大胆放弃自己的对手及时进行补防。如果④将球掷进场内，防守持球（未运球）的队员应后撤一步，迅速调整防守位置和距离，堵中路，迫使对手沿边线运球，以创造夹击的条件。

方法二：夹击接球者的紧逼防守方法。如图 3－91 所示，④掷界外球时，❹放弃对④的防守，与❺夹击离球近的⑤，使其没有接球的机会。❹防守时，要面对⑤阻挠其接球，❺站在⑤的后方，防止④传高吊球，❻站在⑥的侧前面，切断其向球移动的路线，不让他接球。❼、❽站在对手的侧前面，在防住自己的对手的基础上，随时准备补防或断球。

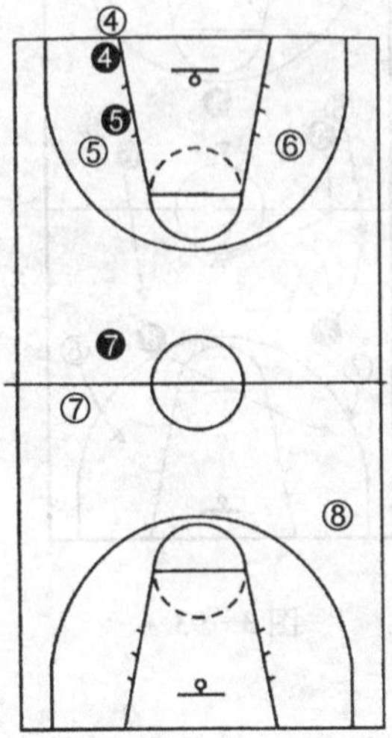

图 3－90

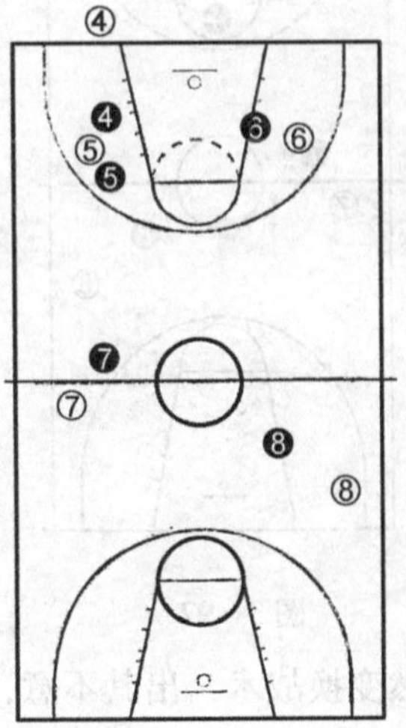

图 3－91

方法三：机动夹击的紧逼防守方法，如图 3－92 所示，当④掷界外球时，❹主动放弃④，充当“游击队员”，他可以站在两个接球队员的前面，也可以站在后面，但必须与❺和❻配合好，❹要判断④的传球意图，以及谁接球的可能性大，及时移动进行夹击或断球，❼和❽应站在⑦和⑧的侧方防守，随时准备断长传球和补防。如果对方已将球掷进场，而夹击又不成功，❹和其他队员应及时调整位置，恢复原来的紧逼人盯人防守。

（2）中场紧逼防守方法。

在中场防守时，防守队员运用补位、换防、夹击等配合方法破坏对方的进攻。如图 3－93 所示，⑤沿边线运球突破，❺紧跟防守。当⑤运球刚过中场时，❼突然上前迎堵，在中线的场角与❺形成对⑤的夹击。同时，离球较远一侧的防守队员要按顺时针方向移动调整防守位置，互相换防补位，并准备抢断⑤的传球。

（3）后场紧逼防守方法。

该方法基本上与半场扩大人盯人防守方法相同。

3．全场紧逼人盯人防守战术的运用

防守队应根据比赛双方的具体情况，选择合理的运用时机，并尽可能与其他防守战术综合运用。一般在以下情况使用：

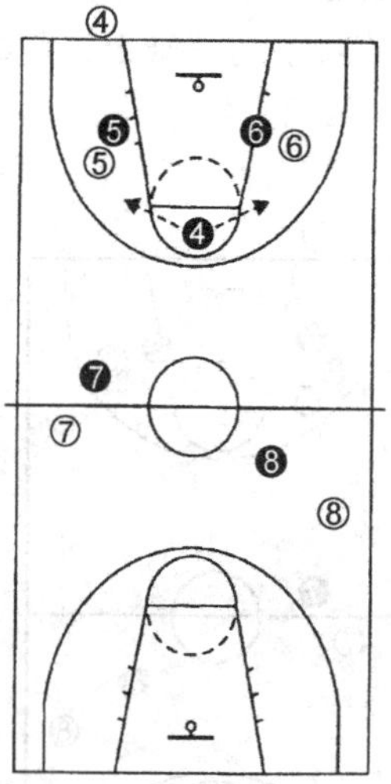

图 3－92

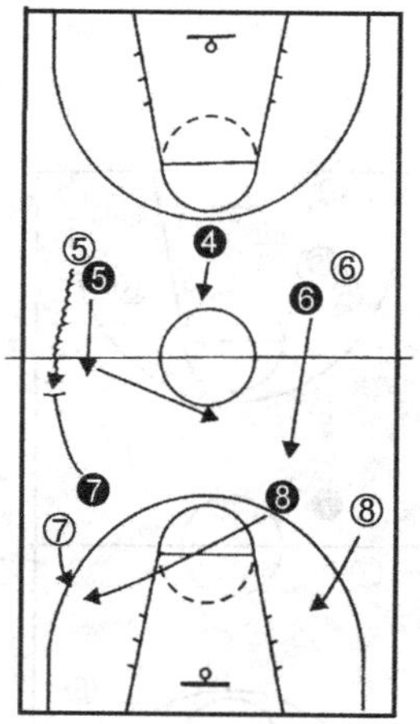

图 3－93

（1）突然变换战术，出其不意，攻其不备。

（2）速度快、灵活性高和体力较好的队员用以对付较差的对手时。

（3）对付经验不足或缺乏这方面训练的对手时。

（4）为了扩大战果或挽回败局时。

4．全场紧逼人盯人防守的教学与训练

（1）建议。

建议一：运用演示、讲解的方法使队员了解全场紧逼人盯人防守战术的方法、基本要求和运用策略。

建议二：在教学中，先分解教学，后进行整体战术教学；先进行两三人战术配合练习，后进行全队战术练习。

建议三：在训练中，要重视个人防守、基础配合和速度耐力的训练。

建议四：要培养运动员勇猛顽强的意志品质。

（2）练习方法。

方法一：二对二掷界外球练习。如图 3－94 所示，两人一组，教练员将球交给④为练习开始，❹、❺各盯自己的对手，❹为❺防守创造条件。或者❹放弃④，与❺配合夹击⑤，争取断球或 5 秒违例。

方法二：三对三掷界外球练习。如图 3－95 所示，④掷界外球，⑤、⑥可利用个人摆脱和互相掩护接发球，防守队员可利用以下三种方法防掷界外球，一是一对一紧逼；

二是❹放弃④，与同伴配合夹击离球较近而控制和支配能力较强的进攻队员，如图 3－97；三是❹放弃④充当“游击队员”，与同伴配合夹击接球可能性最大的进攻队员，争取断球和造成 5 秒违例，球掷进场后，防守队员要及时调整位置，利用紧逼、换防、抢前防守等方法破坏对方运球突破和掩护、策应配合。球过中线后，换下组练习。

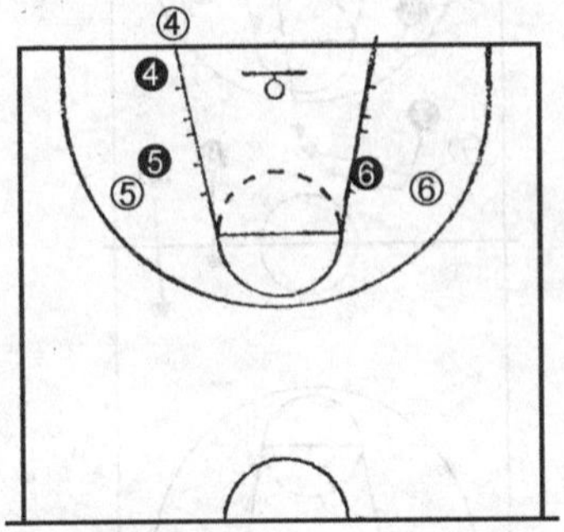

图 3－94

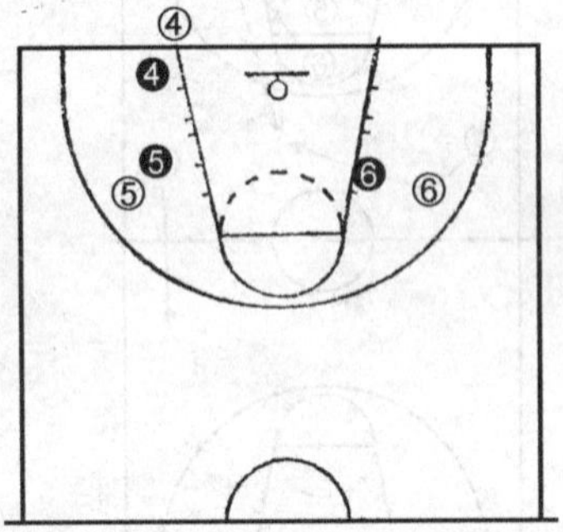

图 3－95

方法三：全场三对三、四对四、五对五攻守转换练习。从掷界外球开始防守，要求进攻队员利用传切、掩护、策应、突分等配合进攻，防守队员利用换防、补防、夹击等配合进行防守。

（二）进攻全场紧逼人盯人防守

1．进攻全场紧逼人盯人防守战术的基本要求

（1）当对方采用全场紧逼人盯人防守时，要沉着冷静，思想统一，行动一致。

（2）争取在对方尚未形成全场紧逼人盯人防守之前，采取快速反击，打乱对方的部署。

（3）在对方已经形成全场紧逼、人盯人防守时，要运用进攻配合，有针对性地组织进攻。

（4）在进攻过程中，要掌握进攻节奏，选择好攻击方向，减少盲目运球，在边角停球和运传球。

2．进攻全场紧逼人盯人防守方法

（1）进攻队形。

进攻队员的落位队形是进攻的准备阶段。它与进攻战术方法紧密相关。进攻队形一般有两种，一种是由防守转入进攻时，五名队员集中在后场，拉空前场，在后场组织固定进攻配合；另一种是五名队员分散在全场，利用防守的薄弱环节进行各个击破。

（2）进攻战术方法。

方法一：后场进攻方法。后场进攻的关键是掷界外球和接应掷界外球的进攻配合。

例一：当对方采用一对一紧逼防守时，如图 3－96 所示，④掷界外球，⑦、⑧分别

给⑤、⑥做掩护，⑤、⑥利用掩护摆脱防守，接④的传球进行快速反击。

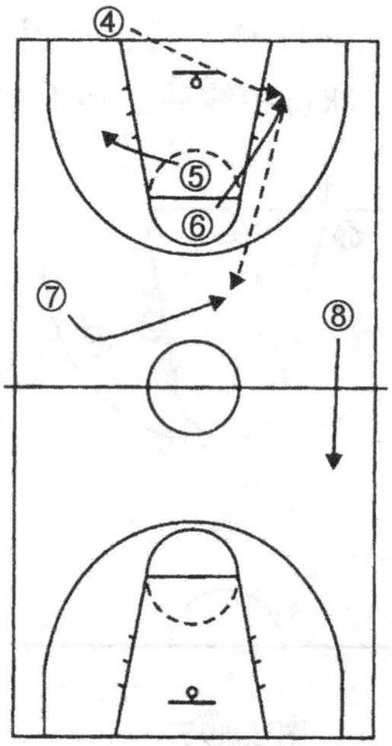

图 3－96

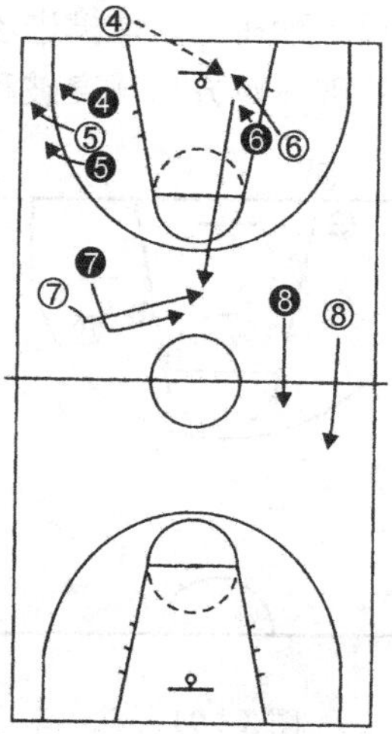

图 3－97

例二：当对方采用夹击紧逼防守时，如图 3－97 所示，❹放弃对④的防守，去夹击⑤，⑤、⑥应迅速在罚球线附近重叠站位，并相互掩护，突然拉开、摆脱防守去接球，④及时将球传给⑤或⑥。当⑥接到球时，⑦摆脱防守向中圈附近斜插接球，然后迅速运球突破进入中场。

方法二：当对方采用机动夹击防守时，如图 3－98 所示，④掷界外球，⑦和⑧分别给⑤和⑥做掩护，⑤、⑥利用掩护摆脱防守接球。

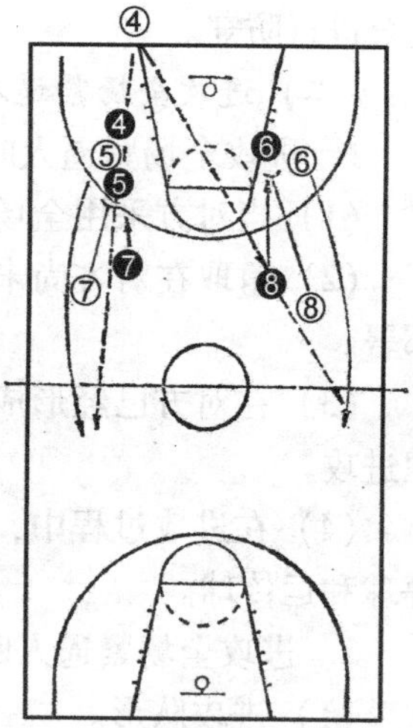

图 3－98

方法三：中场进攻方法。当球进入中场时，可以采用运球突破、传切、策应、掩护等配合向前场推进。

方法四：前场进攻紧逼人盯人防守，其方法与进攻半场紧逼人盯人的方法相同。

3．进攻全场紧逼人盯人防守的教学与训练

（1）建议。

建议一：运用演示、讲解的方法使队员了解进攻全场紧逼人盯人防守战术的方法和基本要求。

建议二：在教学中，先进行分解教学，后进行整体教学；先进行两三人进攻配合练习，后进行全队战术练习。

建议三：在训练中，要重视提高队员运用战术的能力和战术配合意识。

（2）练习方法。

练习一：如图 3－99 所示，④在端线掷界外球，❹和❺夹击⑤，要求⑤在 5 秒内摆脱防守，接到④的传球。④传球后，立即与⑤配合组织进攻，要求在 5 ~7 秒内把球推进到前场。第一组过中线后，第二组开始，依次进行练习。

练习二：全场五对五练习，要求由防守转入进攻时，要迅速布阵，按照既定的战术耐心地组织进攻。

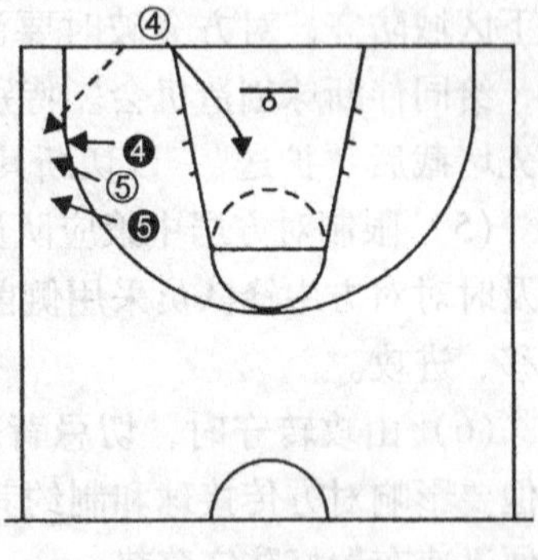

图 3－99

第五节 区域联防与进攻区域联防

一、区域联防

区域联防是在进攻转入防守时，防守队员退回后场，每名队员分工负责防守一定的区域，严密防守进入该区域的球和队员，并与同伴协同防守，用一定的队形，把每个防守区域有机地联结起来的一种集体防守战术。

这种防守战术在队员分工负责的基础上，体现以球为主，根据球在场上的转移变化，不断地调整防守位置，加强对有球区和篮下防守。它的站位队形是多种多样的，比赛中可根据对方进攻的特点，有针对性地选择运用。但是，由于受区域分工的限制，各种区域联防都存在一定的薄弱地区，容易被对方在局部区域以多打少。

（一）区域联防的基本要求

（1）场上五名队员必须协调一致，以球为主，及时地随球的转移而经常调整位置，不要太顾人，要形成一个整体防御。球在左角时，重点防左半场；球在右侧时，重点防右半场；球在中间，则重点防中间。

（2）联防区域的划分是为了使队员明确战术的职责和分工，而不应该成为移动时的限制。在某些特定的情况下，队员可以换区防守，也可以暂时放弃无球的、无进攻威胁的局部区域，以便集中优势兵力防守离球近的“危险区”的进攻队员。

（3）区域联防时持球队员要紧迫，即可按盯人办法防守，一旦对方接到球，防守者即应到位，严加控制，保持防守纵深队形，封锁禁区，不让持球队员突破和传球给内线防区。

（4）进攻队员向有球方向移动时要跟防，向无球方向移动时要交换防守，必须对进入罚球区的进攻队员严加防守，切断其接球路线，不让轻易接球、传球或投篮，加强篮下区域防守，对方突破时要注意阻挡其向外分球，封堵其传球角度，迫使他传高吊球，给同伴断球创造机会。特别要注意堵截对方进攻队员的背后插入，遇对方被插时，应先堵截后“护送”，以切断其接球路线。

（5）限制对方居中策应队员接球，是扩大防守控制区的关键。因此，要求防守队员及时对对方中锋队员采用侧前或绕前防守的方法，断其接球路线，以迫使对方在外围转移、进攻。

（6）由攻转守时，切忌背球低头退守。在失去球权后，应立即在前场进行干扰，不但要影响对方传接球和制约其发动快攻，还要伺机出击和抢、断球，逐步退回后场，以便迅速布置好防守阵势。

（7）在防守过程中，每名队员都必须站在预订的区域内，抬头屈膝降重心，手脚要不停地动，以便向各个方向积极主动、快速地移动。按照战术职责要求，集中精神，争取扩大控制面积，阻扰对方传球和跑动，促使对方产生错觉或在慌忙的进攻中产生失误。

（二）区域联防方法

1．区域联防的形式

区域联防的形式常用的有：“2—1—2”、“2—3”、“3—2”、“1—3—1”等，如图3－100、图3－101、图3－102、图3－103所示。

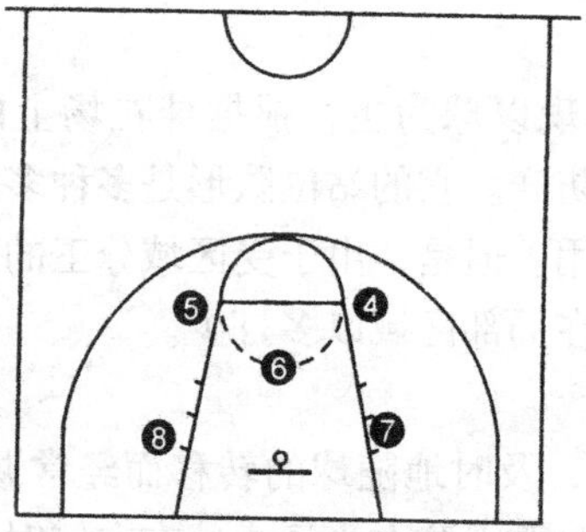

图3－100

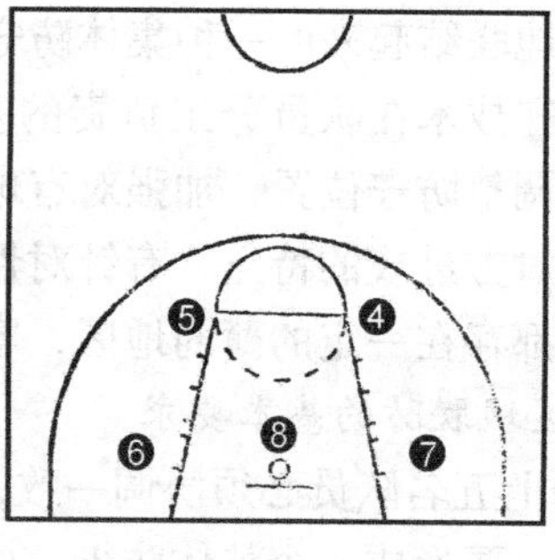

图3－101

2．区域联防的方法

（1）“2—1—2”区域联防。

1）“2—1—2”区域联防的优缺点。

如图3－104所示，五个防守队员分布比较均衡，移动距离近，便于相互协作，并能根据进攻队员的特点改变防守位置，变换防守队形，所以它是区域联防的基本形式。这种防守队形，便于控制篮下，有利于抢篮板球和发动快攻。但是，图中有斜线的1、2、3、4区是防守的薄弱地区，不利于防守。这些区域内的中远距离投篮，不利于在球场底角进行“夹击”防守配合。

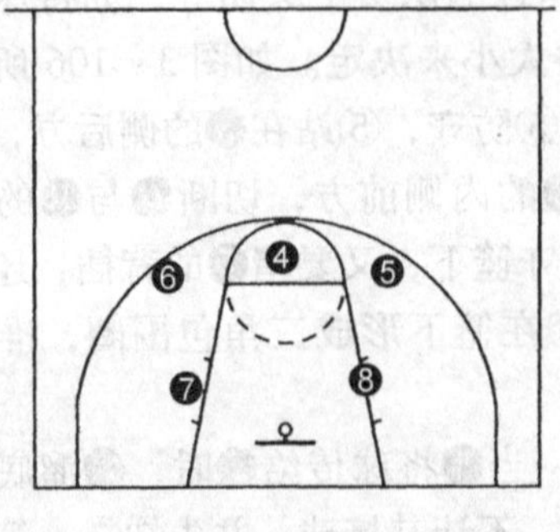

图 3－102

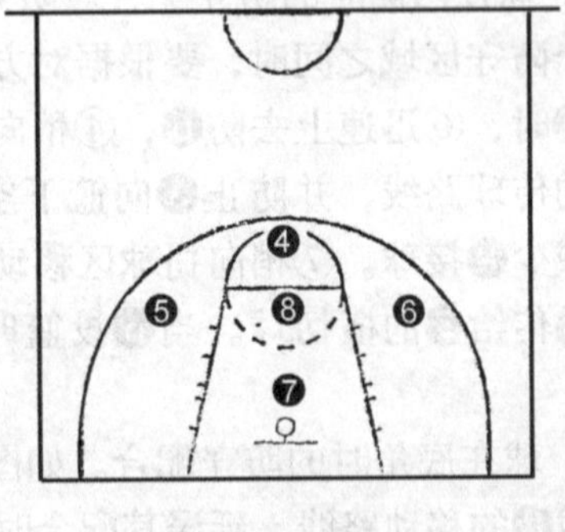

图 3－103

2）“2—1—2”区域联防各个位置的队员应具备的条件。

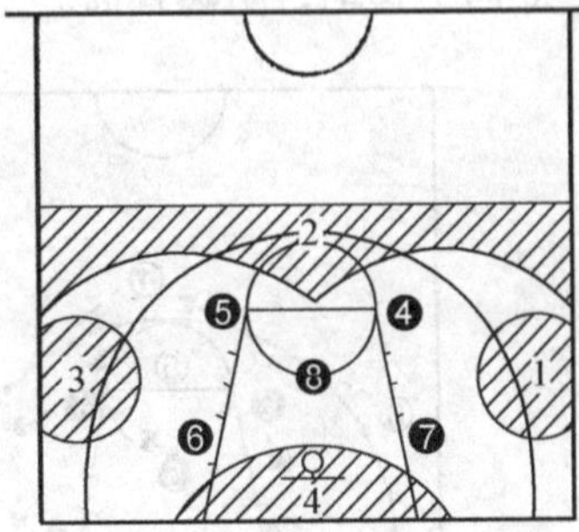

图 3－104

如图 3－104 所示，突前的④、⑤应是机智、灵活、快速、善于抢断球反击和组织快攻的队员。⑧应是身材高大、补位意识强、善于抢篮板球的队员。⑥、⑦则要求身材高大、技术较全面、具有争夺篮板球和发动快攻的能力。

3）“2—1—2”区域联防的方法示例。

a. 球在外围弧顶时的防守配合。如图 3－105 所示，❹持球时，④、⑥应根据对方的进攻阵形和对方中锋的位置决定两人的防守配合。④上去防❹，⑥要向右移动，协助防守❺，并准备抢断❹传给❻的球。⑤向上移动防守❺，⑦向上移动防守❼，并兼顾防守篮下，⑧防守❽的篮下活动。

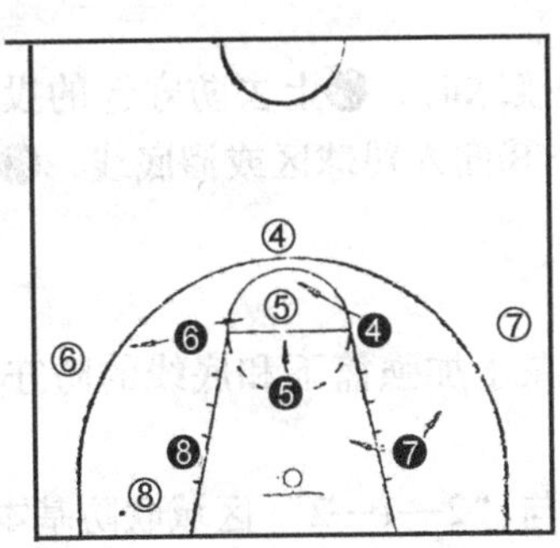

图 3－105

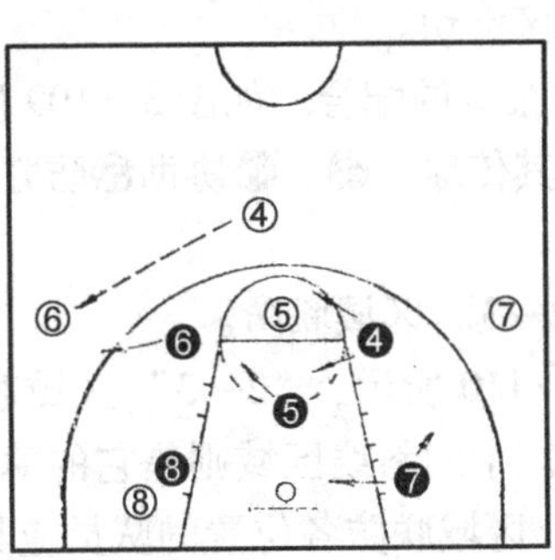

图 3－106

b. 球在两侧时的防守配合。防守时，应由离球近的队员上去防守，如持球队员处于两个防守区域之间时，要根据对方在底线的威胁大小来决定。如图 3-106 所示，❹传给❻时，⑥迅速上去防❻，④稍向下移动，协助⑤防守，⑤站在❺的侧后方，切断❻与❺的传球路线，并防止❺向篮下空切。⑧站在❽的内侧前方，切断❻与❽的传球路线，减少❽接球。⑦稍向罚球区移动，既要协助防守篮下，又要堵❼的背插，还要准备抢断❻传给❼的横切球。当❻投篮时，⑤、⑦、⑧在篮下形成三角包围圈，准备抢篮板球。

c. 球在底角时的防守配合。如图 3-107 所示，当❹将球传给❼时，❽溜底线，⑧应堵截❽的移动路线，延误其配合时间，并跟随❽，不让其接球，并告知⑦，等④回防⑦，⑦退回防❽时，⑧再回到原来的防守区域。⑤站在❺的侧后方，防其接球和篮下空切，⑥向下移动，防❻背插。

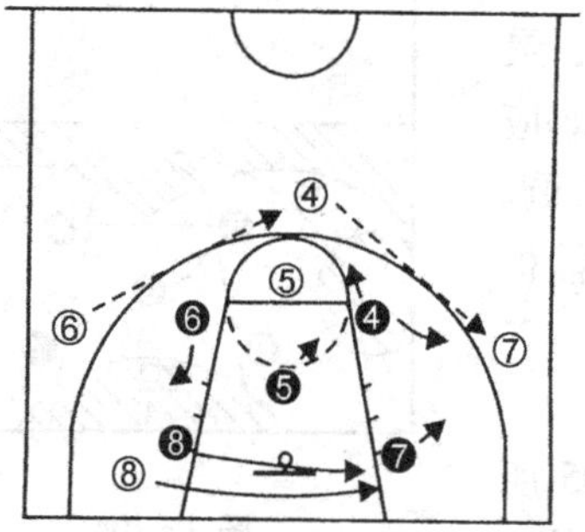

图 3-107

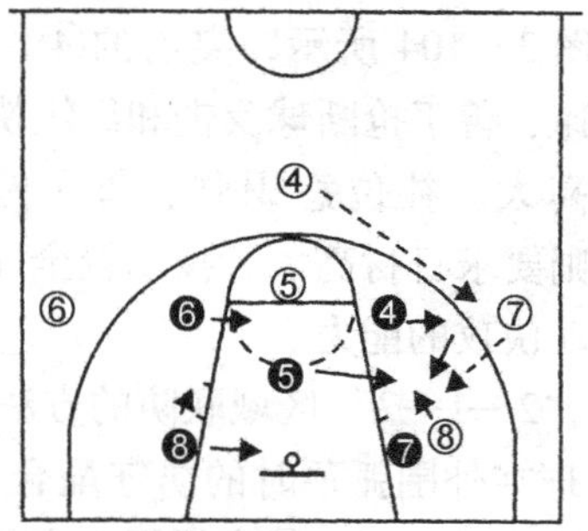

图 3-108

d. 防守底线中锋的配合。如图 3-108 所示，当⑦把球传给篮下中锋时，❹、❺向篮下移动，与❼协同围守、夹击⑧，❻向罚球区移动防⑤接球，堵截其向下空切，❽防止⑥向罚球区空切。

e. 防守策应的配合。如图 3-109 所示，当⑤接球时，❺上去防守⑤的投篮，运球突破，干扰其传球。❹、❻协助❺防守⑤，❼防止⑧插入罚球区或溜底线，❽防止⑥向罚球区空切。

(2)“2—3”区域联防。

如图 3-110 所示，“2—3”区域联防的优点在于加强篮下和底线的防守，有利于抢篮板球。图中的斜线区域则是它的薄弱区域。

“2—3”区域联防各位置的队员应具备的条件与“2—1—2”区域联防基本相同。

“2—3”区域联防的防守方法示例：

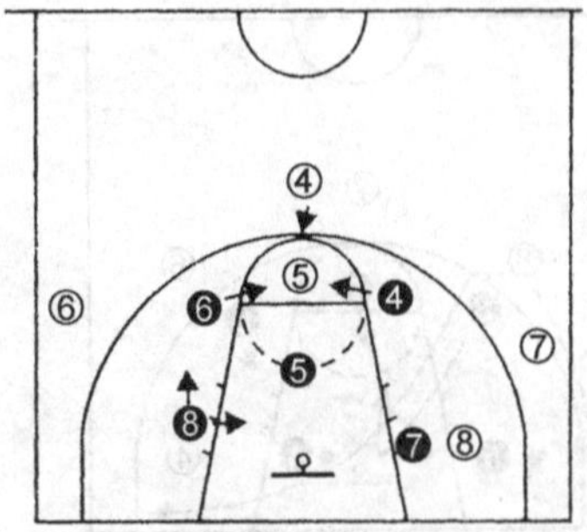

图 3－109

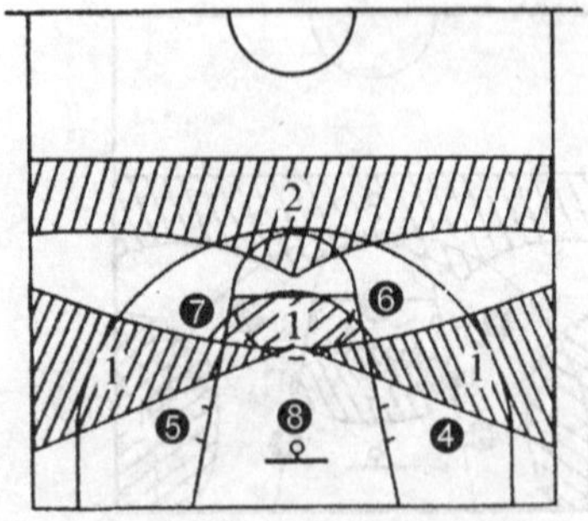

图 3－110

1）球在外围弧顶时的防守配合。如图 3－111 所示，④接球时，突前防守的❻、❼应根据对方的进攻队形和中锋的位置决定两人的防守配合。❻上去防④，❼要向中路移动，协助❻防守，❹、❺、❽防止⑤和⑧插入罚球区。

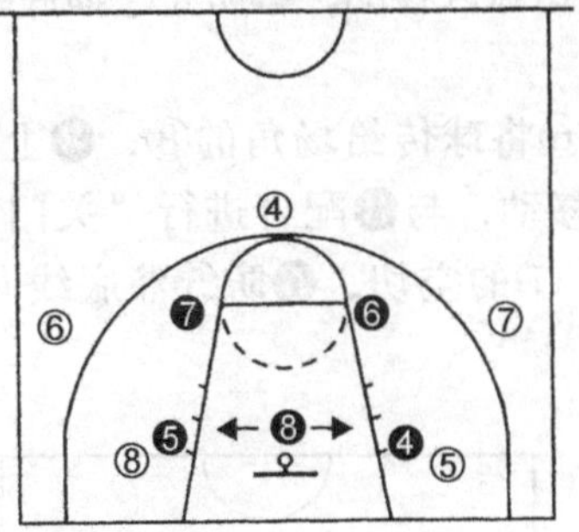

图 3－111

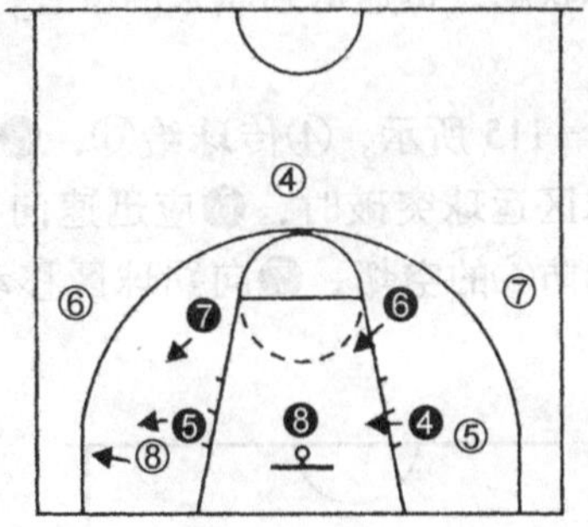

图 3－112

2）球在侧面的防守配合。防守时，应由离球近的队员上去防守。如图 3－112 所示，❼上去防守⑥，❻向罚球线的中间移动，防止④空切。❺站在⑧的前面，切断⑥与⑧的传球路线，❽站在⑧的侧后方，防止⑥传给⑧高吊球。❹站在⑤的内侧，防止⑤向罚球区空切。

（3）“3—2”区域联防。

如图 3－113 所示，“3—2”区域联防这种防守队形加快了外围防守，有利于防守外围中距离投篮和抢断球发动快攻。但是，图中 1、2、3 区是薄弱区，不利于防守两个场角的中距离投篮和篮下进攻，也不利于抢篮板球。

1）“3－2”区域联防各位置队员应具备的条件。如图 3－114 所示，❻、❼、❽为突前防守的队员，应是快速灵活、善于抢断球和反击的队员。在篮下两侧的❹、❺应是身材高大、善于在内线防守，并具有抢篮板球发动快攻的能力。

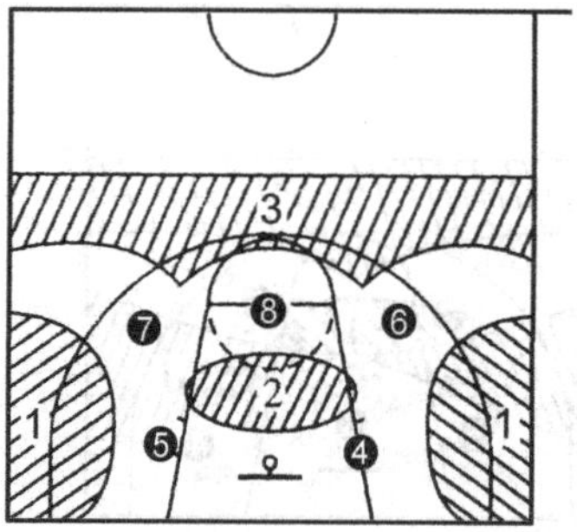

图 3－113

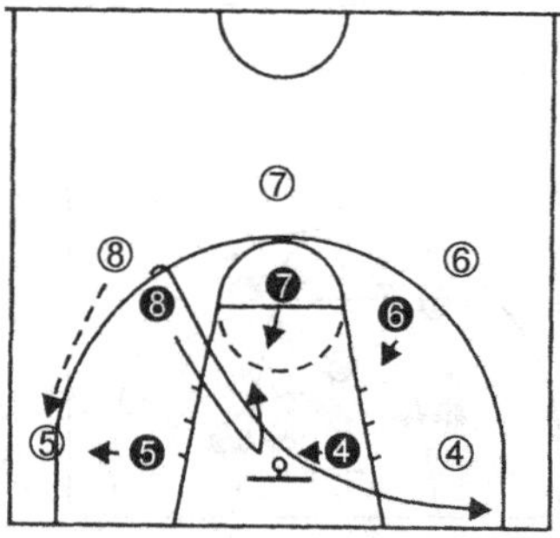

图 3－114

2）“3—2”区域联防的防守方法示例。

如图 3－114 所示，⑧将球传给场角的⑤，❺上去防⑤，⑧向篮下切入，准备接⑤的回传球，❽应堵截⑧向篮下切入的路线，防止其接球；当⑧未接到球向另一侧移动时，❽则不跟随，迅速退到原来的位置，❼、❽向罚球区移动，❹防止④溜底线或插入罚球区。

如图 3－115 所示，④传球给⑥，❻去防⑥，⑥将球传给场角的⑧，❽上去防⑧，当⑧向罚球区运球突破时，❻应迅速向有球一侧移动，与❽配合进行“关门”防守，❹向下移动防⑥的空切，❼向罚球区移动，防④、⑦的空切，❺防⑤溜底线向罚球区插入。

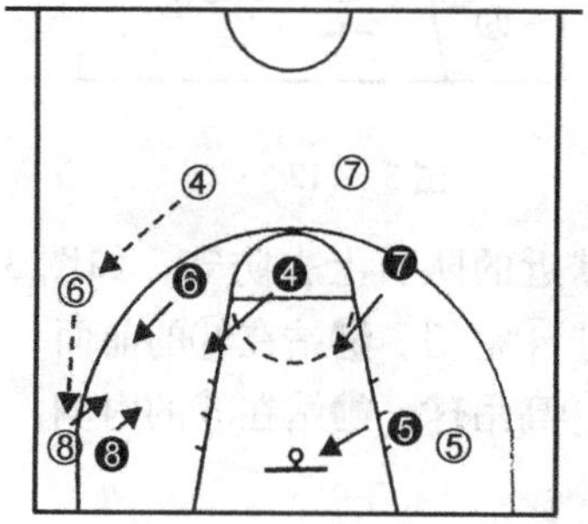

图 3－115

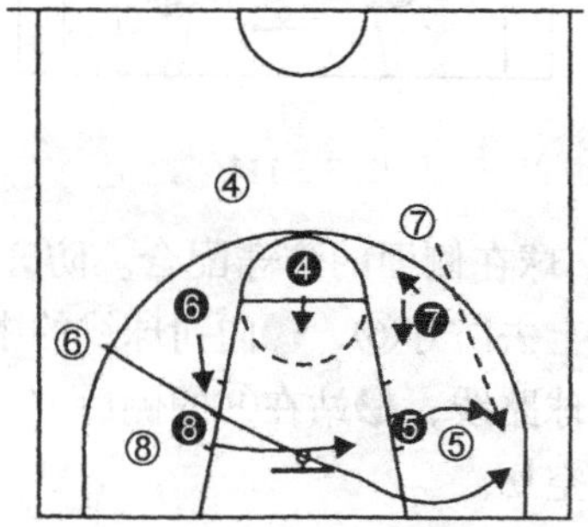

图 3－116

如图 3－116 所示，当⑦持球时，❼防⑦，⑥斜插到另一侧场角，准备接⑦的球，进攻队形由“3—2”变为“2—3”队形，在底线造成以多打少时，防守队员❻应堵截⑦的斜插，延误其接球的配合时机，然后，❻、❽、❺按逆时针方向轮换，❺防⑥，❽防⑤，❻防⑧，❹向下移动，防止④向篮下空切。

（三）区域联防的运用

1. 区域联防的运用时机

（1）当对方远距离投篮不准，内线威胁进攻较大时，区域联防是防守篮下进攻的一个很好的方法。

（2）当本队犯规较多，为了保持本队实力，减少犯规次数时，区域联防可以避免防守队员过多犯规。

（3）区域联防作为比赛策略的需要，在突然改用欲使对方不适应时。

（4）为了更好地组织抢防守篮板球和发动进攻时。

（5）如果本队的速度不如对方，采用区域联防可以控制对方的进攻速度。

（6）如果对方个子高大，但动作比较缓慢，本方有个子矮的弱点，采用区域联防可弥补。

（7）如果本队有几个位置防守比较弱，采用区域联防可弥补。

（8）在比赛结束而本队领先一两分时，为扩大战果，运用区域联防，可以迫使对方降低进攻速度，防范他们的投篮。

2. 区域联防的防守与退防

采用区域联防时，在由进攻转入防守的一霎那，首先应在前场进行干扰，制约对方快攻的发动，控制对方的进攻速度，以便有充裕的时间退防。在退防中，要按先内后外的原则，控制好篮下区域，严防对方切入篮下攻击，并尽快地组成完整的区域联防队形。

3. 运用区域联防时应注意的事项

（1）区域联防应由失球开始即组织全场防守。

（2）在前场失球时，要立即组织干扰，伺机出击抢断，以封第一传、堵中路突破、卡两边的防守进行配合，控制对方发动快攻，争取迅速退入半场阵地防守。

（3）在中场，可伺机组织边角的或对方运球停球地点的二夹一防守配合。

（4）阵地防守的落位，应随进攻队形而定，打破固定站位的形式，采取对位联防的形式。

（5）补位队形的变换，采取逆时针或顺时针轮换方式和局部“护送”相结合的原则。

（6）发挥夹击、抢断球和封堵传接球路线的威力，以破坏对方的习惯区域战术的攻击性。

（四）区域联防的教学与训练

1. 建议

（1）教学训练中，应以“2—1—2”区域联防为主要学习内容。因为这种队形队员分布均衡，相互之间的距离比较近，便于联系协作，并能根据进攻特点，比较容易变换防守队形。在掌握“2—1—2”区域联防的基础上，再教其他区域联防的形式。

（2）在进行讲解示范时，首先要讲清区域联防的队形和战术配合方法的完整概念。

（3）为了便于学习区域联防，应将区域联防的主要配合方法进行分解教学，提高队员之间的相互配合以及运用技术的能力。

（4）在全队练习时，先练跟球移动的防守，后练随进攻队员移动的防守，再练随球和进攻队员同时移动的防守；先在消极进攻的条件下，后在积极进攻的条件下进行练习。

（5）在掌握区域联防战术之后，应在全场进行练习，把区域联防与篮板球快攻结合起来，把进攻转入防守结合起来进行练习。

（6）在熟练地掌握一种区域联防战术队形的基础上，学习区域联防的队形变换。

（7）通过比赛巩固和提高区域联防战术质量。

2. 练习方法

（1）二防二的移动协防练习。

如图 3－117、图 3－118 所示，④和⑤相互传球，当④有球时，❹上前防守，❺进行协防；⑤有球时，❺上前防守。进攻队员⑤处于底角，❺上前防守时，要注意防守底线突破。

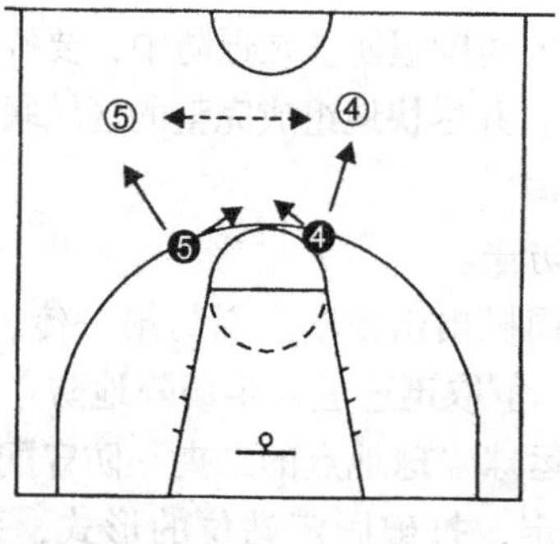

图 3－117

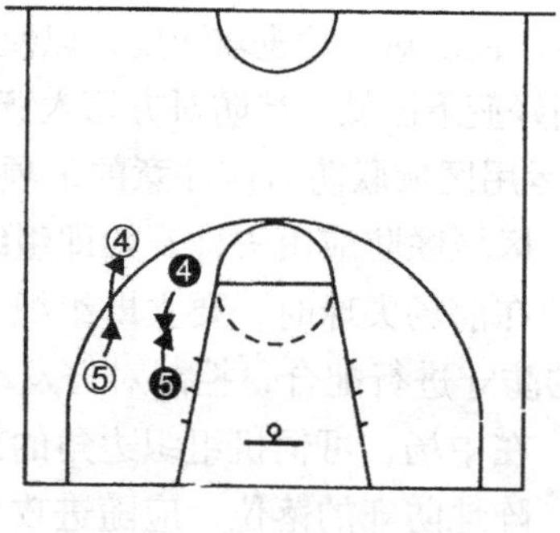

图 3－118

（2）二防三移动补位练习。

如图 3－119 所示，④、⑤、⑥在外围传接球，❹和❺进行移动补位防守，④有球时，❹上前防守，④传球给⑤时，❺上前防守，④向中间移动，❺和❹纵向站位，并观察传球方向，如果⑤传给④时，❹应上前去防守，进行补位。球在⑥手中时，移动的方向相反。

（3）围守中锋练习。

如图 3－120 所示，进攻队员④有球时，❹上前防守，❻移向对方中锋⑥的右侧防守，❺后撤至⑥的左侧协防，⑤有球时，方法相同，方向相反。

（4）移动补位换防练习。

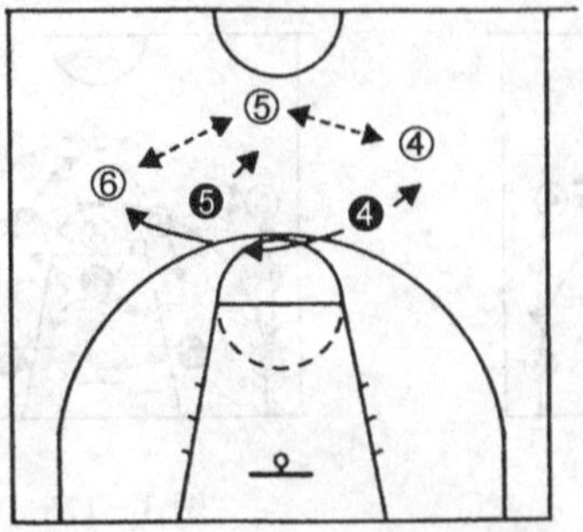

图 3－119

图 3－120

如图 3－121 所示，进攻队员⑤传球给④，❹上前防守，④传球给⑧时，❽上前补位，❹随球的转移，迅速回防⑧，❽退回本区，并协助❹防守⑧。当⑧回传球给④时，❽仍要上移，控制⑧的接球，以防⑧接球后进攻。

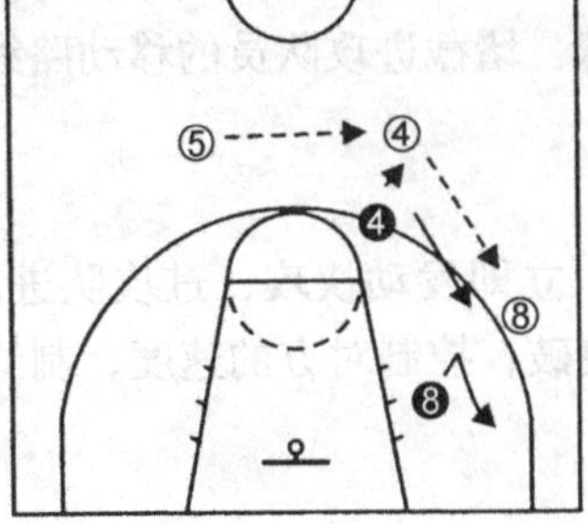

图 3－121

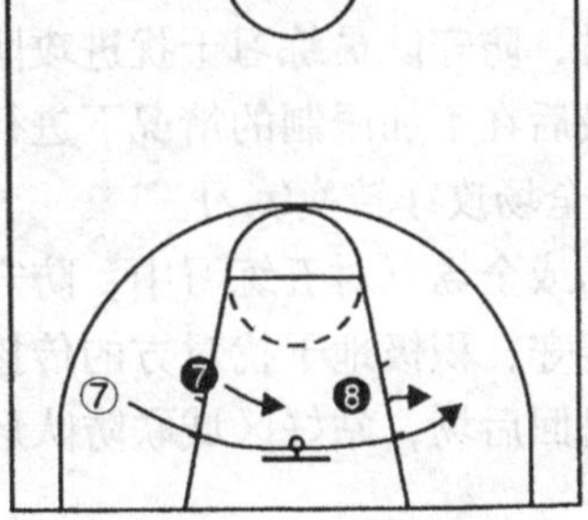

图 3－122

（5）底线交接防守练习。

如图 3－122 所示，进攻队员⑦溜底线时，先由❼跟堵到篮下另一侧❽所在位置时，交给❽继续防守。

（6）四对四防空切练习。

如图 3－123 所示，④、⑤、⑥、⑦相互传球，④有球时，⑥、⑦可向篮下摆脱和底线移动；⑦有球时，④、⑤、⑥可向篮下摆脱，另一侧相同。要求防守队员对持球者上前防守，其他队员协防，并根据进攻队员移动方向堵卡。

（7）四防五练习。

如图 3－124 所示，进攻队员相互传球，⑧有球时，❼上前防守，❺、❻向篮下移动，并注意⑥和⑦的背插、溜底。④有球时，❹上前防守，其他队员协防。当④传球给⑤时，由❺过渡防守，❹再及时去防⑤，❺侧移协防。

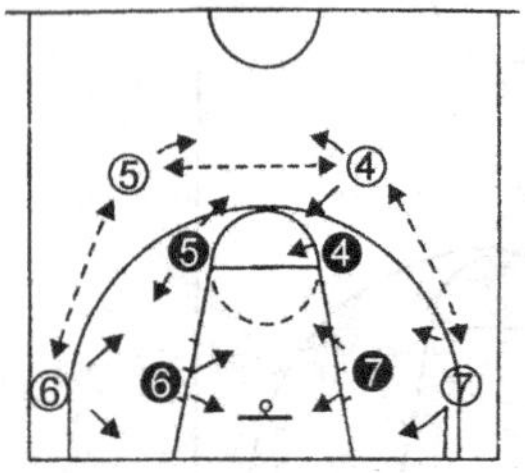

图 3－123

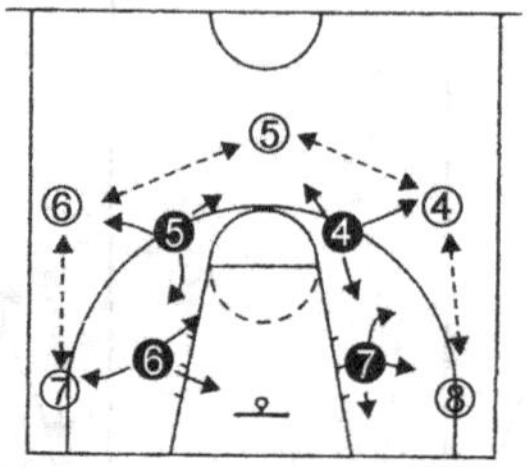

图 3－124

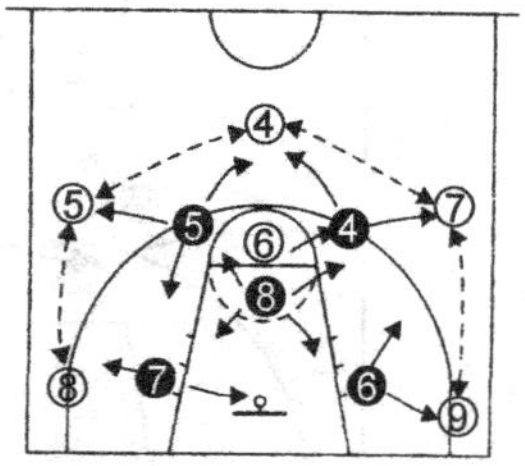

图 3－125

（8）五防六随球移动练习。

如图 3－125 所示，进攻队员相互传球，按四防五方法练习移动和协防，但❹和❺要注意协防策应队员❻，❹和❽要按二防三的方法移动，❼注意协防篮下。

（9）半场五对五攻守练习。

开始时进攻队员提出一定的限制条件去配合防守练习。如进攻队员只做传球练习，防守队员练习随球移动，选择合理的防守位置；进攻队员在进行传接球和背插溜底线的进攻移动时，防守队员练习干扰进攻队员的传接球，堵截进攻队员的移动路线，调整防守位置，最后在不加限制的情况下进行攻守练习。

（10）全场攻守转换练习。

在半场或全场五对五练习中，防守队获球时，立即发动快攻，进攻队进攻结束时，立即由攻转守，积极地干扰对方的传接球和运球突破，控制对方的速度，制约其发动快攻，迅速退回后场，站好区域联防队形。

二、进攻区域联防

进攻区域联防是针对区域联防的特点、队形、方法和变化所采用的进攻战术。

区域联防在不断发展，在固定形式的基础上，扩大了控制区域，具有针对性和综合性的特点，队形移动变化采取轮转式和局部护送的办法，还带紧逼夹击的办法，世界强队已广泛应用区域联防。因此，在进攻时首先要充分了解和掌握区域联防的特点及其规律，针对其薄弱环节，结合本队的具体情况，明确进攻原则和重点，组织针对性的进攻战术配合。

（一）进攻区域联防的基本要求

（1）由防守转入进攻时，应在对方布好联防阵势前就发动攻势，即争取快攻。

（2）根据对方区域联防队形，采用针对性的落位队形，组织对薄弱地区的攻击。

（3）通过人、球快速移动，形成对方局部防卫负担过重，而本队却以多打少的局势。

（4）提高中、远距离投篮的命中率，扩大攻击区，扩大防守区，以便切入内线接球和在内线乘隙攻击。

（5）加强中区策应和背向纵、横空切球乃至突破分球的配合，打扰防守队形，破坏区域联防的集体性，争取良好的投篮机会。同时要注意溜底线和底线突破，迫使防守队员面向篮防守，外线进攻队员可乘机从其后插向篮下接球投篮。

（6）内线进攻位置要紧靠对方篮下。

（7）合理地运用运球和掩护攻击。

（8）进攻区域联防要随时准备抢占有利位置，积极地冲抢篮板球，争取二次投篮机会。同时，还要注意保持攻守平衡的队形。

（二）进攻区域联防的方法

1. 进攻区域联防的战术

进攻区域联防的战术队形常用的有“1—3—1”、“1—2—2”、“2—1—2”和“2—2—1”“1—4”等。如图 3 - 126、图 3 - 127、图 3 - 128、图 3 - 129、图 3 - 130 所示。

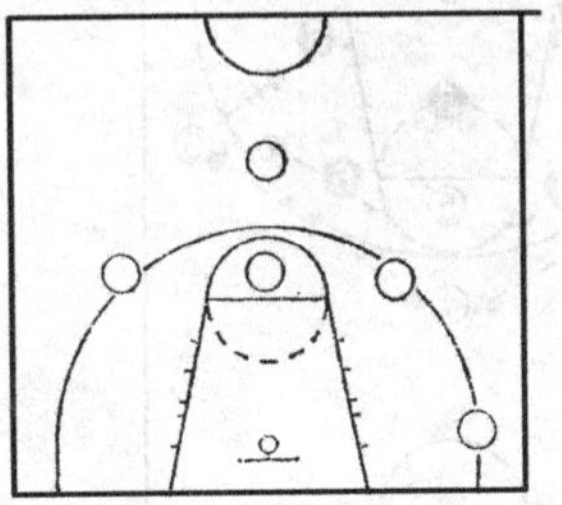

图 3 - 126

图 3 - 127

图 3 - 128

图 3 - 129

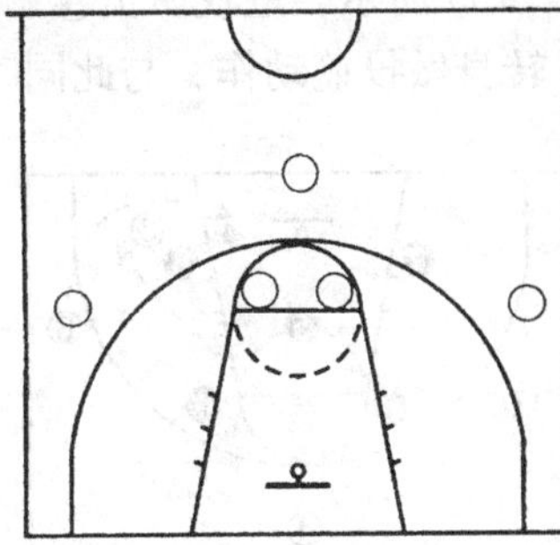

图 3 - 130

2. 进攻区域联防的方法

（1）“1—3—1”进攻方法。

这种队形队员分布面广，攻击点多，便于内外练习和左右配合，有利于组织抢篮板球和保持攻守平衡。

以进攻“2—1—2”区域联守为例：如图 3－131 所示，④、⑤、⑥、⑦占据“2—1—2”区域联防的薄弱地区，在进攻的正面和侧面形成以多打少的有利局面。

1）各个位置的进攻队员应具备的条件。

④、⑥应是头脑清醒、战术意识强、技术全面、善于巧妙传球的中距离投篮的队员，⑤应是善于在罚球区附近进行策应和转身跳投的队员，⑦应是具有准确的中距离投篮、切入篮下得分和冲抢篮板球能力的队员，⑧应是具有篮下进攻和抢篮板球能力较强的队员。

2）进攻方法。

如图 3－132 所示，④、⑤、⑥、⑦相互传球，调动防守，使对方❹、❻不能及时防守，④、⑥、⑦抓住机会果断进行中距离投篮。

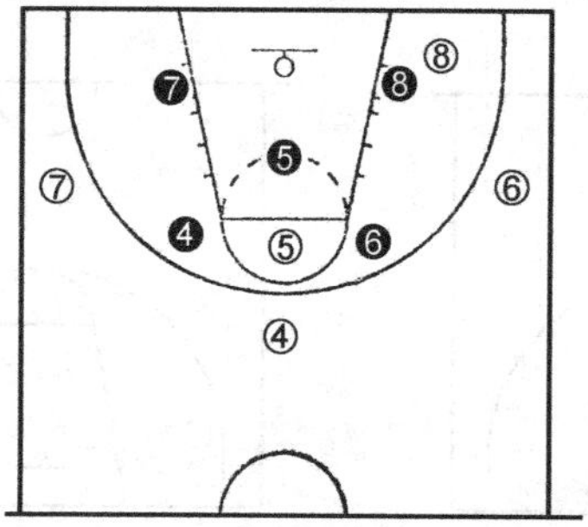

图 3－131

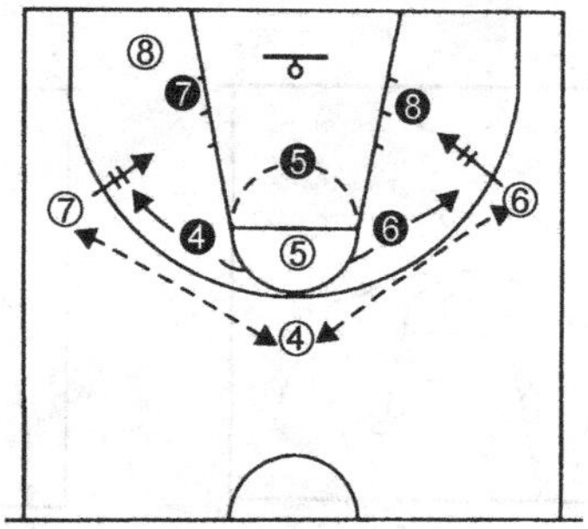

图 3－132

如图 3－133 所示，进攻队员④、⑦相互传球吸引❹、❼上来防守，④将球传给⑤，⑤接球后，转身做投篮动作，与此同时，⑧溜底线，⑥向场底角移动，在右侧底线形成

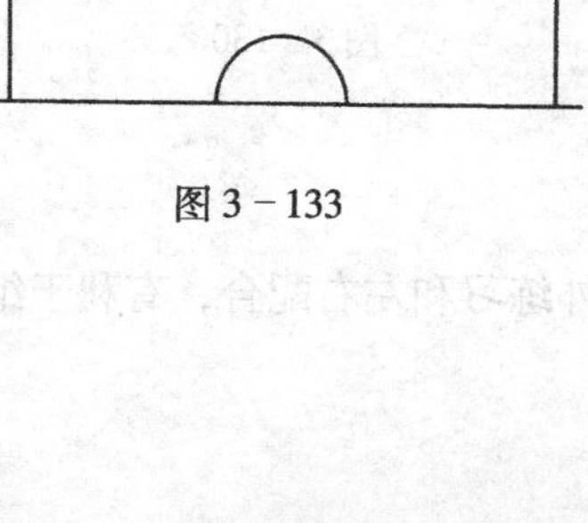

图 3－133

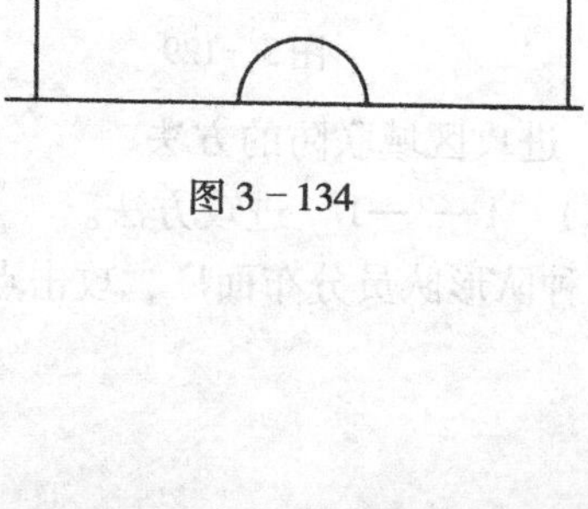

图 3－134

以多打少的有利局面，⑤根据防守情况，将球传给溜底线的⑧或⑥投篮。

如图 3－134 所示，⑤接球后做投篮动作，与此同时，⑥做掩护，挡住❽，⑥向场角移动接⑤的球，⑥接球后进行中距离投篮，如❽挤过防⑥投篮，⑥将球传给篮下的⑧投篮。

如图 3－135 所示，④、⑦传接球吸引防守，然后④把球传给⑥，⑥做投篮动作吸引❽上来防守，拉空底线，⑤向篮下切入，⑦同时向罚球区背插，⑥根据情况将球传给⑤或⑦投篮。

如图 3－136 所示，⑥接球后做投篮动作吸引❽上来防守，拉空底线，⑦斜插篮下接⑥的传球投篮，若没有进攻机会，⑦向场角移动接⑥的球，⑤乘机向篮下切入，拉空罚球区，⑧向罚球区横切，⑦根据❺、❽防守情况，决定自己投篮或传球给⑤或⑥投篮。

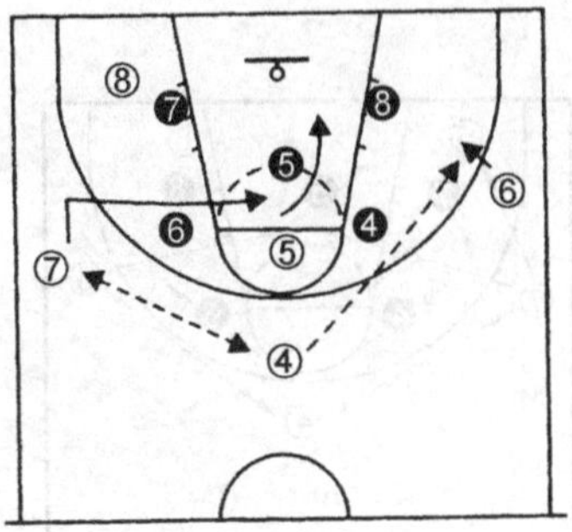

图 3－135

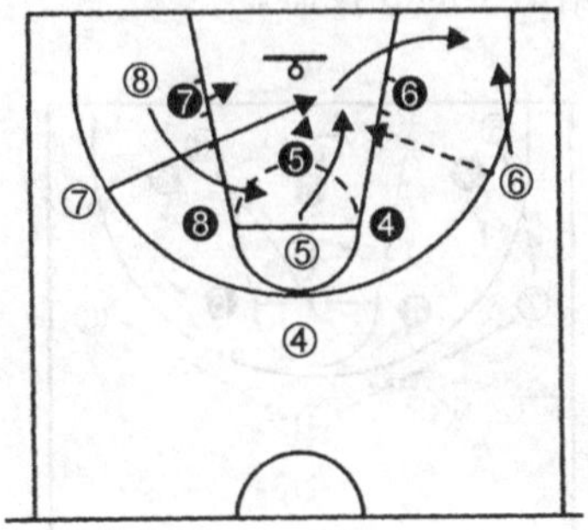

图 3－136

如图 3－137 所示，⑥持球做投篮动作吸引❽上来防守，⑥迅速从底线运球突破准备投篮，当❼上来补防时，⑧向罚球区插入，⑦向底线移动，⑥根据情况将球传给⑧或⑦投篮。

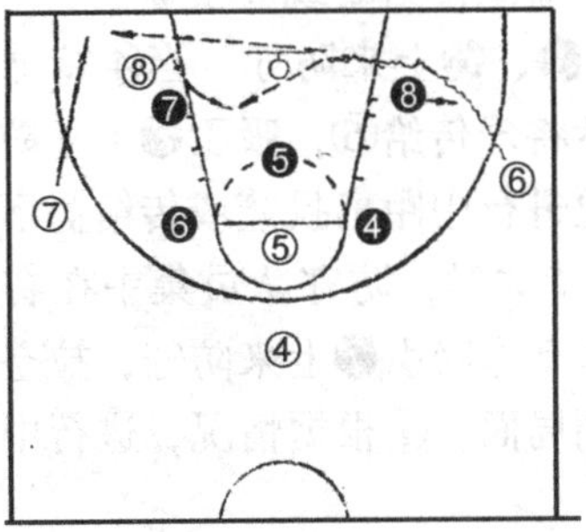

图 3－137

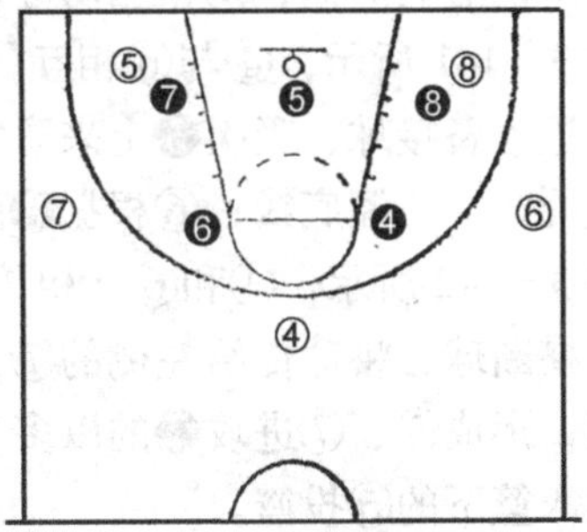

图 3－138

（2）“1—2—2”进攻方法。

以进攻“2—3”区域联防为例，如图3－138所示，④、⑥、⑦占据防守的薄弱环节，形成以多打少的有利局面，进攻队员④应具备头脑清醒、战术意识强、技术全面、善于进行巧妙传球和准确的中距离投篮能力，⑥、⑦应是优秀的投篮手。⑤、⑧应是篮下进攻和抢篮板球的能手。

进攻方法：④、⑥、⑦相互传球，吸引❹、❻上来防守，④、⑥、⑦根据❹、❻的移动情况，抓住时机果断进行中距离投篮。

如图3－139所示，④、⑥相互传球吸引❹、❻上来防守，⑧插至罚球线附近准备接球，把防守队员❺吸引上来，拉空底线，④突然将球传给⑦，⑦接球做投篮动作，吸引❼上来防守，形成⑤与⑦进攻❼的有利局面，⑦根据❼的防守情况，进行中距离投篮，或传给篮下的⑤投篮。

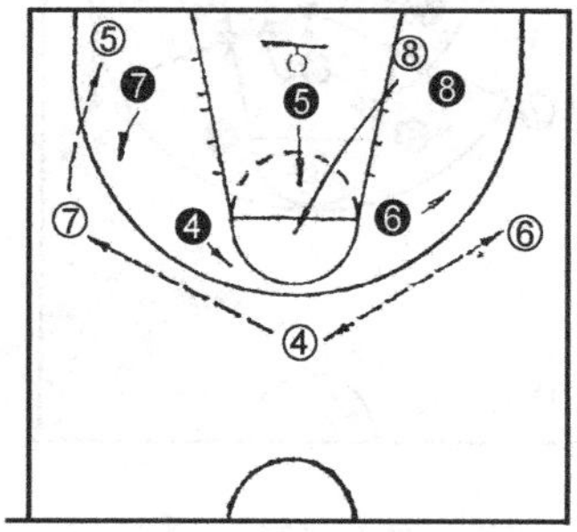

图3－139

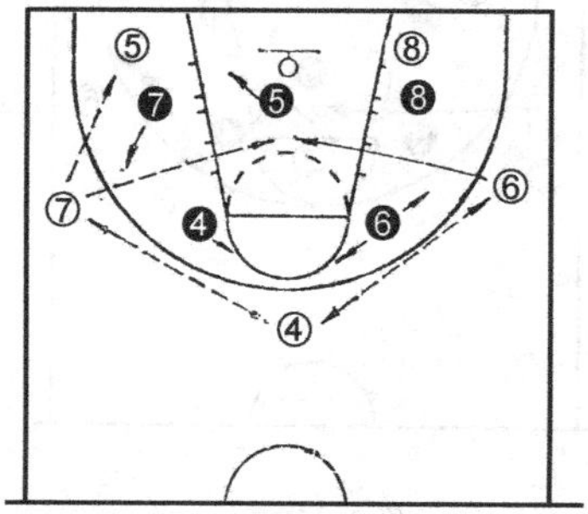

图3－140

如图3－140所示，④与⑥相互传球，吸引❹、❻上来防守，④突然将球传给⑦，❼上来防守⑦，❺防⑤，与此同时，⑥从背向插入罚球区，形成⑦、⑤、⑥进攻❼、❺的以多打少的有利局面，⑦根据防守情况进行投篮或传给⑤或⑥投篮。

如图3－141所示，④与⑥相互传球，吸引❹、❻上来防守，当④持球时，⑧插至罚球线附近准备接球，吸引❺上来防守，④突然将球传给⑥，吸引❽上来防守，拉空底线。与此同时，⑤溜底线，⑥根据❽的防守情况进行中距离投篮或传给篮下的⑤投篮。

如图3－142所示，④和⑥互相传球，当⑥持球时，防守队员集中在右侧防守，⑥突然采用横断球，将球传给左侧的⑦，⑦做投篮动作吸引❼上来防守，拉空底线，⑤向篮下空切，形成⑤、⑦进攻❼的以多打少的有利局面，⑦根据情况，进行中距离投篮或传球给切入篮下的⑤投篮。

（三）进攻区域联防战术的运用

（1）进攻区域联防，重在针对性，强调避实就虚，利用或创造防守的空隙与漏洞，攻其薄弱区，破坏其防守的集体性。

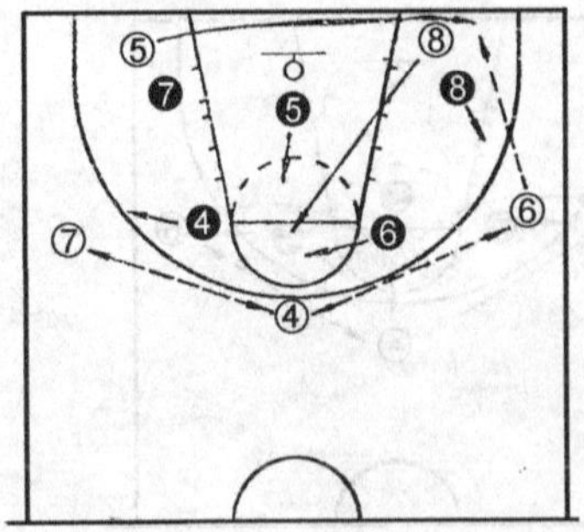

图 3－141

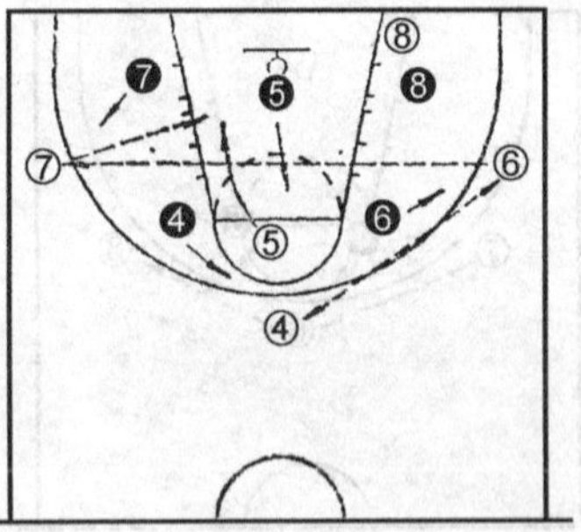

图 3－142

(2)“球动”是进攻区域联防和争取主动权的关键。根据区域联防随球的转移而移动和补位的特点，不论采用任何队形的进攻方法，都要利用传球（球动）来调动对方防守，打乱其队形和布置，争取进攻中的主动。

(3)“人动”是进攻区域联防很重要的一环。要有目的地穿插移动（人动），进入对方防区，特别是对方薄弱的防守区域，加重局部负担，从而以多打少，以强胜多，创造有利的进攻机会。

（四）进攻区域联防的教学与训练

1. 建议

(1) 在教学中应选择“1—3—1”队形的进攻方法为重点。

(2) 练习时，应根据本队的具体情况，确定进攻战术方法和队员的位置分工。

(3) 进行讲解示范时，首先要讲解进攻战术队形和配合方法，使队员获得完整的战术概念。

(4) 为了便于掌握进攻区域联防战术，应将进攻区域联防战术中的主要配合方法进行分解练习，在配合中提高灵活运用技术的能力，在以多打少的情况下，掌握进攻的时机。

(5) 在全队练习时，先练习运用传接球调动防守，创造以多打少的机会，再练穿插移动，最后练习传接球与穿插移动的配合。先在消极防守条件下进行练习，后在积极防守的条件下进行练习。

(6) 在掌握区域联防之后，应把快攻与阵地进攻结合起来进行全场练习。当快攻受阻时，队员能够迅速地站好进攻队形，有步骤地发动进攻。

(7) 在熟练掌握一种进攻区域联防战术的基础上，学习进攻区域联防的战术变化。

(8) 通过比赛巩固和提高进攻区域联防的战术质量。

2. 练习方法

(1) 三对二正面传球的练习。如图 3－143 所示，⑧、⑥、⑦利用传球调动防守，掌握投篮时机。

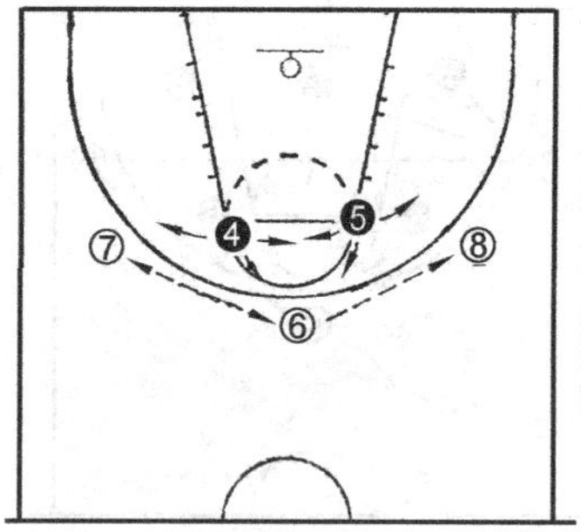

图 3－143

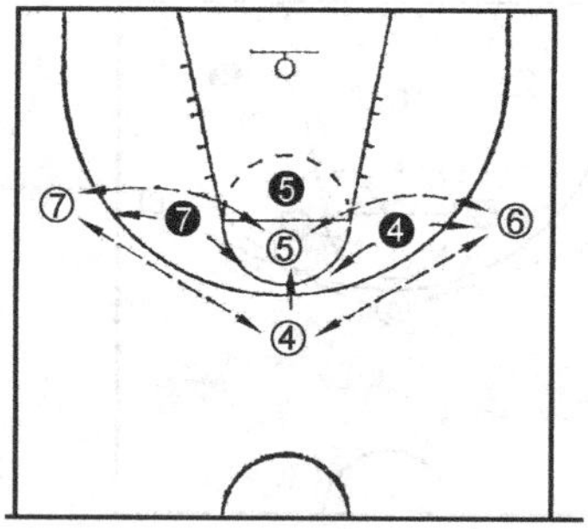

图 3－144

（2）四对三策应传接球练习。如图 3－144 所示，进攻队员④、⑤、⑦和④、⑤、⑥分别形成两个三角，互相传球，通过⑤策应进行里外、左右的传接球，在存在左防守队员干扰的情况下，掌握策应传接球配合。

（3）四对三纵切与背插的配合练习。如图 3－145 所示，④、⑦相互传球，然后把球传给⑤，吸引防守队员❹、❺、❻上来防守。⑤将球传给⑥，⑤立即向篮下空切，拉空罚球线位置，⑦从背向插入罚球线，⑥根据防守情况，将球传给⑤或⑦投篮。

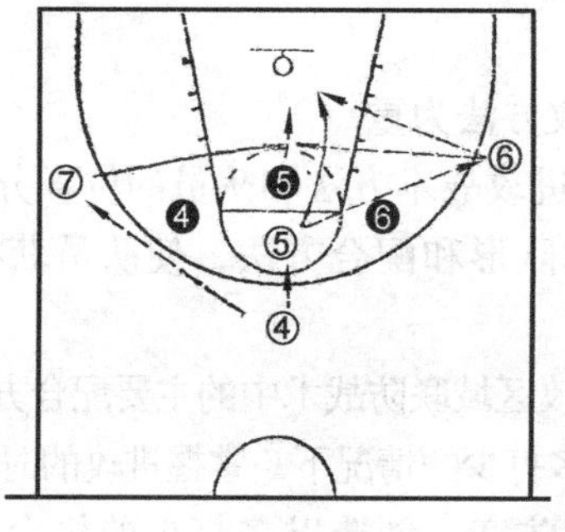

图 3－145

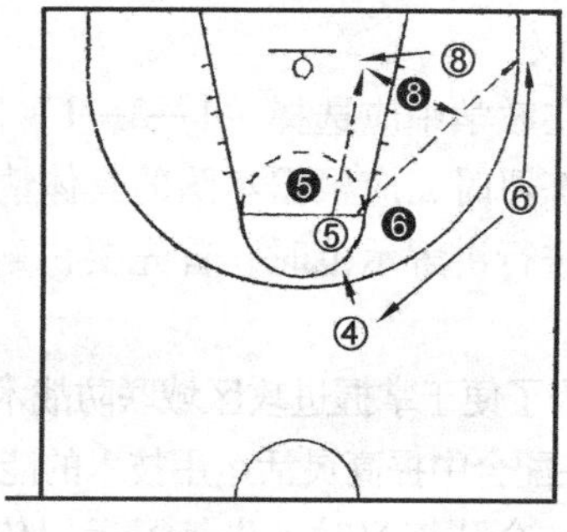

图 3－146

（4）四对三中锋策应与溜底线、插角的配合练习。如图 3－146 所示，④、⑥相互传球调动防守，⑤接球后转身做投篮动作，⑧溜底线，⑥插向场角，⑤根据❽防守情况将球传给⑥或⑧投篮。

（5）五攻五守传切与背插配合练习。如图 3－147 所示，进攻队员④、⑦、⑤相互传球，吸引防守队员，⑤将球传给⑧后，切入篮下，⑥从背向插入罚球区，⑧根据❽的防守情况，将球传给⑤或⑥投篮。

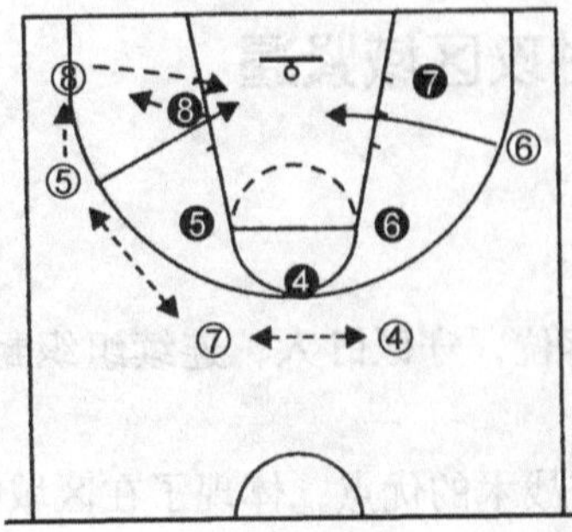

图 3－147

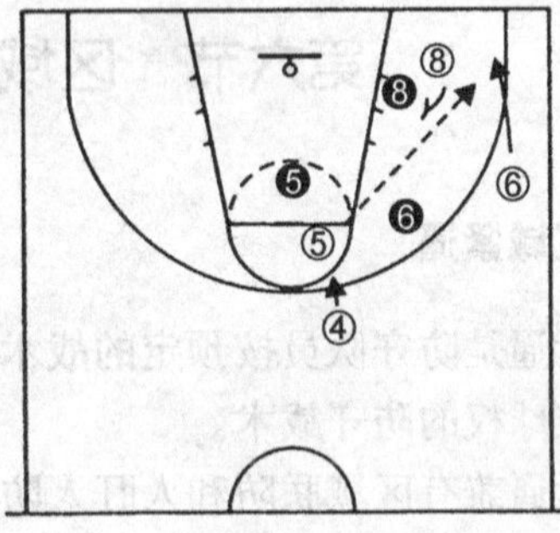

图 3－148

（6）四攻三策应，掩护配合练习。如图 3－148 所示，进攻队员④将球传给⑤，⑤接球转身做投篮动作。⑧挡❽，与此同时，⑥向底线移动，接⑤的球后做投篮动作，⑥根据❽防守情况，如果❽被挡住，⑥就进行中距离投篮，如❽挤过防守⑥，⑥将球传给篮下的⑧投篮。

（7）四攻四运球突破分球配合练习。如图3－149所示，⑤、⑥相互传球，当⑥持球时，❻上前防⑥，⑥从底线运球突破准备投篮，❺补防。与此同时，⑧插入罚球区，⑦切向底线，⑥根据❺的防守情况，进行投篮或将球传给⑧或⑦投篮。

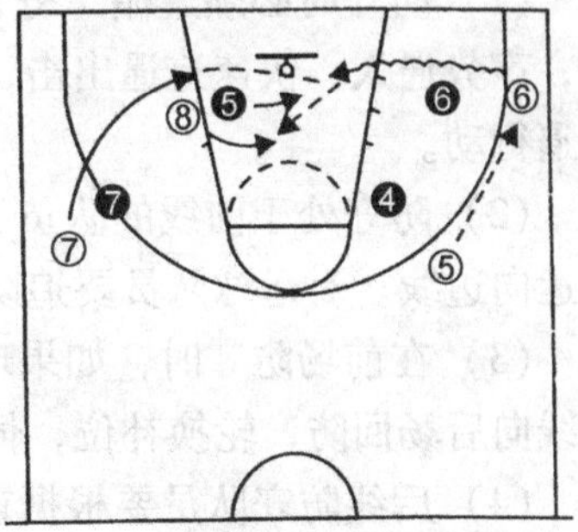

图 3－149

（8）五对五半场进攻区域联防练习。

练习一：在一般防守的条件下，进攻队按照战术队形和配合方法，运用传接球和穿插移动调动防守，在局部地区内，创造以多打少的进攻机会。主要是熟悉进攻配合，掌握投篮时机，暂不要求投篮。

练习二：在积极防守条件下，使进攻队员掌握进攻节奏，运用声东击西、内外结合的策略，创造良好的投篮机会。

（9）全场五对五练习。由防守转为进攻时，要求积极发动快攻，争取在对方尚未组织好防守队形之前，结束快攻。当对方已经形成防守队形时，进攻队员要迅速落位，按照进攻配合方法组织进攻。

第六节　区域紧逼与进攻区域紧逼

一、区域紧逼

区域紧逼是防守队员按预定的战术阵势分区落位，守区盯人，连续组织封堵夹击，力争获得控球权的防守战术。

区域紧逼兼有区域联防和人盯人防守两种防守战术的优点，体现了在区域中紧逼盯人，在紧逼盯人中防守的特点，是富有攻击性的一种整体防守方法，也是两大防守战术系统综合发展而成的防守战术系统。它具有综合性、机动性和攻击性的特点。这种防守战术往往使进攻队难以辨认其形式与方法，并在防守的阻截和夹击中产生失误或违例而陷于被动，是一种积极主动的攻击性防守战术。

（一）区域紧逼的基本要求

（1）防守时必须遵循“守区盯人相兼顾”的原则。要求由攻转守时，全队意志坚定，声势逼人，快速追逼出击，迅速按区落位，积极移动，控制中区，逼走边角，展开紧逼行动。

（2）防守处于前线的队员，对有球队员要积极紧逼，堵中放边迫使对方把球传向或运向边线。对运球队员要追防堵截，迫使其在边角停球，附近同伴要迎上形成夹击。

（3）在前场防守时，如果球传向后场并越过自己防区，应立即以最快速度、最短路线向后场回防，轮换补位，伺机断球。

（4）后线防守队员要根据前线的防持球队员的行动，对本区的进攻队员进行错位防守，并随时注意堵截、夹击或抢断球。

（二）区域紧逼的方法

根据比赛需要和本队条件，区域紧逼可分为全场区域紧逼、四分之三场区域紧逼和半场区域紧逼。

1．全场区域紧逼

这是在投中或前场失球时，立即在全场进行的一种区域紧逼的防守战术。

（1）全场区域紧逼的形式。

全场区域紧逼一般把球场划分为前、中、后三个区域，如图 3－150 所示。

由攻转守时，队员在各区落位的人数不同，因此，全场区域紧逼的主要形式有“1—2—1—1”、“2—2—1”、“2—1—2”、“3—1—1”等。运用中以“1—2—1—1”形式为主，队员只要向前后左右移动位置，就可以根据比赛需要而改变防守形式。

“1—2—1—1”形式的前区和中区防守力量较强，能有效地阻止正面和中区向篮下进攻，但后场防守力量较弱。“2—2—1”形式的两翼防守较强，能有效地组织边线夹击，其弱点是篮下防守不足，很难防守高大灵活的队员，但中区和正面防守相对比较薄弱。

全场区域紧逼主要争夺的地区是前区和中区，前区积极紧逼和围堵，在中区制造夹击区，进行夹击和抢断球。因此，要合理地部署本队的防守力量。

（2）全场区域紧逼的防守配合示例（以“1—2—1—1”形式为例）。

方法一：球在前场时的防守。

如图 3－151 所示，当对方掷端线球时，前区的任务由❹、❺、❻来完成，❹的任务是防守⑤，影响其顺利地掷界外球，封堵其向⑥的传球路线。❺和❻应不让④和⑥顺利接球，当④接球时，❹应迅速随球移向④，与❺堵④向中区活动，并进行夹击。同时，❻应向中间移动，切断④可能向⑤和⑥的传球路线，迫使④由边路运球推进。❼在④开始运球时，应向左侧移动，准备在中区夹击，❽应向左下侧移动，准备堵截和补位。

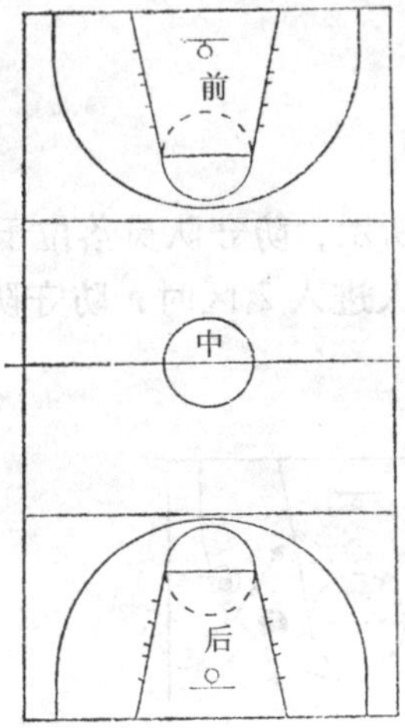

图 3－150

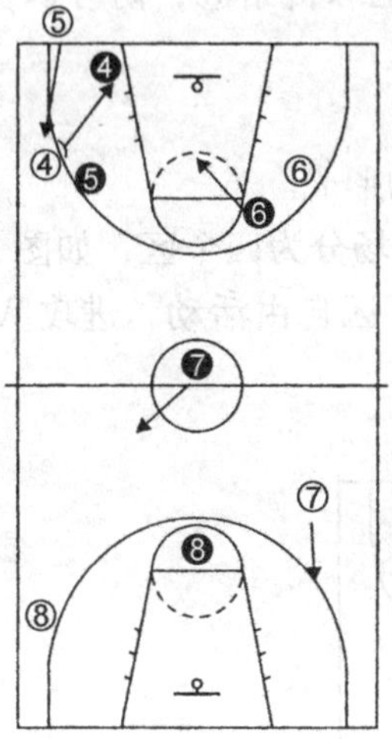

图 3－151

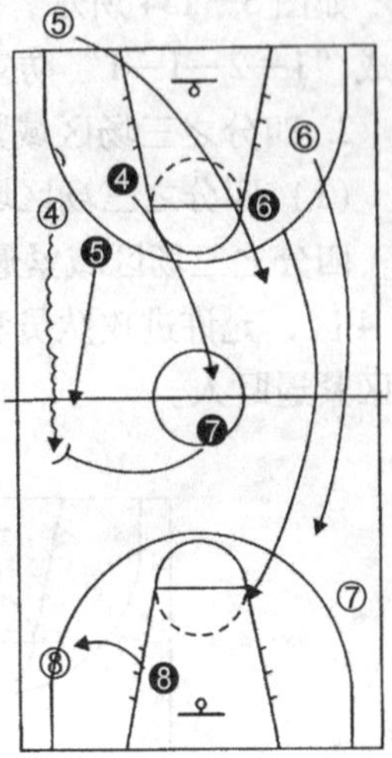

图 3－152

方法二：球在中场时的防守。

如图 3－152 所示，当④向前场运球突破时，❺应逼边，紧紧追防。❼横向边堵，迫使④运球过中线后停，并与❺共同夹击，同时❹要从中路退到中区，❻要由边路退到后区的前沿，❽继续向左移动，切断④和⑧的传球路线，❹和❻在中区和后区随时准备补防或断④向中间或左侧的传球。

方法三：球在后场时的防守。

如图 3－153 所示，当④传球给⑧时，❽要及时到位防守，❼应迅速后撤，与❽共同夹击⑧，❻要向篮下移动，控制⑥或⑦进入罚球区接球，同时下撤❺，严密防守④，切断⑧把球回传给④的路线，❹后撤到后区前沿，控制进攻队员⑤和⑥的行动，并随时准备断球快攻。

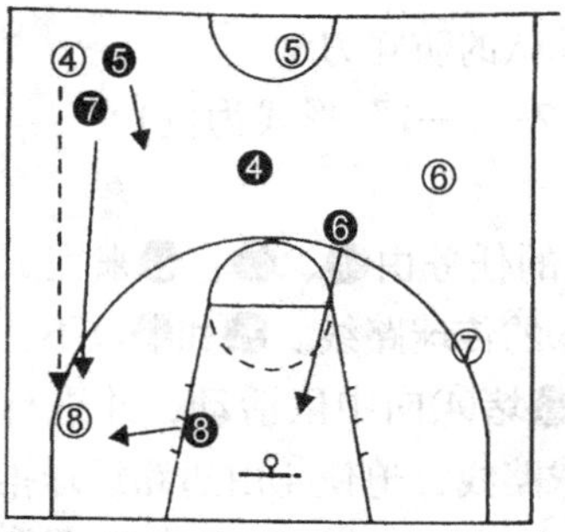

图 3－153

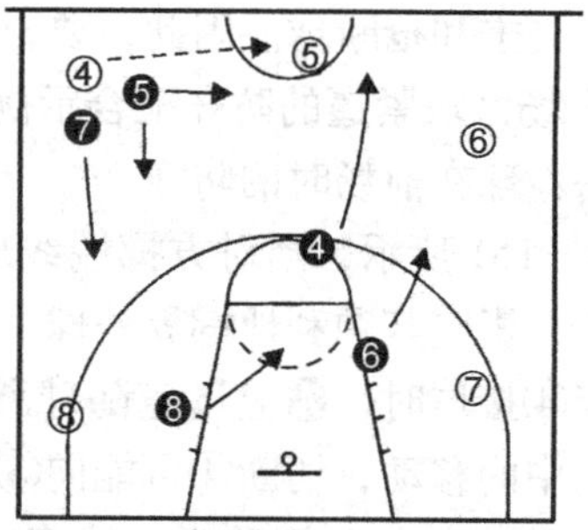

图 3－154

如图 3－154 所示，如果④把球传给⑤，防守队员可以逆时针方向移动进行补防，组成“1—2—1—1”防守队形。

2. 四分之三场区域紧逼

（1）四分之三场区域紧逼的形成。

四分之三场区域紧逼是把球场分为四个区，如图 3－155 所示，防守队员落位于 2、3、4 区，允许进攻队员和球在 1 区自由活动，进攻队的球和人进入 2 区时，防守队员按区紧逼盯人。

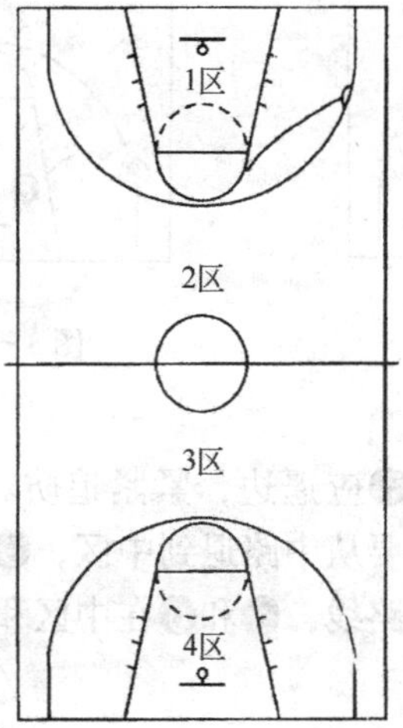

图 3－155

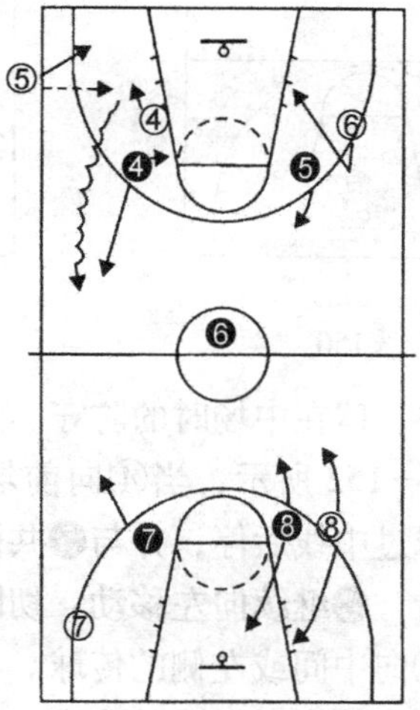

图 3－156

四分之三场区域紧逼的主要形式有“2—1—2”、“2—2—1”等。由进攻转入防守时，对方队员进入2区后，立即组织积极紧逼，封堵夹击和抢断。因此，四分之三场区域紧逼与全场区域紧逼的主要不同之处是能充分利用规则，队员分布相对密集，能利用协防和争夺，容易造成对方违例和失误。一般是在失球后和对方在后场边线外发球时运用。

（2）四分之三场区域紧逼配合示例（以“2—1—2”防守形式为例）。

如图3－156所示，当进攻队员⑤传球给④时，❹向前迎防，堵住④向中间地区的运球路线，迫使④沿边线运球，❺稍后撤，防止⑥斜插接球，❻上前堵截，迫使④运球停止，争取在2区内与❹夹击④，造成8秒违例或失误，❼和❽在3、4区应抢前错位防守⑦和⑧，不让空切和上插接球，并随时准备断球。

当④传球给空切队员⑥时，由❻上前堵截，与❺在中场共同夹击⑥，❹由另一侧向后移动防守。

3. 半场区域紧逼

半场区域紧逼是在后场范围内组织的区域紧逼的防守战术。

（1）半场区域紧逼的形式。

根据队员在半场内的落位，半场区域紧逼的主要形式有“1—2—2”、“1—3—1”、“2—1—2”等。

（2）半场区域紧逼配合示例。

示例一：“1—2—2”形式区域紧逼方法。

方法一：球在正面时的防守。

如图3－157所示，当④和⑥由后场进入前场时，根据进攻队员的位置，❹和❻要迎前防守④和⑥，并迫使④向防守的左侧运球或传球，❻要重点防守④向⑥传球，其他队员要向有球一侧移动，进行抢前和错位防守。

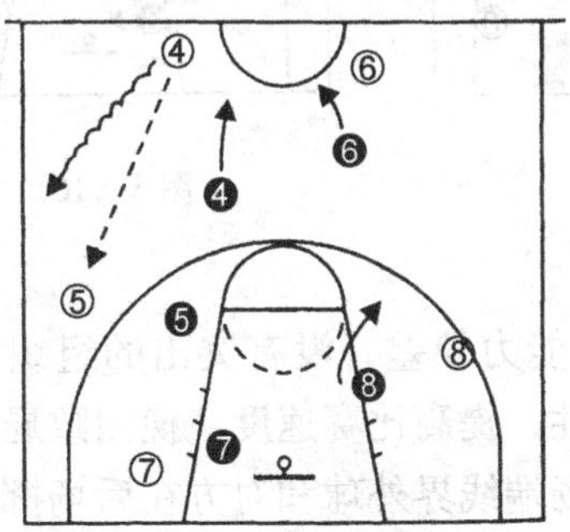

图3－157

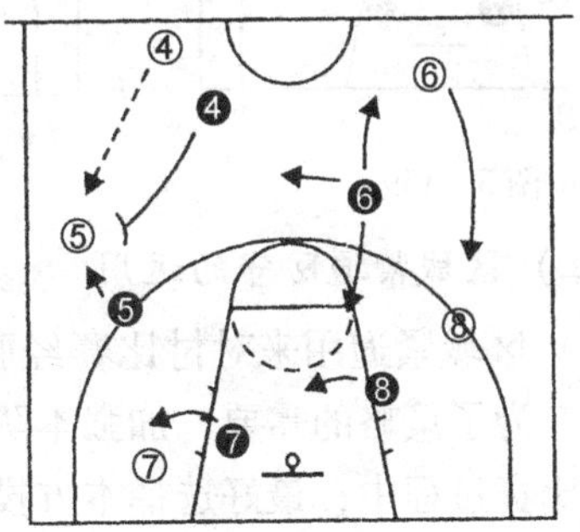

图3－158

方法二：球在侧面时的防守。

如图 3－158 所示，当④传球给⑤时，❺向前防守，❹应随球移动与❺共同夹击⑤，❻要向有球一侧移动，防④或⑥向中间空切，并准备断⑤传给④或⑥的高吊球，❼及时上移，侧前防守⑦，❽向篮下中间地区移动，控制篮下，并注意防守⑧空切。

方法三：球在中间时的防守。

如图 3－159 所示，当位于篮下的⑦接球后，❺应快速回防围夹，❹要向左侧移动，准备抢断⑦回传给⑤或④的球，❻和❽同时向有球一侧移动，控制中间地区，并注意防守⑥和⑧向篮下移动。

示例二："1—3—1" 形式区域紧逼方法。

如图 3－160 所示，当对方队员④过中线控制球时，❹要迎上去防守，迫使④向侧面运球，这时❼要堵位抢前防守，不让⑦接球，并准备与❹夹击④。❻要向⑥的左侧移动，防止④给⑥传球。同时❽应向有球一侧移动，监视⑧的行动，并准备抢断④传给⑦的球。另一侧的队员❺应及时向限制区回缩，并准备抢断④传给⑧的球。

如果④传球给向篮下空切的⑦，防守方法如图 3－161 所示，❽应迎前防守⑦，❼要加速回防，与❽共同夹击⑦，❻应向篮下移动，切断⑦传球给⑧的路线，❺应及时向限制区移动，防守⑥向篮下空切接球，❹应适当回缩，控制⑦回传球给④，同时协防⑥，控制⑦传球给⑥。

图 3－159

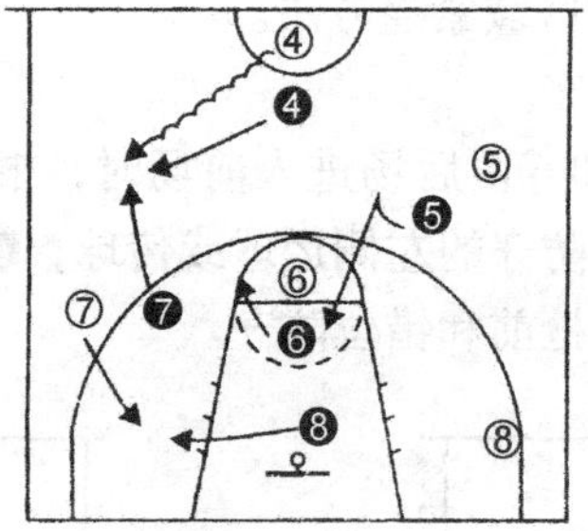

图 3－160

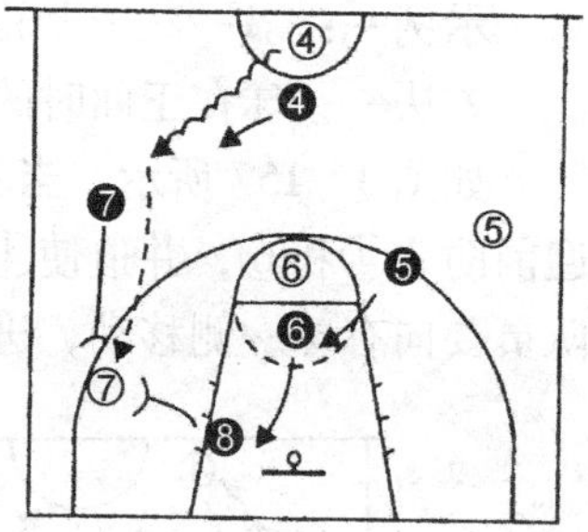

图 3－161

（三）区域紧逼防守的运用

（1）区域紧逼用来对付比赛经验不足、应变能力较差、没有突出的组织队员的队最见效。为了策略的需要，加强本队防守的积极性，提高比赛速度，挽回败局等都可运用。在比赛过程中，最好选择本方投中篮后掷后场端线界外球和对方在后场掷边界外球时部署防守。

（2）运用区域紧逼，全队要行动一致，要用强大的声势压倒对方，造成对方慌乱而陷于被动。

(3) 运用区域紧逼必须贯彻控制中区，逼走边角，不断组织堵截夹击，按照近球区以多防少，远球区以少防多的原则，积极移动，不断调整位置和协防展开攻击。

(四) 区域紧逼的教学与训练

1. 建议

(1) 在教学时要根据选用的区域紧逼形式，明确球在不同防区时，每个队员的任务和要求，以及队员间协同配合的方法，使队员对区域紧逼有完整的概念。

(2) 当队员明确了整体防守以后，可按落位前场、中场、后场的配合方法，分解地进行练习，然后再进行各区域之间衔接方法的练习，最后进行全场或半场的完整练习。

(3) 在队员掌握了固定区域内固定队员落位的技术后，可逐渐过渡到固定区域不固定队员的训练，提高由攻转守的灵活性和机动性，以便加快攻守转换速度。

(4) 在对抗练习时，进攻速度可由慢到快，进攻方法可由固定到多变，逐步提高防守质量。

(5) 训练时要结合区域紧逼的特点和要求，提高队员的身体素质，特别是速度和速度耐力，同时要提高个人防守能力，加强抢球、打球、断球技术以及以少防多、轮补位等能力的训练。

(6) 在教学中要注意培养队员勇敢、顽强、敢打敢拼的意志和思想作风。

2. 练习方法

(1) 提高个人防守能力的练习。

练习一：一对一练习。

如图 3－162 所示，迫使对方按防守意图向边线运球。又如图 3－163 所示，迫使对方向便于与同伴进行夹击的地方运球。

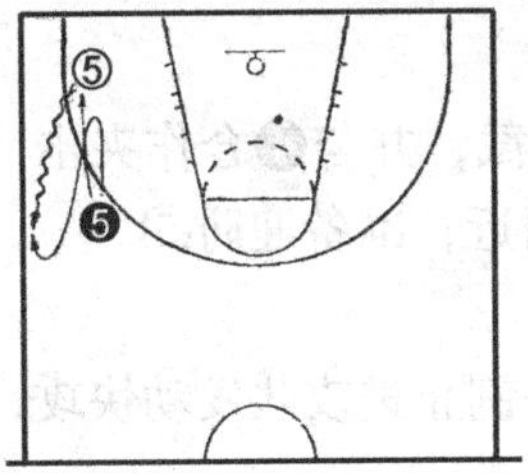

图 3－162

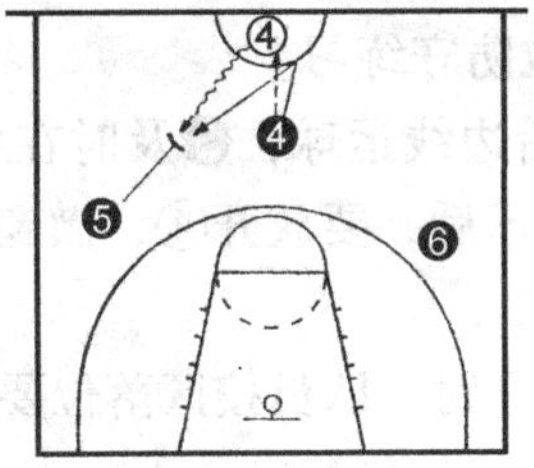

图 3－163

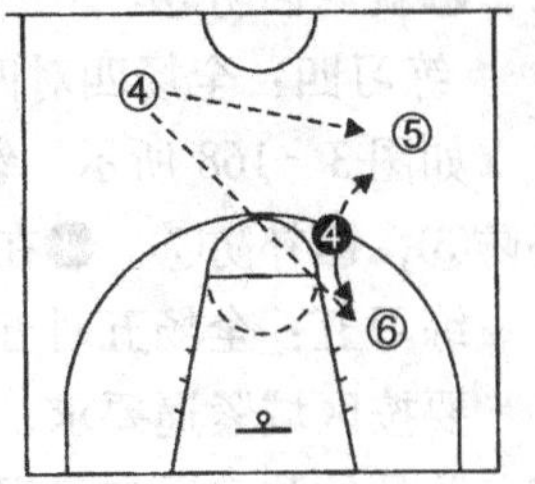

图 3－164

练习二：提高个人抢断球控制面的练习。

如图 3－164 所示，队员④、⑤、⑥站成三角形，队员❹站在中间，他的任务是抢断持球队员④向其他两个队员的传球。

（2）协同防守配合训练。

练习一：三对三夹击防持球队员的练习。

如图 3－165 所示，④向两侧传球，❹随球移动并与❺和❻合作夹击持球队员⑤或⑥。

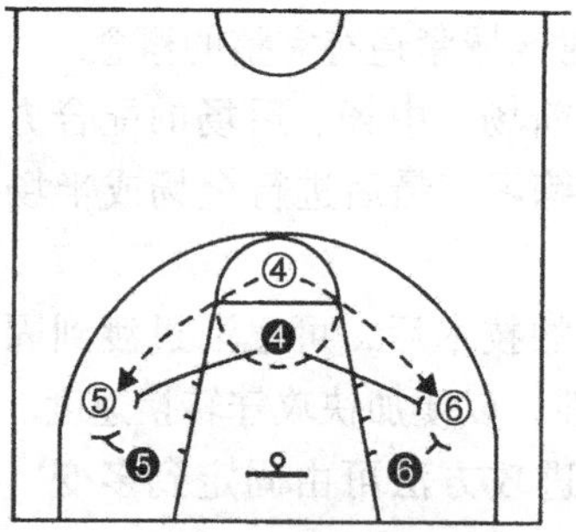

图 3－165

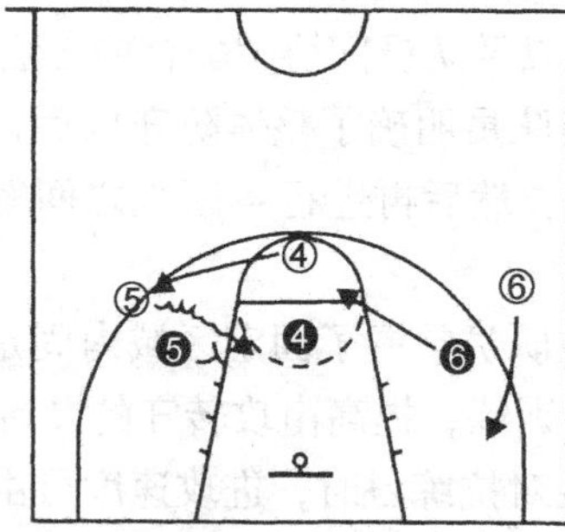

图 3－166

练习二：三对三协同防守配合练习。

如图 3－166 所示，当⑤向中区运球突破时，❹迫使⑤停球，并与❺合作夹击⑤，此时❻要防止⑤回传球给④，同时❺要补防⑥。

练习三：全场三对三轮补位练习。

如图 3－167 所示，❹紧逼④不让他向中路变向运球，❺和❻在后场分别防守⑤和⑥，当④运球过中线时，❺迅速迎前防守，把④堵在过中线的死角处，并与❹合作夹击④。此时，❻要移向⑤和⑥之间，并根据④的传球方向，决定自己的防守位置，尽可能断④的传球。如果④传球给⑤，则❻去防⑤，❹去补防⑥；如果④传球给⑥，❻仍去防⑥，❺就返回防⑤。

练习四：全场四对四轮补位防守练习。

如图 3－168 所示，❹逼④沿边线运球，❺及时在中线堵截，并与❹合作夹击。❼补防⑤，❻补防⑦。❹在④传出球后，要放开④，撤到弧顶附近，准备迎防⑤。

练习五：全场五对五的练习。

要按区域紧逼要求，由攻转守时，队员按区落位要快，并制止进攻队发动快攻，以培养队员的防守反击意识。

练习六：半场区域紧逼专门练习。

目的是培养队员在半场区域紧逼时控制中区的意识和战术行动。如图 3－169 所示，五个进攻队员站成“2—1—2”队形，四个防守队员各自防守在四个角上。练习开始，当球在正面时，各自防住自己的对手，并根据离球的远近，调整防守距离和位置，防止外围队员传球给⑧。如果⑧接到球，邻近的防守队员就要进行夹击，其他队员调整位

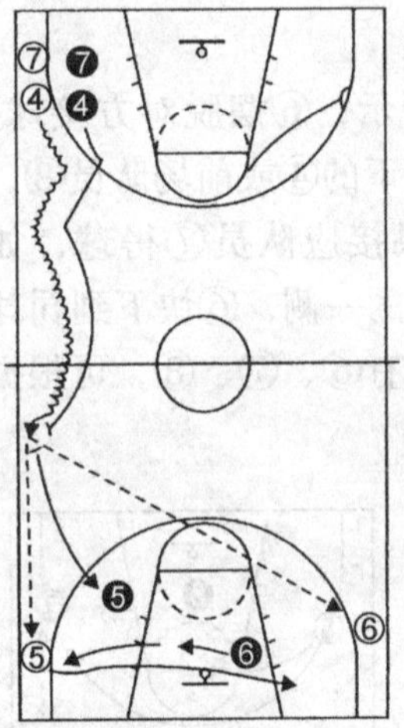
图 3－167

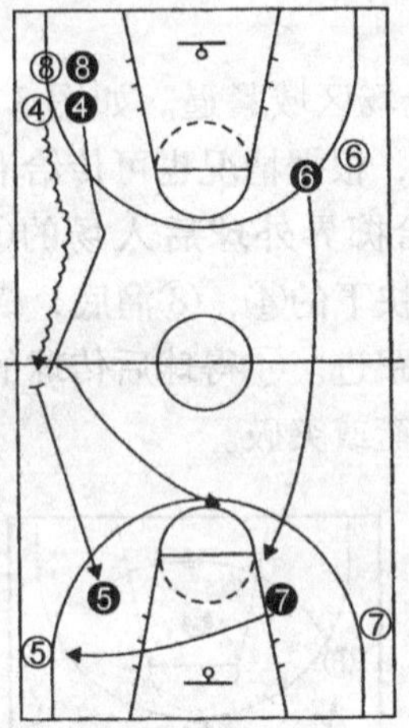
图 3－168

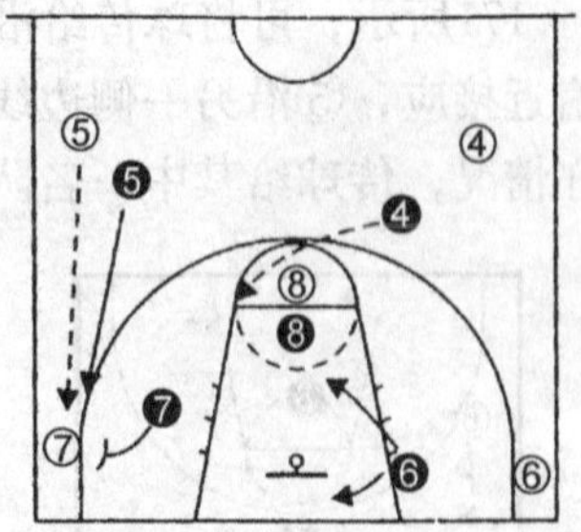
图 3－169

置，防止无球队员到限制区内接⑧的传球。当球被逼到底角时，外围的其他队员要防止持球队员传球给站在中区策应位置的⑧或回传给④，正如图中所示，在底角的⑦持球时，❺、❼要进行夹击，❹要移到⑧的右侧前方，准备断⑦给⑤或④的球，❽要注意⑦可能给⑥或⑧的传球，要迅速调整位置，准备断球。

二、进攻区域紧逼

进攻区域紧逼是根据区域紧逼的特点，抓住防守的薄弱环节，有针对性地进行攻击的一种进攻战术。

随着区域紧逼防守的出现，进攻区域紧逼经过多年的实践、改进和发展，已由主要依靠个人运球突破推进的方法逐步形成了快速三角推进、回传跟进、弱侧反跑和突分接应等配合打法，并逐渐完善已有一套完整有效的进攻区域紧逼的方法。

（一）进攻区域紧逼的基本要求

（1）进攻区域紧逼首先要沉着冷静，不要被对方的紧逼声势所压倒，造成慌乱和失误。

（2）由守转攻时要争取在对方队员未到区落位展开堵截之前迅速发动反击快攻。

（3）进攻时要针对区域紧逼防守的规律“以快制逼，中路突破”的对策，采取相应的回传跟进、转移攻向、运球反跑、中区策应、组织空切等方法进攻。

（4）进攻中要多传短快球，少传长球和高吊球，少运球，特别是向边角运球时，更忌在边角停球，防止对方的堵截。

（二）进攻区域紧逼的方法

1. 进攻全场区域紧逼

（1）进攻“1—2—1—1”全场区域紧逼。如图3－170所示，⑥摆脱对方接球后，应首先考虑把球传给策应队员⑦，根据情况也可传给沿边线快下的④或前场队员⑧，当前面几条路被封阻时，再回传给掷界外球后入场的⑤，如果接应队员⑦得球，如图3－171所示，可将球传给沿边线快下的④，⑧溜底，横切到④的一侧，⑥快下到罚球线附近接应，⑤沿另一侧边线快下跟进。④得球后传球的攻击点有⑥、⑦、⑧，可根据防守情况，传球给其中一名队员投篮或突破。

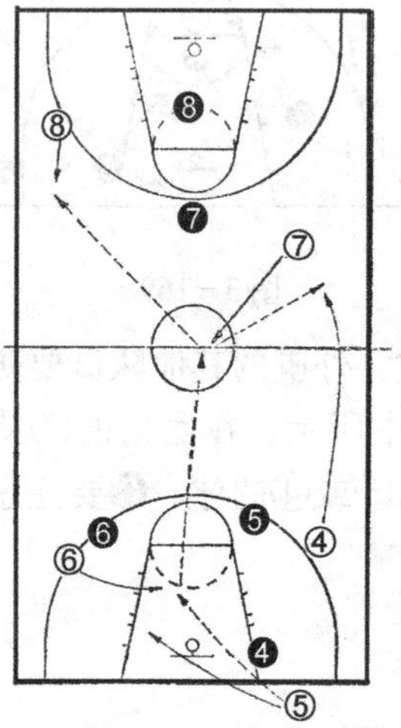

图3－170

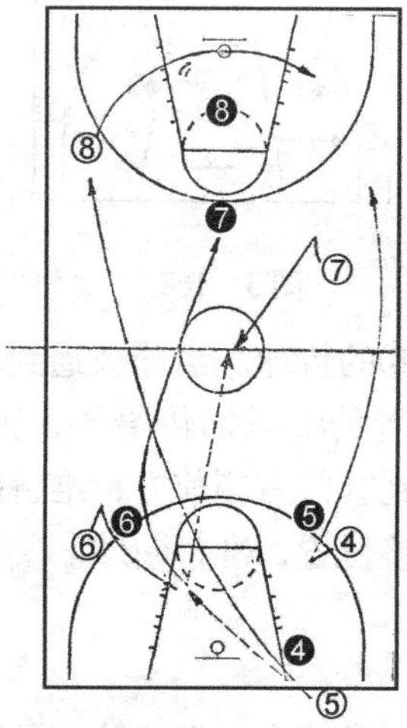

图3－171

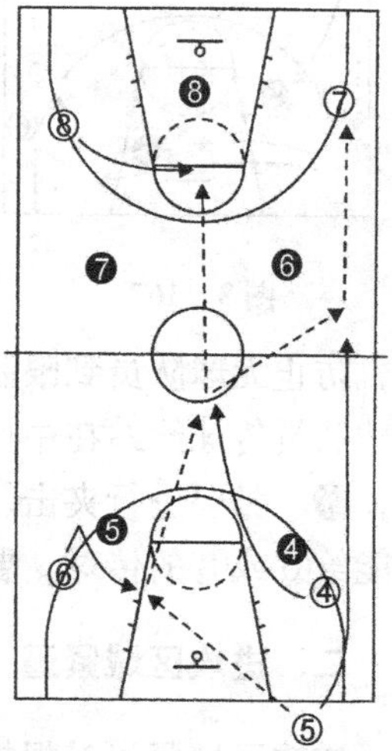

图3－172

（2）进攻“2—2—1”全场区域紧逼。如图3－172所示，⑥接球后，④向中间斜插，⑥可及时传球给④，⑤发球入界后向前场快下，④将球传给⑤，也可传给向上切入的⑧，⑤接球后要根据防守队的情况，把球传给⑦或⑧攻击，⑥和④传球后，进入前场预定的进攻位置，组织半场进攻配合。

进攻四分之三场区域紧逼的要点和方法与进攻全场区域紧逼的要点和方法基本相同。

2. 进攻半场区域紧逼

（1）进攻“3—2”半场区域紧逼。如图3－173所示，进攻队员⑤得球后，⑧上移接球，同时⑥向篮下空切，如果防守队员补位防守，⑦可及时背插到罚球线附近攻篮。

（2）进攻“1—3—1”半场区域紧逼。如图3－174所示，进攻队员④向⑥传球，当❹和❻准备夹击时，⑥快速将球回传给④，④传向另一侧队员⑧，同时⑦溜底，④空切到左侧底角，⑧根据情况传球给⑦或④，如❼跟踪防守溜底的⑦，就传球给④投篮，如果❼不跟踪防守，就传给⑦投篮。

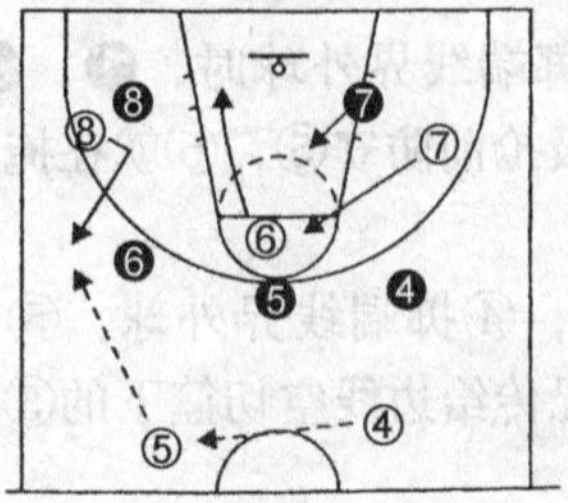

图 3－173

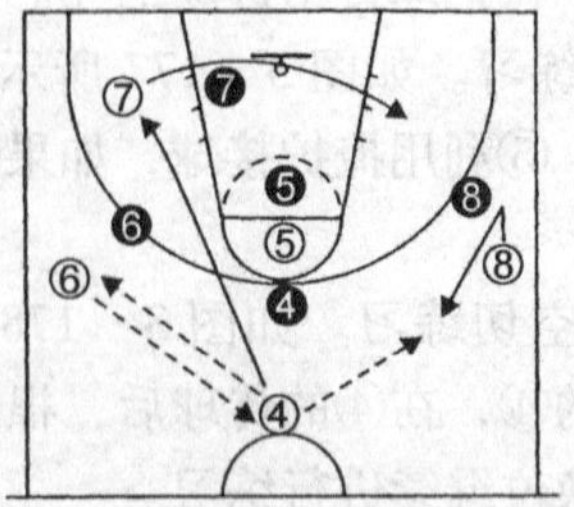

图 3－174

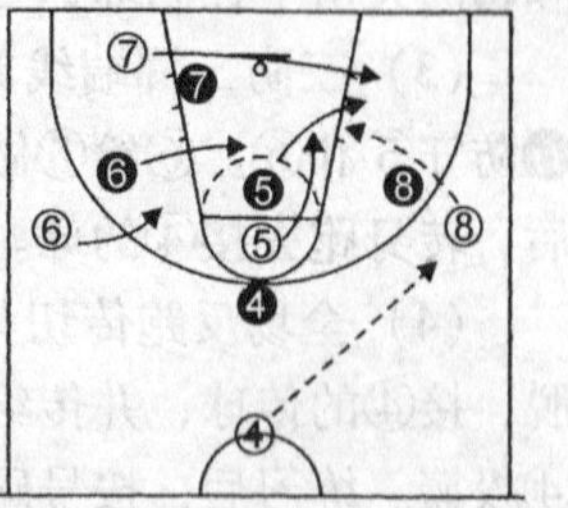

图 3－175

如图 3－175 所示，当防守队员❺补位防守⑦或④时，⑧可传球给⑤投篮。如果❻换位防守④向篮纵切时，⑧可传给横切的⑥投篮。

（三）进攻区域紧逼的教学与训练

1. 建议

（1）由于区域紧逼是一种对抗性较强的防守战术，在教学和训练中要求注意培养队员沉着、冷静的态度，克服紧张、急躁情绪。

（2）讲解进攻区域紧逼的基本方法和要求，使队员具有完整的概念。

（3）要不断提高队员个人控制球的能力，培养队员配合的意识。

（4）要加强快速反击和前后场进行衔接的训练，明确接应点和战术的机动变化，掌握配合的时间和节奏及连续性。

2. 教学与训练方法

（1）二夹一摆脱接球练习。如图 3－176 所示，④掷端线界外球，⑤在❹和❺的夹击下练习摆脱接球。

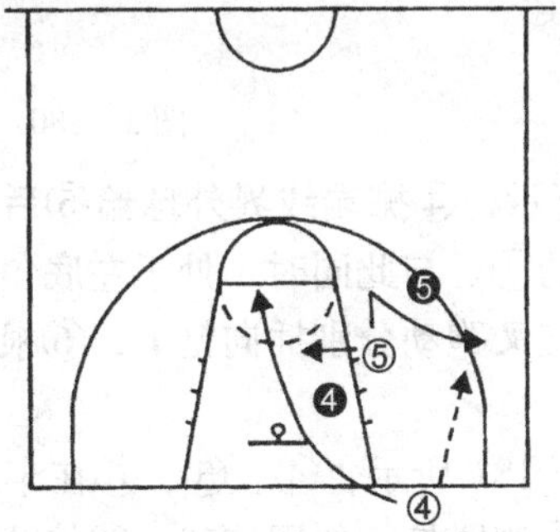

图 3－176

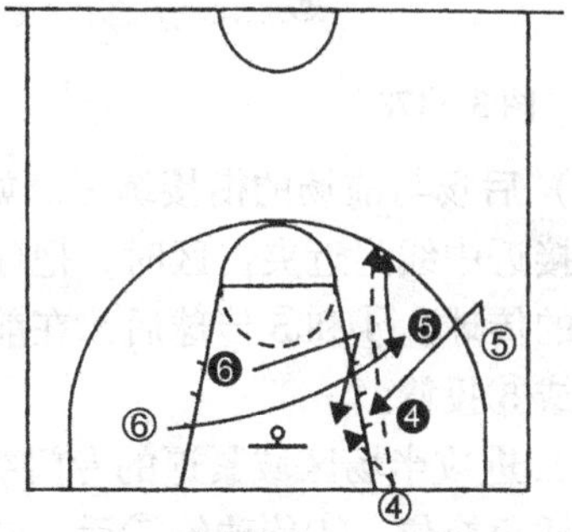

图 3－177

（2）二夹一控制球与传球的练习。如图 3－176 所示，要求⑤接到球后，必须在❹和❺的夹击下控制球达三秒钟，再把球传给进场的④。

（3）三防二掷端线界外球练习。如图 3－177 所示，④掷端线界外球时，❹、❺、❻防守⑤和⑥。⑥给⑤做掩护，⑤利用掩护接球，如果❻积极抢前防守⑤，⑥就在掩护后，转身跑去接④的球。

（4）全场反跑传切与策应空切练习。如图 3－178 所示，④掷端线界外球，⑤摆脱，接④的传球，并传给插上的④，在④的传球后，根据情况传给边线空切篮下的⑤或④投篮。练习后，按号码顺序换位继续进行练习。

（5）全场回传跟进二人传切练习。如图 3－179 所示，④掷端线界外球，⑤接球后运球向前场突破，在中线附近停球，回传给中路跟进的④后加速向篮下空切，接④的传球投篮。

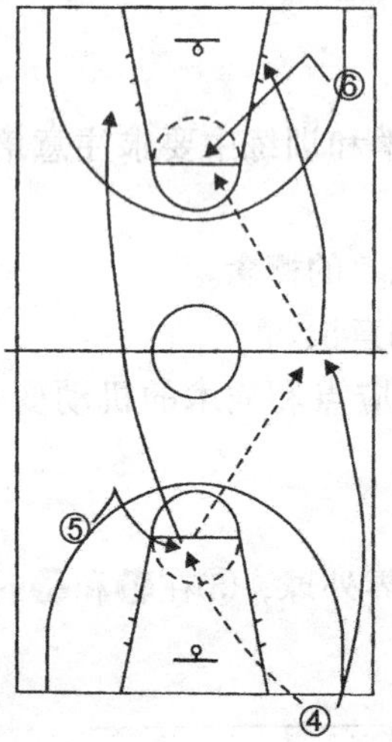

图 3－178

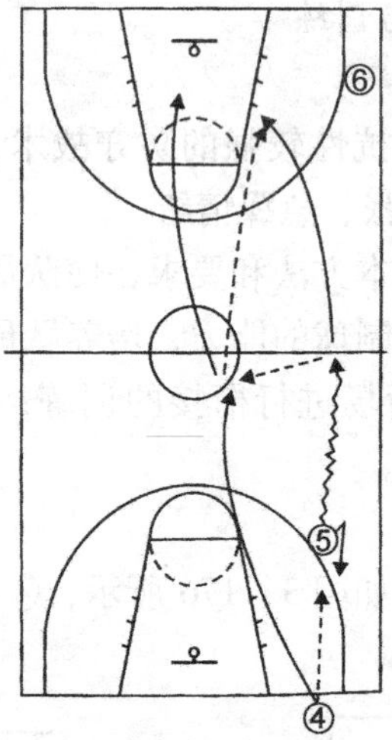

图 3－179

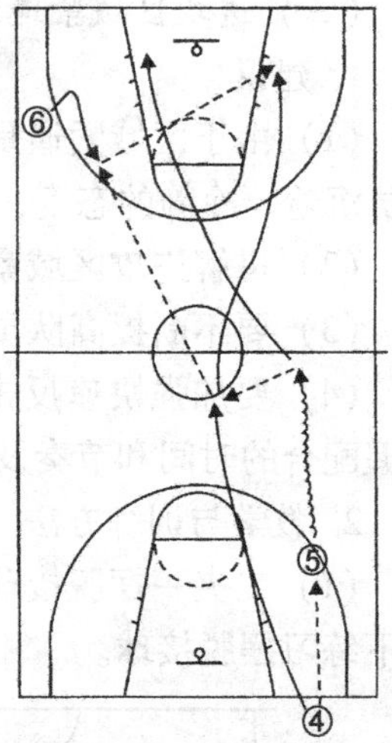

图 3－180

（6）后场与前场的衔接练习。如图 3－180 所示，④掷端线界外球给⑤后，⑤运球突破到接近中线附近夹击区时，把球回传给跟进的④。与此同时，处于左底角的⑥跑上来接④的传球。④和⑤传球后，在前场弧顶外做交叉跑动分别插向篮下，⑥根据情况传球给④或⑤投篮。

（7）进攻半场区域紧逼的专门练习。如图 3－181 所示，④、⑤、⑥在半场内练习回传和插角换位。④传球给⑤后，向右场角插，⑥摆脱接⑤的回传球。⑤传球后插向左场角。⑥根据防守情况，把球传给④或⑤投篮。

（8）结合插角拉开供中锋球的练习。如图 3－182 所示，练习方法和上一练习相似，在⑥摆脱接球和④、⑤插角后，⑥根据防守的变化，选择时机传球给中锋队员⑧。

⑥最好是在插角时拉空篮下，在中锋队员处于一对一的情况下供球。

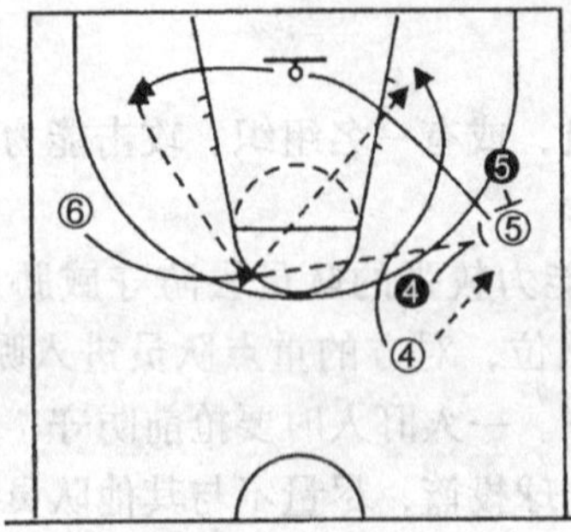

图 3－181

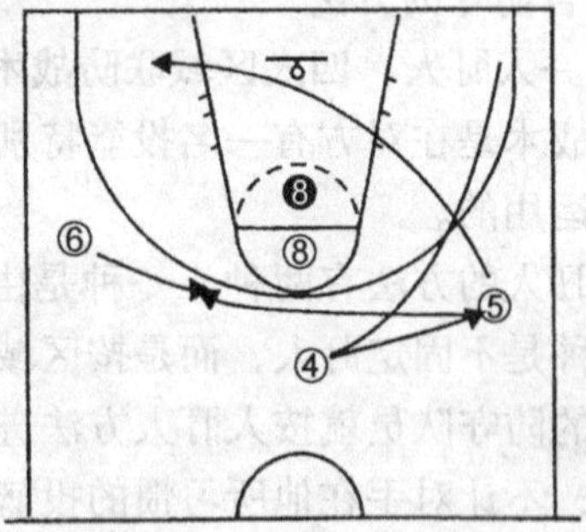

图 3－182

第七节　混合防守与进攻混合防守

一、混合防守

混合防守是把区域联防和人盯人防守有机地结合在一起运用的一种特殊的防守战术。五个防守队员分别按不同的防守原则，针对对方进攻的特点来组织具体防守，它的针对性强，能够以己之长，攻彼之短，更好地发挥本队的防守特点，增加对方进攻的困难，从而争取比赛的主动。

（一）混合防守的基本要求

（1）按照采用的不同形式混合防守，每个队员必须按规定的任务、方法和原则进行防守，并要求全队高度协调，相互配合，共同完成防守的任务。

（2）负责人盯人防守的队员，要紧盯对手，尽量不换人。按区域联防站位的队员，要积极移动，协同防守，并帮助盯人同伴防守。

（3）要处理好局部与全局的关系，防守中动与静的关系，要针对对方进攻的特点加以制约，强调策略性，形成防守的整体性。

（二）混合防守的方法

1. 混合防守的形式

混合防守的形式有以下四种：

（1）一人盯人，四人区域联防。

（2）二人盯人，三人区域联防。

（3）三人盯人，二人区域联防。

（4）四人盯人，一人区域防守。

以上四种混合防守方法中，一人盯人，四人区域联防是常用的混合防守战术。

2. 混合防守的方法

（1）一人盯人，四人区域联防战术方法。

这种战术是在对方有一名投篮特别准确的队员，或有一名组织、攻击能力较强的核心队员时运用的。

一人盯人的方法有两种，一种是由一个防守能力较强的队员去防守威胁最大的队员；另一种是不固定盯人，而是按区域联防形式站位，对方的重点队员进入哪个防区，哪个防区的防守队员就按人盯人方法进行紧逼防守。一人盯人时要抢前防守，尽量减少对手接球，不让对手在他所习惯的投篮位置上得到球投篮，尽量不与其他队员换防，采取不固定盯人，必须到位交换紧逼对手。

四人区域联防的方法也有两种，第一种按“1—2—1”站位，即菱形防守，这种站位联防一般是对方后卫线上有一名组织进攻队员，防守队有一队员盯住对方投篮手时运用。

如图 3－183 所示，❹防守④，❺、❻、❼、❽按“1—2—1”阵式防守。控制前区及对方组织进攻的后卫，❻、❼注意防守对方中锋和两侧。❽控制底线。

又如图 3－184 所示，❺防守范围较大，应是本队移动速度快、积极灵活的队员。❻和❽应具有防守中锋的能力，并要求根据对方侧翼队员的落位方向，确定自己的防守位置和控制对象。⑥、⑦落位在左侧时，应由❽防守中区和对方中锋，❻控制对方侧翼队员和左区，并协同防守中锋。如果⑥移向防守队右区，或⑤、⑥向左侧轮转换位进攻时，❼、❽的防守区域要相应向另一侧移动，由❻防守中区和控制对方中锋的活动，❼防守右区，❽在重点防守底线的同时，协同防守篮下和两侧。

图 3－183

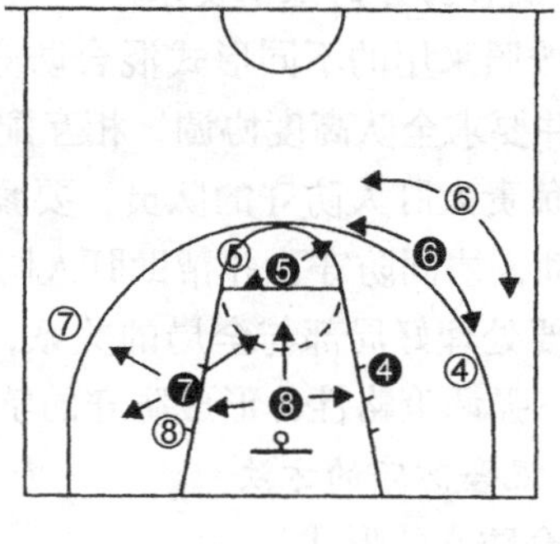

图 3－184

第二种是按二二站位。这种站位联防，一般是为了加强篮下及两侧防守，对付两个高大队员在篮下活动，同时，防守队有一名队员盯住对方组织后卫时运用。

如图 3－185 所示，❼、❽主要防守篮下两侧区域，控制对方中锋和底线活动的进攻队员，❺、❻重点防守两翼和前区，必要时换防中锋。例如对方中锋上提策应时，就要及时堵截，不让其在篮下与罚球线附近得球。

四人联防要根据对方进攻队形和被盯住队员的落位情况，采用不同的联防形式，在区域联防的同时，要求注意协防对方被盯住的队员。

（2）二人盯人，三人区域联防战术方法。

这种战术在对方有两个威胁较大的队员，而其他三个队员进攻较弱时采用。用两名防守最好的队员进行人盯人防守，三人进行区域联防。该方法有以下两种形式：

图 3－185

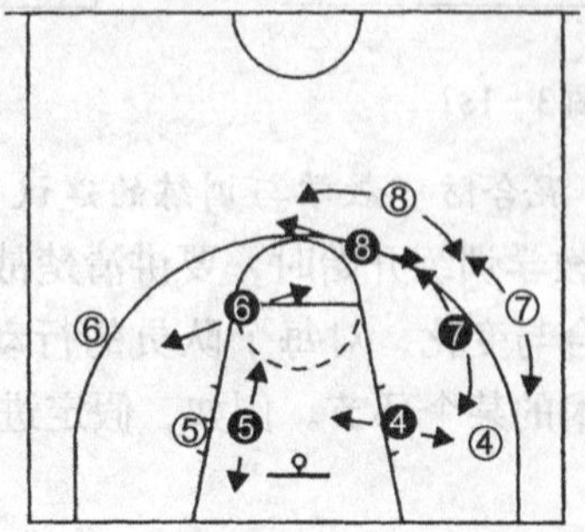

图 3－186

第一种：篮下三人联防，外围两人盯人。如图 3－186 所示，❼和❽紧逼对方⑦、⑧，❹、❺、❻根据进攻队员的落位，在篮下站成“1—1”或“2—1”联防阵形，积极滑动，控制中区。

如果对方外围攻击能力不强，而内线两个队员穿插移动很活跃，且威胁较大，此时可采用。

第二种：外围三人联防，篮下两人盯人。如图 3－187 所示，篮下❹和❺紧盯住对方④、⑤，外围❻、❼、❽联防，积极移动协防。若进攻队员偶尔向篮下斜插时，可暂时跟随移动，既能避免篮下负担过重，又能造成对方错觉。

（3）三人盯人，两人区域联防。

这种战术用来对付有三名威胁较大的队员，而另两名队员的攻击能力较弱的队；或者是本队有两名身材较高大而欠灵活，个人防守技术差的队员，但却有利于控制篮下时采用。该方法主要有以下两种形式：

第一种：外围三人盯人，内线两人联防。如图 3－188 所示，外围❻、❼、❽按盯人防守，盯住对方威胁较大的进攻队员⑥、⑦、⑧，❹和❺封锁篮下和底线两侧，按区域联防要求进行防守。

第二种：内线三人盯人，外围两人联防。如图 3－189 所示：❹、❺、❻按盯人防守对方威胁较大的进攻队员④、⑤、⑥，❼和❽在外围按联防站位，并积极滑动，控制罚球弧至罚球线附近区域。

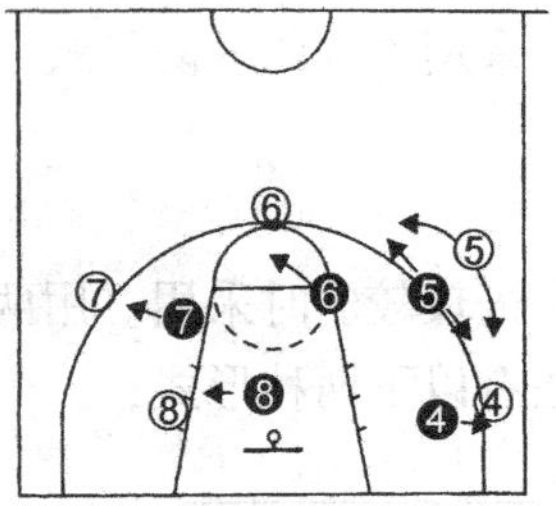

图 3－187

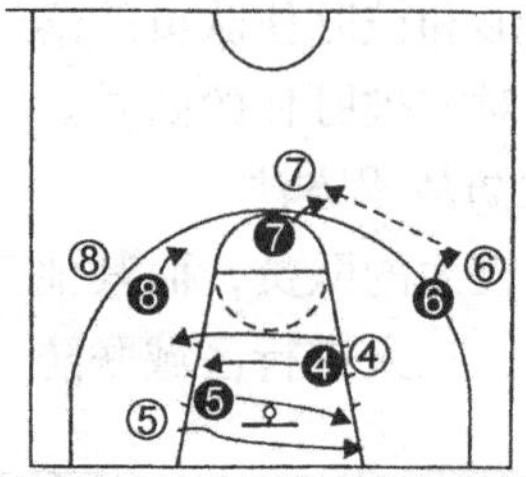

图 3－188

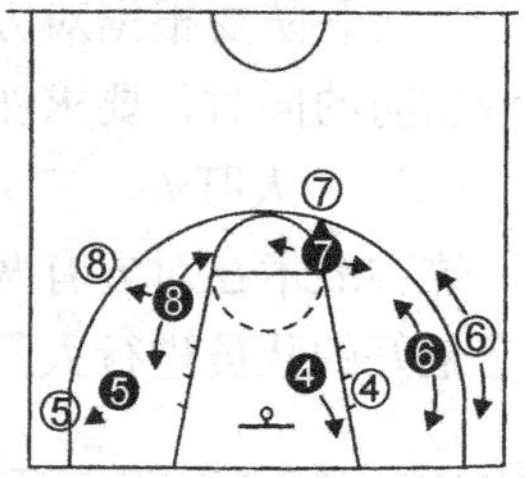

图 3－189

（三）混合防守教学与训练的建议

（1）教学训练开始时，要讲清楚战术配合方法，并可运用模拟训练法，规定进攻队员的配合与变化，对每个队员的行动提出特定的要求，专门训练不同形式的混合防守，或战术的某个环节。例如，假定进攻队有一名神投手，就进行一人盯人，四人联防的训练。

（2）根据混合防守的形式，教学时采用分解教学法。

（3）混合防守的主要形式是一人盯人，四人联防，在训练中可以首先掌握这种方法，然后再训练其他形式的混合防守。

二、进攻混合防守

为了更好地进行混合防守，首先要了解混合防守的特点，并能在比赛中识别对方所采用的混合防守形式，才能针对其防守的薄弱环节，采取相应的进攻战术。

（一）进攻混合防守的基本要求

（1）针对混合防守的阵势与特点，选择防守中的薄弱环节，以相应的对策组织力量进行配合进攻。

（2）将计就计，利用对方盯人，打乱其区域联防的部署，利用区域联防，摆脱对手的防守。

（3）无论是方形站位还是菱形站位的混合防守，限制区内及底线一带的防守均较为空虚薄弱，应当加强在这两个区域的配合与进攻。

（4）要充分依靠集体，充分发挥掩护、策应、穿插移动、以多打少等配合的威力。

（二）进攻混合防守的配合方法

1. 进攻一人盯人，四人联防的混合防守

采用进攻一人盯人，四人联防的混合防守的方法时，被紧逼的队员最好在侧面或篮下落位以牵制对方。如果在外围中间落位，则不利于球的转移，且会影响进攻中左右两侧的联系。另外，被盯住的队员要有目的地利用同伴的掩护创造有利的进攻机会。

示例一：进攻一盯四联“1—2—1”队形的混合防守。如图 3－190 所示，④是被紧逼的队员，落位在进攻的左侧，当球转移到右侧的⑥时，④可利用⑧做定位掩护插入篮下，⑧也可以同时借④的行进间掩护做横切，此时⑥可进行中投或传球给④或⑧投篮。

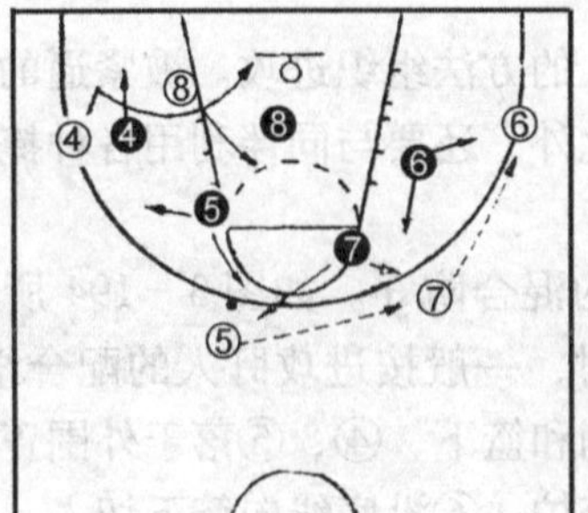

图 3－190

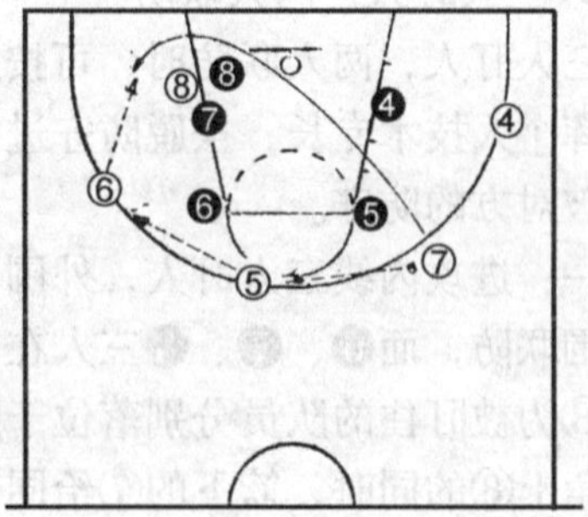

图 3－191

示例二：进攻一盯四联“2—2”队形的混合防守。如图 3－191 所示，被紧逼的队员⑧在篮下落位牵制对方防守，当⑦传球给⑤后，向左侧场角切入，利用⑧做定位掩护接⑥传来的球投篮。

图 3－192

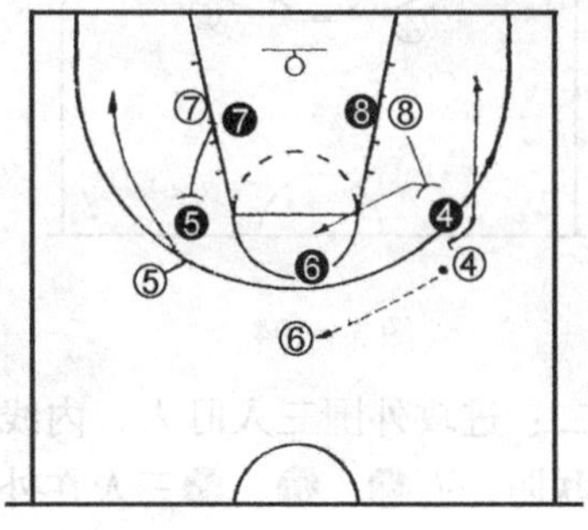

图 3－193

2. 进攻两人盯人，三人联防的混合防守

采用这种形式的进攻混合防守时，最好让被紧逼的两名队员在同侧落位，以相互掩护或为同伴做掩护创造有利的进攻机会，同时也有利于其他进攻队员落在另一侧或外围，组织进攻区域联防。

示例一：进攻外围两人盯人，内线三人联防的混合防守。如图 3－192 所示，⑤和⑥为被紧逼的队员，落位于左侧，⑥先为⑤做掩护，给⑤创造接球投篮的机会，⑥掩护后，迅速转身沿底线向篮下另一侧空切，当⑦传球给⑧时，④也突然横切，⑧可根据情况传球给⑥或④投篮。

示例二：进攻内线两人盯人，外围三人联防的混合防守。如图 3－193 所示，⑦和⑧为被紧逼的队员，落位在篮下两侧，当④传球给⑥时，⑦上移给⑤做掩护，同时⑧给④做掩护，⑥可根据情况将球传给⑤或④投篮。

3. 进攻三人盯人，两人联防

进攻三人盯人，两人联防时，可按进攻人盯人的方法组织进攻。被紧逼的三名队员应充分发挥个人技术专长，摆脱防守进行攻击。此外，还要与同伴利用各种掩护、策应配合来攻破对方的防守。

示例一：进攻内线三人盯人，外围两人联防的混合防守。如图 3－194 所示，若❹和❺在外围联防，而❻、❼、❽三人在内线盯人时，一般按进攻盯人的配合组织进攻。⑥、⑦、⑧为被盯住的队员分别落位于限制区两侧和篮下，④、⑤落于外围正面。当⑤将球传给角上⑧的同时，篮下的⑦给同侧的⑥做掩护，⑥沿底线向篮下切入，⑦掩护后转身向中区横切，⑧可根据情况将球传给⑥或⑦投篮。

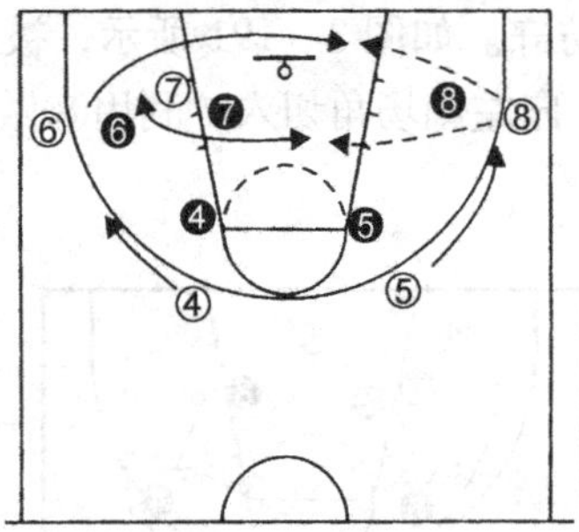

图 3－194

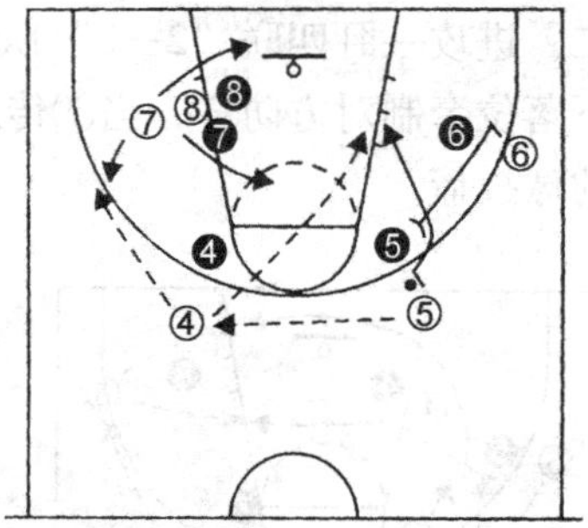

图 3－195

示例二：进攻外围三人盯人，内线两人联防的混合防守。如图 3－195 所示，❼和❽在篮下联防，而❹、❺、❻三人在外围盯人时，可按进攻盯人的配合组织进攻。④、⑤、⑥为被外围盯住的队员，应落位于正面或一侧，⑦、⑧则落位于篮下另一侧重叠站位。当⑤传球给④时，⑦可利用⑧的掩护寻找中投或切入篮下的机会，同时⑥给⑤做掩护，⑤切入，④可根据情况将球传给⑦或⑤投篮。

（三）进攻混合防守教学与训练的建议

（1）教学训练开始时，要讲清楚战术配合的方法与变化，并可用模拟训练假定某种混合防守及比赛可能产生的变化，进行进攻战术的训练。

（2）确定进攻混合防守的打法之后，教学时应采用分解教学法。

（3）进攻混合防守的战术选择应以一人盯人，四人联防的配合为重点。

第四章　篮球运动员的体能训练

第一节　篮球运动员体能训练的基本理论

随着现代篮球运动技术、战术的迅速发展，比赛的速度越来越快，攻守对抗越来越激烈，双方运动员的身体接触越来越频繁，这对篮球运动员的体能训练提出了更高的要求。体能训练是篮球运动训练的重要组成部分，是促进篮球运动员身体全面发展，更快地学习和掌握技术、战术的必要条件，是改善运动员身体机能、提高运动能力、延长运动寿命、减少运动创伤以及培养顽强意志品质的有效手段。

一、体能的概念

体能（Physical Fitness）一词最早源于美国。从广义上讲，它是指人体适应外界环境的能力。“体能”一词在我国不同时期出版的体育学院通用教材中，有不同的表述，反映了我国学者对体能认识的深化过程。在1990年以前的教材中，基本未用体能一词，而是用身体素质这一概念，与其相对应的训练内容被称作身体训练。直到20世纪末出版的教材中才开始引入体能一词，如1998年出版的《项群训练理论》将运动员的竞技能力分为心、技、体、智四个方面。2000年出版的体育院校通用教材《运动训练学》认为，体能是运动员竞技能力总体结构中的最重要结构之一，它是运动员为提高运动技战术水平和创造优异运动成绩所必需的各种身体运动能力的综合，包括运动员的身体形态、生理机能和运动素质。其中身体形态和生理机能是体能的物质基础，运动素质是体能的重要表现。

二、篮球运动员的体能特征

（一）身体形态的特征

世界强队全队的平均身高呈现稳中有升的趋势，各位置平均身高除后卫比较稳定外，中锋、前锋位置身高呈现不断上升的趋势。全队整体平均达 2. 05 米左右（其中 2. 05～2. 10 米队员一般不少于 4～5 名、2. 10～2. 20 米以上特高大中锋队员不少于 2～3名），而且相应体重、体魄各具特点。有资料表明，第13届世界男篮锦标赛前 4 名身高与名次的相关系数为 0. 875，体重与名次的相关系数为 0. 893，身高、体重与所获得的成绩呈高度正相关关系。

（二）身体素质特征

当代篮球比赛的强度不断提高，世界强队运动员必须具备全面的身体素质，即速度、力量、弹跳、耐力、灵敏等素质，才能适应当代篮球比赛的要求。研究表明，一场篮球比赛从开始到结束一般需要80分钟左右，运动员大概要跑10公里，快速跑的距离约3公里，其中快速冲刺跑为1.5～2.5公里，在积极快速的比赛攻防中，运动员脉搏可达204～216次/分，50%以上时间平均脉搏在180次/分以上，说明运动员负荷强度相当大。这就是说，篮球运动实践要求篮球运动员必须承受高强度的体能训练，只有这样才能适应高水平比赛的要求。

（三）篮球运动的项目特征

任何一个运动项目在确定训练原则和选择训练内容要求时，首先要明确影响比赛成绩和运动员专项竞技能力的决定因素是什么，它是实施正确训练行为的前提。对篮球项目而言，时空争夺是灵魂，技术对抗是手段，速度力量是保障，投篮得分是目的。因此，篮球运动项目的特点为：篮球运动是一项以投篮得分为目的，攻防快速多变的力量型运动，是高强度直接对抗性的技能—体能类项目，这表明篮球运动不单纯是技能类运动项目，同时也是对体能有很高要求的运动项目。

第二节　篮球运动员体能训练的要求与方法

一、篮球专项力量训练

力量是指人体肌肉工作时克服内外阻力的能力。力量素质是篮球运动中的首要素质，对其他素质的发展起着重要作用。力量素质的提高，有助于提高短时间耐力、速度素质以及其他素质的水平。同时，对于提高技术、战术水平也有极大的推动作用。力量素质的发展，对于防止肌肉拉伤和意外事故的发生具有预防作用；对提高心理素质品质、增强拼搏精神具有感应效应。总之，力量素质对取得优异成绩的作用是非常突出的。力量可分为最大力量、快速力量和力量耐力三种。

（一）力量素质训练的要求

（1）力量训练的方法手段和专项动作特点应紧密结合，侧重于动力性练习，保证专项动作效率的发挥。要与速度、弹跳、灵敏等素质和篮球技术结合起来，使发展的力量素质具有高度的灵活性。

（2）在发展力量素质时，集中与分散安排相结合，避免局部负担过重。注意大小肌肉群平衡发展，突出快速力量的训练与发展。同时要考虑运动员特点、性别、年龄和训练程度等，有针对性地合理安排。

（3）力量训练在周计划的安排中一般不少于2次或3次。综合课中，力量素质训练安排在课的后半部分。训练后注意放松肌肉，使肌肉既有力量又有弹性。

（4）采用肌肉增粗或力量耐力的训练要与快速爆发性专项素质和技术相结合，避免因力量训练而引起灵活性的下降。

（5）肌肉力量练习的技术动作应与篮球技术动作结构相一致，对运动技术至关重要的力量要素更要突出发展，使技术最用力的部分承受最大负荷，并超过技术用力和技术动作的速度。

（6）在负重练习前要充分做好准备活动，训练时要集中精力，注意严格动作规范要求，循序渐进，防止伤害事故。

（7）发展力量应注意对教学对象的监控，对不同力量水平运动员应区别对待，使每一个运动员都能保质保量地完成训练任务。

（二）力量素质训练的方法

1. 发展手指手腕力量

（1）连续做击掌俯卧撑、指卧撑等练习。

（2）握力器、握捏网球和抛接铅球等练习。

（3）两人面对坐地，两腿分开，用指腕力量传递篮球或实心球。

（4）对墙做各种快速连续拍球。

2. 发展上肢力量

（1）用杠铃做各种举重练习。

（2）负重做传球、投篮动作练习。

（3）用实心球做传球、投篮动作练习。

（4）快速连续传接球练习。

3. 发展腰、腹力量

（1）仰卧举腿、仰卧快速屈体、仰卧起坐。

（2）侧卧体侧屈、俯卧体后屈。

（3）肩负杠铃做体前屈或转体。

（4）跳起空中转体、转身等，空中传接球、投篮等练习。

4. 发展下肢力量

（1）肩负杠铃深蹲或半深蹲练习。

（2）肩负杠铃快速用力起跳或连续提踵练习。

（3）蛙跳、立定跳远、多级跳、跳绳、跳台阶、跳深等练习。

（4）连续起跳摸篮板或连续深蹲起跳等练习。

5. 综合力量练习

（1）抓举、连续快速抓举。

（2）挺举、连续快速高翻挺举。

二、篮球专项速度训练

速度素质是指人体快速移动的能力。速度素质在篮球运动员的身体素质中占有特别重要的地位，良好的速度素质是运动员在比赛中取得时间和空间优势的重要因素，也是运动员在比赛中技、战术运用能否奏效的决定性因素。速度素质分为反应速度、动作速度和位移速度三种。

（一）速度素质训练的要求

（1）篮球运动员的速度特点是低重心，在没有充分蹬伸的情况下快速跑。在发展速度方面，要特别注意发展动作的频率。

（2）练习时要做到起动快速而突然，要运用多种练习方法，把各种姿势起动、各种距离以及变速变向跑结合起来进行练习，提高反应速度、动作速度和移动速度。

（3）正确安排速度训练的顺序。在周期训练中应尽量安排在前期，在各素质训练的安排中，速度素质应安排在力量和耐力素质的前面，使运动员能在较好的体能和精神状态下完成速度练习。

（4）篮球运动员的速度练习要培养运动员对时空特征的反应判断能力，并使运动员具有良好的反应起动速度。应多采用竞赛性和对抗性练习。

（5）篮球运动员的快速跑应与技术动作协调，使运动员在运用技术过程中不降低跑动速度或者减少速度损失。

（6）速度素质训练应在运动员精力充沛、精神饱满的情况下进行。训练时要严格要求，以最快的速度按正确动作完成练习。

（二）速度素质训练的方法

1. 各种专门性练习

小步跑、后踢腿跑、高抬腿跑、交叉步跑、跨步跑、加速跑、牵引跑等练习。

2. 各种起动跑练习

（1）原地小步跑、高抬腿跑、交叉步跑等，看手势、听信号突然起动做冲刺跑。

（2）采用蹲踞式、站立式、背向站立等各种姿势的起跑。

（3）起跳落地，立即起动侧身冲刺跑。

3. 篮球移动技术中各种跑的练习

在篮球场上做绕障碍跑、变向跑、侧身跑、后退跑、弧线跑和折线跑等练习及各种防守步法练习。

4. 结合球的速度练习

（1）队员做跑动中自抛自接或向前投掷地滚球的接球、抢球。

（2）全场直线运球、变速运球跑，并结合行进间投篮练习。

（3）全场只准运三次球快速运球上篮、往返几次的练习。

(4) 原地对墙快速传球，两人行进间快速传接球上篮。

(5) 各种距离的快速移动接球跳投练习。

三、篮球专项耐力训练

耐力是指人体在长时间活动中克服疲劳的能力。耐力素质是指运动员在运动中长时间抵抗神经、肌肉疲劳的能力，它是篮球运动员的重要素质。疲劳是训练的必然结果，没有疲劳就没有训练。疲劳会使有机体工作能力下降，而不能保持长时间的工作，所以疲劳又是训练的障碍。运动员在训练和比赛过程中抗疲劳的能力，反映了他的耐力素质水平。篮球运动员必须具备良好的耐力素质，才能在比赛中始终保持充沛的精力和旺盛的斗志，才能保证技术、战术水平的正常发挥。耐力素质的发展对篮球运动成绩的提高有着十分重要的意义。耐力素质分为一般耐力和专项耐力。

（一）耐力素质训练的要求

(1) 应根据训练任务与要求，科学地安排练习强度、重复次数和间歇时间。

(2) 篮球运动员在专项耐力的训练中，要特别注意代谢特点，科学合理地安排训练，遵循循序渐进和区别对待的原则，随时注意观察运动员的反应，根据情况调整运动量。

(3) 篮球运动员的耐力训练，要突出专项耐力。专项速度耐力素质训练应在发展一般耐力素质的基础上进行，应把耐力素质的训练安排在课的最后部分进行，或者专门组织耐力素质训练课。

(4) 耐力训练要长年进行，练习内容要多样化，逐步提高队员对各种新异刺激的适应性，避免因练习内容单调，造成训练积极性不高，引起思想上的厌倦现象。

(5) 耐力训练体力和精神消耗量较大，应重视恢复。

(6) 在耐力素质训练中必须有意识地培养运动员的意志品质和自觉刻苦的良好作风。

（二）耐力素质训练的方法

(1) 不同距离的中长跑、越野跑等。

(2) 连续进行400米跑和各种中长距离的变速跑。

(3) 连续进行长时间的攻守转换练习。

(4) 在场上利用各种横线做往返折回跑或运球折回跑。

(5) 全场反复快速运球上篮，二人、三人全场反复快攻练习。

(6) 各种跑、跳、防守脚步动作，投、突、传、运等动作组成的全场综合练习。

四、篮球专项灵敏训练

灵敏是人体在各种复杂条件下，快速、协调、准确、灵活地完成动作的能力。灵敏素质是指在各种突然变换的条件下，运动员能够迅速、准确、协调地改变身体移动空间位置和移动方向，完成动作的能力，它是一项综合素质。篮球运动员灵敏能力实质上是大脑皮质神经过程的转换，将已形成的某种准确有效的动作动力定型以适应突然变化的运动情况。灵敏素质分为一般灵敏素质和专项灵敏素质。

（一）灵敏素质训练的要求

（1）灵敏素质的负荷强度较大，持续时间不宜过长，练习安排应放在每次课精力最充沛的阶段，避免在人体疲劳和大脑不兴奋状态下安排练习，以提高练习的效果。

（2）灵敏素质的发展是以速度、力量柔韧等素质为基础的，训练中可广泛采用发展其他素质的练习来发展灵敏素质。

（3）灵敏素质训练要结合各种信号进行，以提高运动员的观察、判断和反应能力。

（4）要着重提高身体重心的转换能力，从而促进神经过程的转换速度，在神经中枢的参与下使手脚协调配合，提高人体在高空中的控制能力，完成各种高难动作。

（5）重视专项灵敏素质的发展，使运动员参加各种形式的比赛，了解篮球运动技术、战术的时空特征，从而能在复杂的条件下随机应变。

（6）篮球专项灵敏素质训练应注重加强视野、观察力、脚步移动能力和手控制球、支配球能力的训练。

（二）灵敏素质训练的方法

（1）按教练员发出视、听信号，做各种滚翻，并结合起动快跑的练习。

（2）接不同方向、不同距离、不同速度及不同位置的困难球。

（3）在快速跑动中拾起或接地滚球运球上篮。

（4）脚步、腰、胯的灵活性练习，将各种脚步动作组合成综合练习，在全场进行练习，按教练员发出的各种信号迅速改变动作。

（5）各种篮球基本技术、战术基础配合的对抗练习，并结合攻守转换练习。

五、篮球专项柔韧训练

柔韧是指运动员关节韧带屈伸旋转的活动范围和肌肉拉长的幅度。柔韧素质是指人的各个关节的活动幅度、肌肉和韧带的伸展能力。肌肉和韧带的伸展能力对关节的活动幅度有较大的影响，篮球运动是综合性活动，要求做动作时既能较大幅度地伸展，又能及时地收缩变化；动作既要有力，又要协调。篮球运动员柔韧性练习主要为了改善肌肉的伸展性和弹性，提高运动员的运动技术动作幅度和动作灵活性，减少运动伤害事故的发生。柔韧素质分为一般柔韧素质和专项柔韧素质。

（一）柔韧素质训练的要求

（1）练习前应做好准备活动。练习时动作幅度要由小到大，用力柔和，不能过猛。还要注意与放松练习交替进行。

（2）柔韧素质练习可放在早操或课的准备活动中进行；身体疲劳或练习部位有伤

时不宜进行柔韧素质训练。

(3) 柔韧素质容易消退，要经常进行，持之以恒。

(4) 柔韧素质训练要与其他素质训练结合进行，特别是与力量素质训练相结合，使肌肉、韧带柔而不软，韧而不僵，刚劲有力，使关节的活动幅度掌握自如。

(二) 柔韧素质训练的方法

1. 被动性静力拉伸法

(1) 各种负重和不负重的悬垂练习。利用身体的重力做单杠、双杠上正反关节的悬垂练习。

(2) 同伴协助或者助力，维持某种动作姿势，如做“桥”的练习。

2. 主动的动力性练习法

(1) 利用各种摆动和振动，如各种踢腿、绕环、推墙等。

(2) 协调发展关节周围小肌肉群力量，使参加完成动作的肌群与放松的对抗肌协调配合，并利用放松的惯性力，使关节的柔韧达到最大限度。

3. 混合性练习法

(1) 直角悬垂压腿。通过腹肌的收缩加力及利用上体的重力下压，使腹后肌群拉长。

(2) 负重仰卧起坐的前压腿练习。对腹后肌群、脊柱后群肌肉和韧带都有良好的牵拉作用。

第五章 篮球运动员的心理训练

第一节 篮球运动员的心理训练概述

一、运动员的心理训练

运动员的心理训练，就是指训练运动员为完成专项运动所需要的心理因素得到稳定的加强和提高，并学会调节心理状态的各种方法，以便在训练和比赛中促进身体和技战术水平得到正常或超常的发挥。

心理训练的作用，主要在于促进运动员心理过程的不断完善，形成专项运动所需要的良好的个性心理特征，获得较高水平的心理能量储备，使其心理状态适应训练和比赛的要求，为提高运动技术和战术效果及获得最佳竞技状态和创造优异成绩奠定良好的心理基础。

二、篮球运动员的心理训练

篮球运动员的心理训练是根据篮球运动的特点、规律和竞赛的需要，有目的、有计划地对运动员的心理过程和个性心理特征施加影响的过程，也是使用特殊的方法和手段，使篮球运动员学会在比赛极度紧张的条件下保持与提高自己的情绪状态，具有自我心理调整的能力，以利发挥运动能力的心理过程。篮球心理训练是为适应现代运动竞赛的需要而发展起来的。

当今世界篮球运动向着高技术、高速度、高空优势和激烈对抗的方向发展，篮球比赛已不是单纯的身体、技术和战术的较量，而是身、技、心融为一体的全面抗衡。要想在世界篮球强国中占有一席之地，必然要尽量挖掘出人的潜在能力。现代篮球运动的训练和比赛要求运动员在消耗巨大身体能量的同时，也要付出巨大的心理能量，如果运动员没有良好的心理状态，就不能顺利完成训练任务，更难以获得优异的比赛成绩。比赛双方队员在体能、技术、战术持平实力相当的情况下，心理因素往往对比赛的胜负起着决定性的作用。

第二节　篮球运动员的主要心理素质

篮球运动是一项技术多样、战术复杂、对抗性很强的开放性同场对抗的集体项目。运动员在有限的时间和空间内以控制球为手段，通过与同伴的配合，突破对方的防线，从而达到将球投入对方球筐的目的。由于篮球运动员处于不断变化的情况下完成动作，要求及时准确地了解各种情况，分析场上局势，迅速做出反应和采取相应的对策，调整自己的行动。篮球运动的这些特点决定了运动员必须有很高的心理素质，概括地讲有三个方面，即篮球意识、篮球品质和情绪稳定。

一、篮球意识

（一）篮球意识的概念

篮球意识是指篮球运动员在从事篮球实践活动中，经过大脑积极思维而产生的一种正确反应篮球运动规律特殊性的特殊机能和能力。它是篮球运动员在长期篮球实践活动的认识过程中提炼和积累起来的一种正确心理和生理机能的反射性行动的总称。简而言之，是篮球运动员对篮球运动比赛规律客观现实的主观反映。

篮球意识的形成有它一定的规律，需要经过较长时期科学的、系统的训练，并在比赛实践中不断积累知识和丰富经验。它随着运动员篮球技能的形成而产生，也随着篮球技术、战术的发展而提高，并形成自己的特点。著名 NBA 球星乔丹说："我是怎么把基本动作转化成我的功力，重要的一点是：一场比赛已不仅仅局限在体力和球技的较量，篮球意识上的较量更为尖锐。"因此，篮球意识被认为是篮球运动员最宝贵的"精髓"，是比赛中指导正确行动的"活的灵魂"。

（二）篮球意识的培养

1. 在技术训练中培养篮球意识

在技术训练中培养篮球意识是培养运动员篮球意识的基本途径。篮球意识是长期、有计划地在整个训练过程中不断渗透才形成的。运动员之所以能在球场上合理地运用应变技术、战术，正是潜意识的作用。而最初的技术基础训练阶段是关键。在技术动作练习时，要经常、反复不断地对技术进行讲解分析，要使运动员不但知其然，还知其所以然，加深对技术动作的理解，使感性认识和理性认识密切结合。因此，在技术训练中必须重视观察习惯和观察能力的培养；通过技术动作的实战运用训练，培养运动员分析判断和运用技术的应变能力。所以，要重视从技术动作个性训练中培养篮球意识，在对抗因素和条件中培养篮球意识，在运用真假技术的变化中培养篮球意识，达到在技术动作的运用训练中既掌握动作应变方法又培养应变意识的目的。

2. 在篮球战术训练及比赛中培养运动员的篮球意识

在战术训练中培养篮球意识，首先要在单个战术配合训练时使队员了解战术的结构及配合的规律、方法、特点和每个战术位置上的职责、作用，提高战术变化的灵活性。战术训练最重要的任务就是培养、提高运动员个人和整体协同作战意识的战术行动能力，提高运动员整体竞技水平，而发展运动员的战术能力要以培养运动员的篮球意识为主。篮球意识的核心要素是战术思维能力，所以在战术训练阶段培养运动员的篮球意识，应主要发展运动员的战术思维能力。

因此，教练员设计组织每一种战术配合都要有一个基本的"标准模式"，并且用这个"标准模式"去衡量运动员的战术行为是否适当。运动员在思维决策过程中以"标准模式"的思想语言方式进行活动，然后教练员在篮球战术训练过程中，有计划、有步骤地将各种战术行动的"标准模式"以思维决策的形式传授给运动员，并通过比赛的反复磨炼，不断总结经验，就能不断提高篮球运动员的篮球意识，而对抗训练和实践竞赛是形成正确战术意识的最主要途径。

3. 加强篮球理论知识的学习，丰富篮球意识

一名运动员掌握知识的深广度、一个球队整体的知识结构水平的高低，是直接影响教练员能否用现代化科学知识培养运动员的一个重要因素。学习篮球理论知识是培养"篮球意识"的主要措施之一。运动员必须掌握篮球运动的规律，清楚篮球运动员的现状和发展趋势，明确攻防技、战术的特点等。由于理论知识在一定时期内是相对稳定、较为系统的，具有高度概括性和普遍指导意义，有助于使运动员在相对较短的时间内掌握其内涵意义，从而促使运动员的篮球意识的快速发展。另外，观察篮球训练和比赛也是培养篮球运动员"篮球意识"不可缺少的环节，通过大脑积极思维和分析，既可扩大眼界，增加信息来源，又有利于篮球意识的培养。

4. 通过心理训练培养运动员的篮球意识

意识是心智能力的集中体现，因此，良好的心理素质是运动员篮球意识得以提高的重要因素。篮球意识是随着技、战术的学习而逐步形成的，加上认知训练、意志训练和心理调整训练等一般心理辅助训练，可使组成运动员篮球意识结构要素的心智能力得到改善和提高，为篮球意识的提高打下坚实的基础。通过有目的的一般心理训练，可提高运动员的感知觉能力及反应速度；提高自我调节能力和情绪控制能力，学会调节心理状态的方法，为比赛中的正确意识活动做好必要的心理准备。

二、意志品质

（一）意志的概念

意志是为了实现确定的目的，而支配自己的行动并在行动时自觉克服困难的心理过程。意志就是在实际行动中下决心认真克服困难的内部过程。意志品质具体表现为自觉性、主动性、勇敢性、顽强性、果断性和自制力等。

现代篮球运动的基本特征是攻、防争夺异常激烈，比赛自始至终都是在高强度、高对抗条件下进行的。同时，由于篮球比赛情况的复杂多变，使篮球运动员运用技术过程的条件不断变化而出现意想不到的困难与障碍。因此，篮球比赛中要求运动员具备勇敢、顽强、坚定、果断的意志品质。美国著名篮球教练员鲍比·奈特说过："心理韧性的作用是身体韧性的四倍"。可见意志品质在篮球运动员心理素质中的重要作用。

(二) 培养意志品质的方法

(1) 增强责任感和事业心。这是形成良好的意志品质的重要保证，只有热爱所从事的篮球事业，才能在困难面前坚持不懈，取得最后的胜利。

(2) 确定目的，持之以恒。一名优秀运动员必须树立明确的目的，有坚持不懈的精神，养成不达目的誓不罢休的习惯，把意志的锻炼和勤学苦练紧密联系起来。教练员则在训练中通过周密安排，要求运动员认真完成具体的训练作业，有意识、有系统地去培养磨炼他们。

(3) 提高难度，增大负荷。在训练中，针对运动员意志品质的培养要求，有目的地、可行性地提高练习的难度，包括环境条件、人为地设置障碍、疲劳状态、消极性情感等，要求运动员有限制地经过努力克服困难完成任务。当运动员在这个过程中能主观感觉到战胜困难的喜悦时，就会增加自信心。

(4) 强化比赛因素，提高竞技意识。充分利用比赛形式、方法和竞赛中的对抗，提高竞技意识。要充分激发运动员的竞争意识，利用比赛使他们面对困难，战胜困难。提高比赛负荷和对变化形式的适应，这是对运动员意志品质的最好考验。在不断提高要求中使运动员得到必要的意志储备，则无论对个人或集体都是有重要意义的。

三、情绪稳定

(一) 情绪的概念

情绪是人对客观事物的态度体验及相应的行为反应。体育竞赛中的情绪稳定是运动员最佳心理状态中最核心的内容，是训练水平正常发挥的保证，所以情绪稳定是运动员主要的心理因素。

人的情感是在实践活动中产生、发展和变化的，篮球运动员在训练与比赛中也会产生与发展相应的情感体验。情绪是情感的表现形式，它有调动行为的职能。稳定的情绪能指引和维持人们的正常行为，排除所遇到的阻碍。由于篮球比赛紧张激烈，运动员的整个身心都处于极度的紧张状态，伴随产生的强烈而鲜明的情感体验的复杂多变与运动员的个人特点的多样性是相联系的。由于篮球运动是集体项目，比赛的胜负要依靠全队运动员协同配合与正常发挥，任何一个队员情绪不稳定都将造成某一区域或某一环节的漏洞，从而影响到比赛的胜负。因此，要特别注意对运动员情感倾向、深度和稳定等因素进行及时的调节，引导动员的自我调节和控制。尤其是当面对强手时，在比赛前和激烈拼搏的比赛中，运动员的情绪必须适度，过于兴奋或消极低沉都会对比赛产生负面的影响。

（二）篮球运动员情绪稳定状态的几个阶段

首先，要对运动员赛前心理状态进行分析，对过分激动、淡漠或盲目自信等状态，要分析原因与后果，引导运动员有良好的精神准备状态。其次，要在比赛中采取相应的手段，以使运动员保持稳定的心理情绪。在比赛过程中，随着战局的起伏，运动员常常是由一种情绪转入另一种情绪状态，因此，特别要注意区分比赛中陶醉状态与狂热状态、悔恨状态与消极状态，要通过针对性的暗示，鼓舞信心与斗志，消除紧张状态，指出问题与采取防范措施，保证比赛中战斗精神处于振奋状态，并激发比赛中最深刻和最复杂的情感，即运动荣誉感、自豪感、义务感和责任感，从而使运动员的力量、能力和意志得到最大限度的发挥。最后，在赛后还应对胜利与失败的主要心理表现进行分析，从意志、适应性、思维的正确发挥及其对比赛成败所起的主要作用都要加以讨论，以提高运动员的心理素质和在个性特征方面作正面的引导。

第三节　篮球运动心理训练方法

心理训练已成为现代篮球运动训练系统不可缺少的一部分。一方面，它影响、制约着运动员身体、技术、战术水平的改善和体现；另一方面，它可促进篮球运动员心理过程的不断完善，形成专项运动所需要的良好个性心理特征，获得高水平的心理能量储备，使其心理状态适应训练和比赛的要求，为达到最佳竞技状态和创造优异成绩奠定良好的心理基础。

(1) 结合体能的心理训练。

现代篮球运动的激烈对抗和快速的攻守转换对运动员的体能要求越来越高，体能训练受到高度重视。体能训练通常是枯燥的，而枯燥感的形成通常是因为训练方法的单一或训练的目标不明确。体能训练是培养运动员目标设置，培养坚韧、顽强的意志品质最有效的方法和手段。

(2) 结合技术的心理训练。

篮球是技术性要求很高的运动项目，技术训练是任何时期都不可缺少的训练内容。技术训练过程也是提高运动员个人思维能力和表象能力的过程。教练员和运动员在对专项技术发展规律充分理解的基础上，使运动员学会心理训练的方法，使心理训练为技术训练服务。结合技术的心理训练关键在于对技术和心理训练的深刻理解。理解技术本身对心理素质有何要求，理解心理素质如何对技术发挥作用。

(3) 结合战术的心理训练。

篮球战术训练中包含的最重要的心理训练内容就是思维训练和团结凝聚力的培养。

个人思维训练结合个人战术行动进行训练可以培养运动员的战术意识；集体思维训练结合全队和局部战术配合进行训练可以培养运动员之间的配合意识。运动员对场上情况的观察、判断、预测，以及对同伴和对手行动意图的理解，均需要运动员积极的心理参与。可以说，战术训练本质上就是心理训练。另外，增强团队凝聚力，教练员要学会一些特殊的干预方式或策略，结合运动员的具体情况，因人而异，培养团队凝聚力，形成团队风格。

（4）常用的心理训练方法。

专门的心理训练方法很多，具体程序可以参考心理训练的专门书籍。教练员可以根据需要选择使用，也可以结合专项创造性地进行。常用的方法有：

1）放松训练；

2）暗示训练；

3）表象训练；

4）情绪控制；

5）目标设置训练；

6）生物反馈训练；

7）系统脱敏训练；

8）催眠术。

第六章　篮球运动常见损伤的预防及处理

篮球运动是一项对抗激烈的体育活动，进攻和防守瞬间交替，突然起动和停止、跳跃和下蹲，体位改变等动作不断变换，使篮球运动充满了乐趣，也充满了竞争对抗，而且相当激烈，身体接触经常发生。这些都增加了运动员，尤其是青少年运动员在激烈对抗情况下受伤的可能，而许多从事篮球运动的青少年往往不太重视损伤的预防和保护，这对于广大青少年从事篮球运动是很不利的。随着现代篮球运动不断向高强度、高速度和高空优势对抗方向发展，也使运动员在训练和比赛中受伤的几率升高。如何采取有效的预防措施降低运动场上的发病率，对于促进篮球运动的发展具有重要的现实意义。

第一节　篮球运动常见的损伤、处理及康复训练

一、篮球运动常见部位的运动损伤

（一）上肢部位的损伤

篮球技术动作主要是靠手来进行的。如投篮、运球、传球、接球等动作，这就对肩、肘、腕、指关节提出了更高的要求，同时也增加了肩、肘、腕、指部位的负荷和受伤的几率。经统计分析，篮球运动员的肩肘部受伤几率仅次于膝、腰部，是篮球运动常见的损伤之一。常见的有手指挫伤、肩袖损伤、肘关节内侧部韧带受伤和肘关节脱位等。

（二）躯干部位的损伤

腰是人体活动的枢纽，在急停转身、跨步过人和个人防守、跳起、空中拼抢等技术动作中运用十分频繁，所以极易受伤，腰部伤患在篮球运动损伤中占第二位。最常见的有腰部肌肉筋膜炎（腰肌劳损）和急性腰扭伤。除了手脚的主要损伤部位外，人体胸部、腰部、眼睫毛骨处也经常出现撞伤。

（三）下肢部位的损伤

膝关节是人体最复杂的关节，构成此关节的肌肉、韧带等附件最多，受伤的部位也较多。在突然起动、急停、迅速转身、移动中突破跨跳等各种技、战术动作中，膝关节局部受到很大的瞬间冲击力，极易使膝关节受伤。因此，膝关节的伤患在篮球运动受伤中高居第一位。常见的损伤有半月板损伤、膝关节韧带损伤、前十字韧带损伤、髌骨软骨病、股四头肌挫伤等。

踝关节是韧带扭伤的易发部位，篮球比赛中多是单脚起跳，而起跳时踝部力量的大小非常重要，如果踝部力量不足，起跳稍不注意就会受伤。另外，落地也是踝部受伤概率最多的原因，落地时脚步不正或不小心落在他人脚上都易受伤。踝关节损伤在篮球运动中居第三位。常见的损伤有：踝内侧副韧带损伤和踝外侧韧带损伤、跟腱断裂等。

二、篮球运动常见运动损伤的处理

（一）皮肤损伤

篮球运动中最常见的有擦伤、挫裂伤等。对于面积较小、浅层的、创面无异物的皮肤擦伤，最好用生理盐水冲洗消毒，创面涂抹2%的红药水或1%～2%龙胆紫液即可（面部除外），不必包扎。对于擦伤较严重的队员，认真清洗创面，先用0.1%PP溶液或双氧水、生理盐水、凉开水清洗创面，除去异物，剪去失活皮肤，再用2.5%碘酒和75%酒精消毒。刺伤的伤口如果较深、较小、较脏时，应到医院注射破伤风抗毒血清，预防破伤风。

（二）肌肉拉伤

肌肉轻度拉伤后，首先应冷敷，局部加压包扎，适当制动、抬高伤肢，30分钟后去除冷敷，疼痛重者可服止痛药。24小时以后，解除固定，开始理疗、按摩伤部的周围及轻微活动，48小时以后在伤处进行按摩，72小时后看情况可以开始适量恢复活动。怀疑有肌肉、肌腱完全断裂者，应在局部加压包扎、固定后赴医院确诊。

（三）关节扭伤

伤后应当立即用拇指指腹压迫痛点止血，然后给以局部冷敷或冰敷、加压包扎、适当制动和抬高伤肢，以利于减少出血和肿胀。局部可敷止血、消肿的中草药。3～5分钟后可取下绷带进一步检查，如怀疑有韧带断裂严重损伤时，要送医院进一步处理。24～48小时后可进行局部按摩或理疗。

（四）骨折

当发现受伤局部出现明显畸形、剧烈锐痛时，原则上应立即按骨折脱位的病案做现场处理，切忌在未弄清伤病的情况下擅自实施手法复位等治疗。闭合性骨折可用临时夹板固定、肢体制动，以减轻疼痛，避免再伤以及便于转送。对于开放性骨折或脱位，除止血、保护创面、防止感染外，也应对患肢进行临时制动和固定。

三、篮球运动常见运动损伤的康复训练

（一）上肢部位损伤的康复训练

（1）肩袖损伤的康复训练。如肩关节的回旋、旋转运动和肩外展90°位负重静立性练习等，以改善局部血液循环，增强肩部外展肌群，尤其是三角肌的力量，防止肌肉萎缩。康复训练要以肩部不产生疼痛为原则。积极治愈肩部的微小损伤、强化肩部外展肌

群的力量训练和注重力量训练后的放松练习是预防肩袖损伤的三个关键环节。

（2）肘关节内侧部韧带损伤的康复训练。受伤一周后，配合临床治疗，逐步开始康复训练。其主要目的在于防止关节粘连和逐步增强前臂肌力。练习中，一方面必须采取保护措施，如使用护肘、粘膏支持带等；另一方面避免重复受伤机制的动作，阻抗负荷也应逐步增加。

（3）肘关节脱位的康复训练。整复后第二天即可开始握拳、转肩的康复练习，以促进前臂的血液循环，有利于消肿。去固定后，坚持进行肘关节的伸屈和前臂旋转运动，防止和松懈创伤后的关节粘连。肘伸屈训练时，动作的幅度必须适可而止，逐渐加大，直至恢复到原有的角度，切忌暴力扳拉，以防发生骨化性肌炎，这是康复训练的关键环节。

（二）躯干部位损伤的康复训练

（1）急性腰扭伤的康复训练。训练中应逐步加强腰、腹肌力量的练习。康复早期训练应以徒手练习为主，阻抗负荷要缓慢加量，练习动作的幅度和速度应由小到大，循序渐进。练习结束后应特别注意放松腰部肌肉，如经常性的自我腰部按摩。

（2）腰肌劳损的康复训练。腰肌劳损病程长，无特效疗法，持之以恒的体疗康复是关键。有针对性的训练方法主要有两类：第一，以加强腰、肌腹力量，代偿伤患局部肌力不足为主的训练。如俯卧"飞燕点水"、"拱桥架势"和负重仰卧举腿等。训练以不出现疼痛、肌肉痉挛为原则，练习后应特别注意放松腰部肌肉。第二，以松解腰部肌、筋膜粘连，改善局部血液循环为主的训练。如仰卧抱膝、直抬腿、旋腰蹬腿等。练习中，松解动作做到位后应保持3～5分钟，以增加松解牵拉的效果。动作的幅度、速度应由小到大，逐渐增加，以防止局部出血或再度拉伤而影响疗效。腰肌劳损急性发作期应暂停训练，并采取必要的对症治疗。

（三）下肢部位损伤的康复训练

（1）膝关节韧带损伤的康复训练，可在伤后3天配合局部治疗的同时开始进行。康复训练的要点是保持伸膝肌（股四头肌）和屈膝肌（股二头肌）的肌力，防止因伤制动导致肌肉萎缩而出现的膝关节"不稳感"现象；加强膝关节伸屈抗阻练习，防止因局部损伤的瘢痕粘连影响关节的动力性伸屈膝练习。单纯性内侧副韧带不完全断裂经10～20天的康复训练后，即可恢复训练，甚至参加比赛。

（2）半月板损伤的康复训练，可在手术两周后开始。训练要点除参照膝关节韧带损伤后的康复训练外，还需特别注意以下几点：第一，经常将患侧"膝眼"与腱侧进行比较，以鉴别观察伤侧关节有无肿胀积液现象。若出现此症，应酌情减小运动强度和运动量；第二，先进行周期性运动，再做非周期性练习；第三，运动强度和运动量以伤患关节不出现明显的疼痛和肿胀积液为度。

（3）髌骨软骨病的康复训练，以增强股四头肌的力量为主，可采用直抬腿练习、非痛点静力半蹲练习等发展肌力的训练方法。静力半蹲练习的下蹲深度应逐步加大，连续下蹲的时间要逐渐延长，直至达到每次 15 ～ 20 分钟。与此同时，还应加强股二头肌的力量训练，使腿前、后侧肌群力量得到平衡发展。康复训练时应特别注意避免在有疼痛感的膝半蹲位角度进行各种发力的练习，训练的强度和量以及练习方法应以不产生明显疼痛和加重髌骨症状为准则。

(4) 股四头肌挫伤的康复训练，须视损伤程度在受伤静止休息两天后逐步进行。避免过早地进行膝关节被动屈伸练习和暴力推拿引起的再伤，防止继发股四头肌创伤性化骨性肌炎，是康复训练中应特别注意的问题。开始练习时应躺在床上做轻微的膝屈伸活动(不可放在床沿和负重伸屈)，逐步过渡到下地行走。恢复膝关节的正常伸屈功能和股四头肌力量训练，一定要以局部不产生疼痛为原则，切不可急躁和蛮干。

(5) 踝关节韧带损伤的康复训练，一般受伤一周后在配合临床治疗的同时，可开始康复训练。早期练习内容包括：在热水浸泡中和仰卧抬高患肢的条件下，进行踝伸屈练习(切忌做环转、内翻动作)，以促进局部血液循环，消除皮下淤血和肿胀，防止局部粘连；在不产生疼痛的前提下，进行跖肌、腓肠肌等的被动牵拉练习。中期应加强以锻炼和恢复足、踝部肌肉运动精细调节功能为主的训练，如蹬功率自行车、足滚圆木练习等。后期应以增强踝周肌肉、韧带力量和足伸屈肌群的力量为主，尤其要注意与踝外旋、外翻、足跖伸（踝屈）抗阻练习等。康复训练后伤踝部常有不同程度的肿胀，故训练后应平卧抬高患肢。

(6) 跟腱断裂的康复训练，从手术一个月后去掉石膏托开始，分三个阶段进行。早、中期训练旨在松解踝、跟部伤、术后粘连，恢复踝关节伸屈活动度和精细运动调节功能。早期阶段(术后4～6 周)以床上踝关节的非阻抗伸屈功能活动为主。中期(术后1. 5 ～3 个月)应有限度地走路和进一步的功能锻炼,如向前和向后走路、蹬功率自行车、足滚圆木练习。初下地训练时，鞋跟应适当垫高，以减轻对跟腱的牵张力，待适应后再逐步将鞋跟降低。后期（术后 3 ～6 个月）以恢复踝跟肌、腱抗牵拉力的肌力训练为主，如负重起踵练习、踝背伸抗阻练习等，为重返训练场做最后准备。

第二节　篮球运动损伤的原因及预防

一、篮球运动损伤的原因

(1) 思想上的疏忽大意。

运动损伤的发生往往与体育组织人员、教练员、运动员对预防损伤的认识不足、措施不力有很大的关系。由于思想上麻痹大意，不注意科学的锻炼方法，忽视循序渐进和量力而行的原则，急于求成，不顾主客观条件的可能，盲目地进行锻炼等，再加上平时不重视安全教育和预防运动损伤相关知识的学习都易发生损伤。

（2）训练安排不合理。

训练计划安排不符合科学训练原则，安排练习的内容缺乏系统性、渐进性、个别性，局部练习过多，从而造成机体或局部组织负荷过度或有害的刺激与损害，缺乏必要的保护措施及自我保护的能力；允许伤病者或身体不合格者参加运动，所有这些因素都可导致损伤。

（3）准备活动不充分。

缺乏准备活动或准备活动不充分、不正确、不科学是引起运动损伤的重要原因之一，尤其是在肌肉拉伤或关节韧带扭伤中都是由于准备活动没有达到运动的要求而造成的。

（4）篮球技术的特殊要求。

由于篮球运动项目的特殊技术要求，使人体局部结构在运动中承受异常大的应力，反复练习就可能引起过度使用性损伤。如篮球运动基本技术动作的滑步、急停、转身、变向跑和跳起上篮等，这些动作都要求膝关节处于半蹲位状况进行屈伸和扭转，其负荷量较大，而且容易发生“不和槽”的错位、捻动和撞击，所以极易发生髌骨劳损。

（5）训练水平不够。

主要是身体基本素质和专项技术存在一定的缺陷，在一般基本素质方面都存在不足等问题。主要以力量或肌肉耐力不足为主因。在专项技术上，由于没有掌握正确的动作要领，技术动作错误造成动作损伤。

（6）场地、器材不符合要求。

场地滑和不平坦、灯光不适宜是造成运动员摔伤、扭伤和拉伤的重要因素。另外，场地过硬也是引发运动损伤的诱因。

（7）心理、情绪不良。

如心情不舒畅、情绪不高、对训练或比赛缺乏自觉性和积极性、思想不集中、急躁、胆怯、犹豫等，都容易导致动作失常而造成损伤。

（8）医务监督薄弱。

医务监督工作较为薄弱的球队，其队员在该队运动性损伤总数中所占的比例明显高于医务监测工作较好的球队。

二、篮球运动损伤的预防

（1）思想上重视。

体育组织人员、教练员和运动员应了解参加篮球运动可能发生损伤的常见部位及原因，教给运动员预防常见运动损伤的知识，让运动员养成积极预防损伤和加强自我保护的意识。

(2) 合理安排训练和比赛。

科学合理地安排训练和比赛，坚持循序渐进、因人而异的训练原则。运动负荷量安排要合理，尤其要注意避免负担过重，要在全面提高身体素质的基础上提高运动成绩。

(3) 做好充分的准备活动。

运动员在比赛和训练前做好充分的准备活动是预防内伤和外伤的一个关键环节，既要做一般准备活动，也要做专项准备活动。对运动中负担较大和易伤的部位，要特别做好准备活动，尤其要注意准备活动的最后部分内容，应与即将进行的运动紧密联系。要强调重视准备活动，准备活动的量、内容应依训练内容、比赛情况、个人机能状况、天气、场地等条件而适当安排。

(4) 加强易受伤部位的练习。

平时要注意加强易受伤部位和相对较薄弱部位的练习，尤其是力量练习一定要有针对性，如手指、腕、踝、小腿肌群等，并可适当做些辅助练习，以增强这些部位承受损伤的能力。

(5) 加强技术水平训练。

运动员要掌握正确的技术动作，技术动作正确对于损伤的避免具有重要的意义。教练员应了解每个队员的训练水平、身体素质状况、运动技术特点与错误动作的原因，有计划、有针对性地进行训练和培养，是预防运动损伤的一种积极手段。

(6) 学会自我保护。

运动员要学会自我保护的方法，防止损伤的出现。在进行力量器械练习时，应有懂得保护方法的人或教练员在旁边进行保护，以防意外事故的发生。教练员要经常认真地对运动场地设备进行安全检查，发现问题及时解决。

(7) 加强篮球意识的培养。

要加强篮球意识的培养，合理支配自己在比赛和训练中的行动。篮球意识的增强有助于对篮球运动规律的理解，提高在比赛和训练中对各类行动的预见性和身体的自我保护意识及能力。

(8) 加强医务监督。

提高教练员和运动员的医务监督意识，有计划地经常开展体检工作，发现潜在疾病应及时给予治疗。训练和比赛中正确使用如护腕、护膝、弹性绷带等保护用品，这对预防运动损伤有着重要的意义。

第七章　篮球竞赛裁判工作

第一节　篮球裁判员的基本要求

篮球裁判工作，是搞好篮球运动竞赛必不可少的重要组成部分，是使比赛在遵守规则的前提下顺利进行的保证。一个理想的裁判员具有权威性，其宣判应是无可争辩的。它对于促进篮球运动的普及与提高具有重要作用。

裁判员必须认真学习，努力提高职业道德素养，在裁判工作中做到严肃认真，公正准确。

裁判员必须刻苦钻研篮球竞赛规则和裁判法，了解规则的精神实质，正确执行规则中的各项规定，熟练运用裁判方法，准确掌握尺度。

裁判员在执行裁判任务时，要始终保持充沛的体力，旺盛的精力，在临场中积极跑动，抢好角度，保持最佳的观察位置，沉着冷静，大胆果断。

裁判员之间既要注意明确分工，又要注意协调配合。

第二节　篮球裁判员执裁的准备和结束工作

一、赛前学习

为了搞好裁判工作，裁判员应认真学习，努力提高职业道德水平和业务水平。

(1) 正确认识比赛的目的任务和对裁判工作的要求，认真贯彻落实“公正、准确、积极、稳定”八字方针。

(2) 了解竞赛规程、竞赛日程、比赛队、比赛场地和裁判员、记录台工作人员的基本情况。

(3) 认真研究并熟练掌握篮球竞赛规则和裁判法，加强实践，做到裁判尺度和要求一致。

二、临场准备工作

(一) 赛前准备工作

(1) 两位裁判员必须在比赛开始前至少20分钟时一起到达比赛场地。

(2) 主裁判员负责检查比赛场地、比赛计时钟和所有技术设备，包括记录表，并且还要挑选比赛用球并做出明显的标记。一旦确定比赛用球，任何一队都不可以用它进行热身练习。

(3) 裁判员进入场地后，应站在记录台对侧。

(4) 赛前 10 分钟时裁判员到记录台检查记录表后回到记录台对侧原位。

(5) 赛前 6 分钟介绍运动员、教练员和裁判员，裁判员还站在记录台对侧，并在赛前 2 分钟时一起回到记录台同侧。

(6) 一旦所有的运动员、教练员和裁判员已经向观众介绍完毕，主裁判员应鸣哨并以手势表示离比赛开始还有 3 分钟，运动员们尚可开始最后一程的赛前热身练习。

(7) 离比赛开始时间还有 1 分钟 30 秒时，主裁判员应鸣哨确保所有运动员停止热身练习并立即回到他们的球队席区域。

(8) 主裁判员还要认出每队场上的队长。握手是正常的习惯做法。

(二) 每节比赛开始的工作

(1) 主裁判员应绝对确保一切事情都就绪后，才进行比赛开始的抛球或掷球入界。

(2) 在第 1 节开始时，副裁判员在临近记录台的边线上的中线处站位。主裁判员在面对记录台的一侧站立，准备步入中圈做第 1 节开始的抛球。

(3) 为管理所有其他节的抛球入界，主裁判员应在记录台对面的中线延长部分站位，在掷球入界队员的后场一侧。副裁判员应在对面的罚球线延长部分的边线站位，在掷球入界对面的前场，以便监控所有队员。

三、比赛结束工作

当比赛计时钟发出比赛时间结束信号时，主裁判应立即鸣哨宣布比赛结束。两位裁判员应共同移向记录台。

在记录员完成记录表后，他们应确保助理记录员、计时员和 24 秒钟计时员用印刷体字写入他们的姓名。在记录员写入他们的姓名后，记录表应送给主裁判员审核。主裁判员对其准确性感到满意，则先由副裁判员签字，然后由主裁判员签字。此记录表的批准和签字结束了裁判员们对比赛的管理和联系。

正常的习惯做法是与记录台人员和技术代表握手，感谢他们的努力，因为他们也是裁判整体的一部分。然后两位裁判员应一起离开场地。

第三节　两人裁判法

篮球比赛时，十名队员在有限的场地上进行激烈、紧张的争夺，速度快、变化多，裁判员如不进行必要的区域分工，采取正确的移动路线，是很难及时作出准确裁判的。

区域分工，是分别由两个裁判员重点管辖一定的区域，以分工为主，配合为辅，使比赛队员活动的点和面以及场上局部和全场的变化情况，始终保持在裁判员能够观察到的范围内。

裁判员有分工，但也要配合，遇有犯规或违例，两裁判员都有独立宣判的同等权力。如遇同时鸣哨或几乎同时鸣哨，可由管辖区内的裁判员宣判。如在几乎同时发生了违例和犯规的情况下，裁判员应该明确判断哪一个动作发生在先。

一、裁判员的站位与责任

两位裁判员在半场的区域分工与配合中要相互合作，一位裁判员负责有球区域，另一位裁判员负责无球区域。为便于理解，把每个半场划分成①至⑥号的长方形，如图7－1所示。

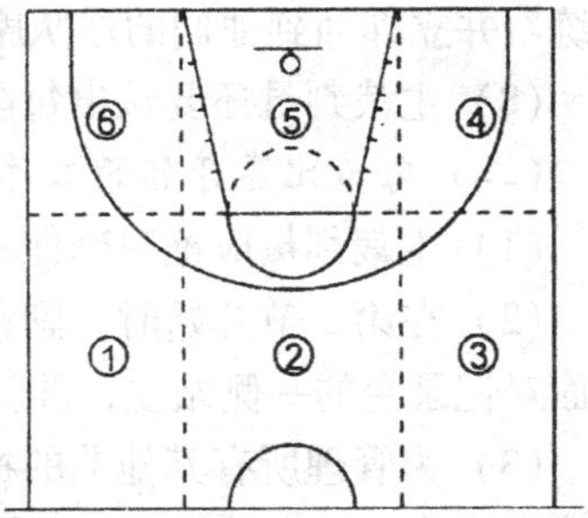

图7－1

（一）追踪裁判的站位和责任

追踪裁判，顾名思义，是指跟踪、追赶比赛的裁判员。换言之，是跟在比赛后面的裁判员，所以有时也称其为后裁判员。

1. 追踪裁判的站位

追踪裁判在正常情况下，应在比赛的后面，他应在球的左后方站位，离球大约3～5米。

球在①区，追踪裁判主要负责观察球周围的比赛，尤其要观察队员运球、投篮和传球以及防守队员。当球在这个区域时，追踪裁判主要负责有球区域。

球在②区，追踪裁判仍负责球周围的比赛。

球在③区，追踪裁判的主要责任还是在有球区域。如果球在③区靠近3分投篮线的地方，在大多数情况下，球将进入④区或⑤区，队员或投篮或传球或运球。为了抢在动作的前面，追踪裁判必须向他的左侧移动，还必须想到插进。由于他不在动作的近处，有时他需要前导裁判的帮助来照顾3分试投，特别是当视角被防守队员挡住时，如果在③区内出现运球队员被严密防守的情况，追踪裁判可以视情况跑到近处观看，一旦情况允许，就回到正常的追踪位置。追踪裁判对他右侧面的边线不负主要责任，当球出界要在那里掷界外球时，则要求他去协助同伴。

当球在④区时，在他右侧最远的角落里，在罚球线延长部分和端线之间，追踪裁判对球和球周围的比赛没有责任。他的主要责任是在弱侧的低策应区（即注视离开球的情况）。要特别注意可能发生的非法掩护的情况，要记住最重要的原则是，当传球、运球或投篮的球推向球篮或端线时，追踪裁判必须插进到罚球线延长部分，以便更好地寻找队员之间的空间。

当球在⑤区，即在限制区内时，两位裁判员都要看球周围的比赛，特别是投篮的情况，这种裁判还负责 2 分投篮和 3 分试投以及球的飞行，察看球是否中篮以及进攻队员或防守队员是否干扰球。对篮板球，特别是对试图从不利的位置上获得球的外围队员保持警觉，也是他的责任。

当球在⑥区时，如球在 2 分投篮区域内，这种裁判主要负责球，并对高低的策应区给予特别的注意。如球在 3 分投篮区域内，追踪裁判应注视球和球周围的比赛，尤其要关注投篮的情况。

每当球进入一个新的长方形区域和出现对有球区域责任的改变时，追踪裁判都应重新建立或调整他与同伴的位置。

2. 追踪裁判员的主要责任

（1）2 分投篮和 3 分试投，包括对一节或决胜期比赛时间终了或发生了 24 秒钟违例作出判断；

（2）干扰得分和干扰；

（3）篮板球的情况，特别是越背抢球的情况；

（4）有球和无球的掩护；

（5）非法用手；

（6）低策应区，特别是弱侧（离开球的）的低策应区；

（7）远离前导裁判的犯规；

（8）带球走违例（追踪裁判员有最佳的视角）；

（9）24 秒钟装置；

（10）当球在无影区时，观察无球区域。

3. 记住执裁方法的原则

（1）当球移动时，追踪裁判必须不断地移动；

（2）监控，也就是把所有队员都置于两裁判员之间；

（3）当投篮、传球或运球的球推进到罚球线延长部分以内时，要及时跟进；

（4）寻找两队员之间的空间。

（二）前导裁判的站位和责任

前导裁判，是指引导、领先比赛的裁判员。换言之，是跑在比赛前面的裁判员，所以有时也称其为前裁判。

1. 前导裁判的站位

前导裁判在正常情况下应位于比赛的前方。他必须尽可能快地跑在前面，让比赛朝他而来。前导裁判必须总是在移动之中。

前导裁判到达端线后，他应在其左侧 3 分线和不超过其右侧的限制区边线之间正常地移动。在大多数情况下，裁判员必须使用“监控”原则。所有 10 名队员总是在两位裁判员之间。

球在①区，他的主要责任是观察无球区的比赛。他应特别注意任何可能的非法掩护。

球在②区，前导裁判的主要责任仍是照看无球区域。只要保持身体正对比赛，就能预见任何可能出现的球向球篮运动的情况。

球在③区，前导裁判还是照看无球区域。他每时每刻都要知道球在哪里，以便在3分试投中给同伴以帮助。

球在④区，这时前导裁判负责有球区域。他应以身体正对比赛（场地），并负责贴近球的比赛。他的次要责任（包括球在④区）是注视有球一侧的低策应区的队员们。

球在⑤区，前导裁判要直接观察球周围的比赛。作为一条准则，就是在所有投篮或一对一的情况下，前导裁判应注视防守队员。注视球的飞行不是他的责任。

球在⑥区的2分投篮区域内，前导裁判移动到能观察球周围比赛的位置，当球在⑥区的3分投篮区域内时，前导裁判的主要任务是观察无球区域。尤其要注视低策应区以及离开球的所有其他队员，特别是涉及掩护的情况。

2. 前导裁判员的主要责任

（1）无球区域；

（2）非法的掩护；

（3）通过中锋或策应比赛；

（4）球篮下面的比赛；

（5）限制区的动作；

（6）任何运球上篮。

3. 记住执裁方法的原则

（1）当球移动时，总是保持移动；

（2）在两裁判员视野之间监控所有的队员；

（3）寻找两队员之间的空间；

（4）从端线向后退以得到更宽的视角。

二、跳球时的分工与配合

（一）开局的抛球

球应在两名跳球队员之间垂直地向上抛起，高度要超过任一队员起跳时能达到的高度。抛球后，建议主裁判员保持静立不动，以确定比赛将朝哪个方向发展，直到球和队员们已离开圆圈为止。副裁判员必须核实拍球是合法的，即球在被拍击前已到达了最高点，以及8个非跳球队员的移动也遵守了规则。球一被第一次拍击，副裁判员就给出时间开始的手势，并移向比赛的方向，要跑在球的前面，以便占据前导位置。

（二）裁判员的移动

当球拍至自由裁判的右侧，他应向球的同一方向移动，跑至比赛的前面并继续移动至端线，建立他作为前导裁判的位置。

执行抛球的主裁判员，留在圆圈内的位置上观看比赛。当比赛离开了中场区域，他占据沿边线的追踪位置，如图7－2所示。

当球在自由裁判的左侧拍击，他必须向球的同一方向移动，跑在比赛前面并继续移动至端线，建立他作为前导裁判的位置，如图7－3所示。

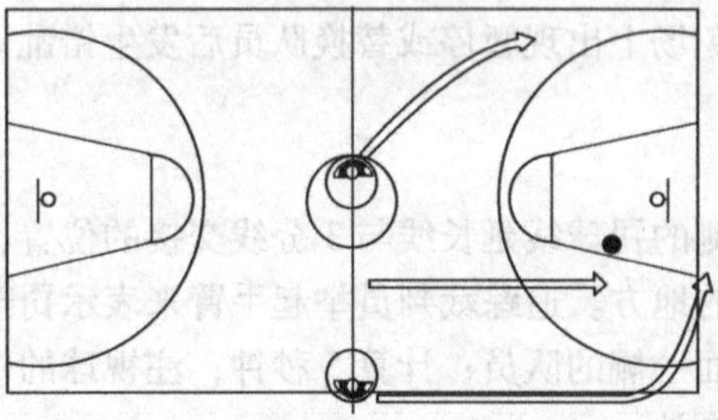

图7－2

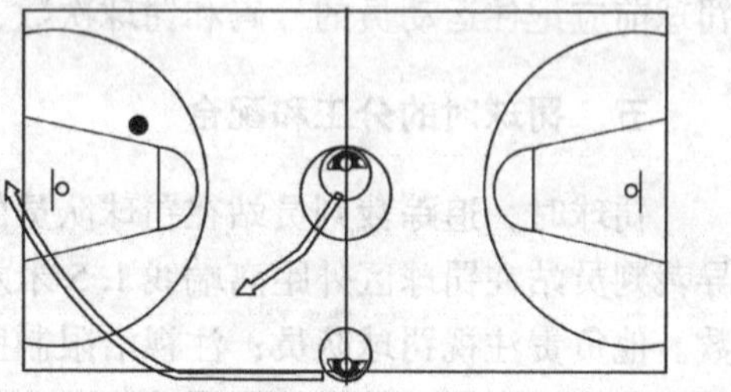

图7－3

抛球的主裁判员，应在原位置上稍停片刻，这将使主裁判员越过场地朝记录台方向移动，并确保占据追踪位置时不妨碍队员。

三、球出界和掷球入界时的分工和配合

球出界时，应由管辖该界线的裁判员鸣哨宣判和处理。

掷球入界时，裁判员应指定在违例地点就近的边线外掷界外球，并将球递交或反弹给掷界外球的队员，或置于他可以处理处，不能抛球给队员。裁判员递交球的位置，以不影响队员的移动和自己的观察为宜。

如在后场掷界外球，递交球时，应由追踪裁判员处理。球回后场违例的掷界外球，球亦由追踪裁判员递交。

队员在前场罚球线延长线与中线之前掷界外球时，如执行裁判员站在掷界外球队员左侧递交球，则表示与追踪裁判员换位，递交球后应移位于追踪裁判员的位置，担负追踪裁判员的职责；配合裁判员则移动到端线，处于前导裁判员站在掷界外球队员的右侧递交球，则表示不换位，两裁判员仍保持各自原来的位置。

如队员在前场罚球线延长线与端线之间掷界外球，执行裁判员应在队员与球篮之间递交球，并保持前导裁判员的位置。

四、侵人犯规时的分工和配合

发生侵人犯规时，裁判员应及时鸣哨宣判，同时上举一手臂并握拳（直臂），另一手臂伸直，掌心向下指向犯规队员的腰部，然后跑到靠近记录台的适当之处，做出表明犯规队员号码和相应的犯规类型手势。如被犯规的投篮队员投中篮时，应明确、及时地做出投中算或不算的手势。

如侵人犯规需要罚球，应用手势指向罚球线，如不需要罚球而在边线掷界外球，则应用手势指向边线掷界外球地点。无论是判罚球或掷界外球，裁判员都要交换位置。在罚球前应记住运动员的号码和罚球次数，以免场上出现暂停或替换队员后发生错乱。

五、罚球时的分工和配合

罚球时，追踪裁判员站在罚球队员的左侧的罚球线延长线与3分线交接的位置，前导裁判员站在罚球区外距离端线1.5米左右的地方。追踪裁判员举起手臂来表示罚球次数。他负责注视罚球队员；注视沿限制区对面一侧的队员；计算5秒钟；注视球的飞行路线和在篮圈上的球；如果罚球成功，确认有效。

前导裁判应持球在球篮下面站立，并在此位置上管理所有罚球。

当队员们正确地排列起来时，前导裁判在进入限制区之前应看一下记录台，了解此时是否有暂停或替换提出。然后进入限制区并向队员表明罚球的次数。接着，把球反弹给罚球队员。在每次罚球之后负责拾球。

在最后一次或仅有一次的罚球中，在球离开罚球队员的手之后，他应向右迈一步，以便更好地观察抢篮板球的动作。前导裁判员负责注意沿限制区对面一侧的队员们，注意接触情况和在球离开罚球队员的手之前由于队员进入限制区造成的罚球违例。

六、全场紧逼防守时的分工与配合

出现全场紧逼防守时，可按全场区域分工的方法进行观察。全场紧逼防守能够给裁判员造成困难，有时需要打乱正常的球场区域分工，并要求更加专心和更好的合作。但是要注意两个裁判员的距离不宜拉得太长，以免出现中场无人管的现象。

球在后场时，当球在后场端线外掷界外球时，追踪裁判应重点观察掷界外球球员及其对手的位置是否合理，掷界外球是否超过5秒钟违例；前导裁判员不要过早下端线，应根据情况选择一个适当位置，集中观察接应球的队员及其防守队员是否犯规和违例，同时用余光观察正进入前场的防守队员。

球进入前场时，则按半场分工配合的方法进行观察。

防守投篮时，负责该区的裁判员不要过早地随球转移视线，应继续观察投篮队员投篮后的撞人和防守队员的犯规，追踪裁判员应观察是否投中和干扰球。当球投中有效时，由追踪裁判员做出得分手势。

七、请求暂停时的分工和配合

请求暂停应由教练员提出，如果教练员在场上比赛，可以允许他在场上请求暂停。

教练员请求暂停被允许时，裁判员应鸣哨用手势表示，并指出哪一队请求暂停。

暂停一般由靠近记录台的裁判员负责处理，另一裁判员应持球。如果掷界外球时某队请求暂停，则应记住掷界外球的队和地点，如判给原控制球队掷界外球时，应注意24秒钟要继续计算。如果罚球前某队请求暂停，则应记住罚球队员的号码和罚球次数。

请求暂停期间，两裁判员可以简短地交换意见。如暂停时间未到，请求暂停的队已经做好比赛准备，裁判员应宣布比赛立即开始。

如果对方投篮得分前，教练员请求暂停，可以给该教练员一次暂停。

八、替换队员时的分工和配合

某队要求替换，须由替补队员向记录员提出，并做好上场比赛的准备，在场外等待。当记录员发出信号时，只要他的请求是在掷入界队员可处理之前提出的，靠近记录台的裁判员以鸣哨，给出替换手势认可替换的请求，并招呼替补队员进场。另一裁判员应协助记住：如在掷界外球替换，记住掷界外球的队和地点；如在罚球时替换，记住罚球队员的号码与罚球次数。罚球队员不能被替换出场；罚球队员只有在罚中后，才能进行替换。如果场上队长被替换出场，应问清代理队长的号码。

替换完毕后，裁判员应尽可能快地使比赛重新开始。

九、裁判员宣判的手势和程序

由于越来越多的观众增加了对篮球比赛的兴趣及传播范围的扩大，裁判员很明确和准确地宣判比赛是十分重要的。

（一）违例的宣判程序

每当发生违例时，负责此处比赛的裁判员应：

（1）立即鸣一次哨并同时举手在空中，伸开手掌和并拢手指，以停止比赛计时钟；

（2）清楚地指出违例的类型，例如做出带球走的手势；

（3）用同一手臂更加清楚地指出比赛的方向；

（4）在所有的情况下，裁判员都要递交球。

（二）犯规的宣判程序

每当发生一起犯规时，负责比赛的裁判员应：

（1）鸣一次哨和同时举直手臂并握拳，以停止比赛计时钟；

（2）用一直臂、手掌朝向地面、手指指向队员的腰部，确实使队员知道他已被登记了犯规。在有争议的情况下，指出在何处罚球、罚几次；

（3）移向记录台，占据一个使记录员能看清楚和对裁判员无障碍的位置，大约 6～8 米；

（4）用很清楚和慢手势报告犯规队员的号码，让手势保持几秒钟是可取的，这对记录员登记正确的号码是不可缺少的；

（5）指出犯规的类型；

（6）用指出罚球次数和随后的比赛方向来完成联络的程序；

（7）完成手势后，两位裁判员交换位置。

第四节　如何处理违例问题

违反规则的行为而未造成犯规叫做违例。比赛中出现的违例有带球跑、两次运球、拳击球和脚踢球、球回后场、干扰球、使球出界和掷界外球违例，以及罚球、跳球时的违例和违反时间规则的违例等。其罚则除干扰球和罚球时违例有特殊的规定外，都是判该队失去球权，将球判给对方在违例地点就近的边线外掷界外球。宣判违例后成死球，如在违例成死球期间中篮，则得分无效。

一、带球走

（一）定义

当队员在场上持着一个活球，其一脚或双脚超出本规则的限制向任一方向非法移动即构成“带球走”。

（二）确立中枢脚

（1）如果队员双脚接触地面时接球，允许用任何一只脚做中枢脚，一脚抬起瞬间，另一脚成为中枢脚；

（2）在移动时或运球结束时接球：

如果一脚正触及地面，该脚成为中枢脚；

如果双脚离地并且双脚同时落地，允许用任何一脚做中枢脚，一脚抬起的瞬间，则另一脚成为中枢脚；

如果双脚离地并且一脚先落地，则该脚成为中枢脚。如果队员跳起的那只脚并且双脚同时落地停止，那么，两只脚都不是中枢脚。

（3）在场上控制了活球并已确立中枢脚时的情况：

开始运球时，在球离手之前中枢脚不得离地；

传球或投篮时，队员可跳起中枢脚，但在球出手之前任一脚不得落地。

裁判员判带球走后，应做停表及带球跑手势，并指出掷界外球的地点和进攻方向。

二、两次运球

(一) 定义

当在场上已获得控制活球的队员将球掷、拍、滚或运在地面上，并在球触及另一队员之前再次触及球时为运球开始。

当队员双手同时触及球或允许球在一手或双手中停留时运球结束。

当球不与队员的手接触时，队员可进行的步数不受限制。

(二) 下列情况不是运球

连续的投篮；

一次运球的开始或结束时漏接球；

从其他队员的附近用拍击球来试图获得控制球；

拍击另一队员控制的球；

拦截传球并获得控制球；

只要不发生带球走违例，将球在两手之间抛接并在球触及地面前允许在手中停留。

队员第一次运球结束后不得再次运球，再次运球是违例。

当队员因投篮、被对方队员触及球、传球或漏接，然后触及另一队员或被另一队员触及而失去了控制活球时可以运球。

裁判员宣判两次运球后，应做出停表和非法运球手势，并指出掷界外球的地点和进攻方向。

三、拳击球和脚踢球

篮球运动是用手进行的项目，队员不得用拳击球、故意踢或用腿的任何部分阻挡球。如出现这些动作，应判违例。

在比赛中出现脚踢球时，应观察其是主动踢球还是腿无意中碰球，加以区分后再作宣判。球偶然地接触到腿的任何部分，或腿的任何部分偶然地触及球，不判违例。

裁判员宣判拳击球或脚踢球违例后，应做停表手势和违例手势，指出掷界外球的地点和进攻方向。

四、球回后场

控制球队的队员在前场不得使球进入后场，当控制球的队员使球进入后场又被该队队员触及时，应判违例。

球场的中线是属于后场的一个部分。

在球进入后场前，最后触球的控制球队的队员是使球进入后场的队员。此时，球触及中线或位于中线后的该队队员，或球触及后场地面后又被该队队员触及，即为球回后场。

这一限制适用于发生在某队前场的所有情况，包括掷界外球。但在边线外的中点处掷界外球时，均可以将球传给后场的同队队员。

如：某队队员在前场掷界外球进场，该队另一队员由后场起跳接球落在前场，则应判球回后场违例。

裁判员宣判球回后场违例后，应一只手做停表手势和另一只手用食指指向中线，以小臂左右摆动，做违例手势，并指出掷界外球的地点和进攻方向。

五、干涉得分和干扰

（一）定义

投篮或罚球：

开始：当球离开正在做投篮动作的队员的手时。

结束：当球处于下列情况时：

从上方直接进入球篮并且停留其中或穿过球篮；

不再有进入球篮的可能性；

触及篮圈；

触及地面；

成为死球。

（二）干涉得分发生在投篮中

当一名队员触及完全在篮圈水平面之上的球时，并且球是下落飞向球篮中或在球已碰击篮板后。

干扰发生在投篮中：

当球与篮圈触及时队员触及球篮或篮板；

队员从下方伸手穿过球篮并触及球；

球在球篮中时，防守队员触及球或球篮并阻止球穿过球篮；

防守队员使得篮板或篮圈摇动，根据裁判员的判定，这种手段已妨碍球进入球篮。

进攻队员使篮板或篮圈摇动，根据裁判员的判定，这种手段可以使球进入球篮。

（三）干扰发生在罚球中

在一次罚球（随后有进一步的罚球）中，球有进入球篮的可能性时，一名队员触及球、球篮或篮板。

在最后一次或仅有一次的罚球中，在球与篮圈接触时，队员触及球篮或篮板。

队员从下方伸手穿过球篮并触及球。

在最后一次或仅有一次的罚球中，球有进入球篮的可能性和球已触及篮圈之后，一名防守队员使篮板或篮圈摇动，根据裁判员的判定，这种手段已妨碍球进入球篮。

如果一名进攻队员发生违例，不判给得分。将球判给对方队员在罚球线的延长部分掷球入界，除非本规则另有规定。

如果一名防守队员发生违例，应判给进攻的队：

当球在罚球中出手时，得1分；

当球在2分投篮区域出手时，得2分；

当球在3分投篮区域出手时，得3分。

裁判员宣判干扰违例时，应做停表手势和投中或罚中是否有效的手势，然后指出掷界外球的地点和进攻方向。

六、球出界

当球触及界外队员或任何其他人员，触及界线上、界线上方或界线外的地面或任何物体，触及篮板的支柱或背面或比赛场地上方的任何物体时，即为使球出界。球处在各界线外上空时不算出界。最后触及球或被球触及的队员为使球出界的队员。

裁判员要了解竞赛规则中对队员出界和球出界的规定，再根据以下三点进行分析，然后再宣判：

(1) 球场上的边线和端线都属于界外；

(2) 以队员触及的地面来判断；

(3) 以球触及场外任何人、地面、物体来判断。

例如，队员持球从场内跳起，在界线外上空时传给场内队员，这种情况不算出界。

裁判宣判使球出界后，应做停表和某队使球出界的手势，并指出掷界外球的地点和进攻方向。

七、违反时间规则的违例

篮球比赛中，有关时间的规则有3秒钟规则、5秒钟规则、8秒钟规则和24秒钟规则4种，违反了这些规则为违例。

(1) 违反3秒钟规则。某队在前场控制活球，并且比赛计时钟正在运行时，同队队员在对方限制区停留不得超过3秒钟，如超过3秒钟则为3秒钟违例。

(2) 违反5秒钟规则。5秒钟规则有罚球队员5秒钟规则、掷界外球队员5秒钟规则和持球队员被严密防守5秒钟规则。

裁判计算5秒钟时，应从将球递交给罚球队员或掷界外球队员可处理球时开始。对场上被紧逼队员，在他持球后就应开始计算5秒钟。

(3) 违反8秒钟规则。队员从其后场控制活球开始，必须在8秒钟内使球进入前场；如超过8秒钟，则为8秒钟违例。

(4) 违反24秒钟规则。某队在场上控制活球时，必须在24秒内投篮出手，并且投篮的球必须能及篮圈或进入篮筐，否则即为24秒钟违例。

如球出界和由原控制球队的同队队员掷界外球时，或裁判员中断比赛以保护受伤队员和由受伤队员的同队队员掷界外球时，不重新开始新的24秒钟周期。

裁判员宣判3秒钟、5秒钟、8秒钟、24秒钟违例后，应做停表和违例手势，并指出界外球的地点和进攻方向。

第五节　如何判断侵人犯规

从理论上讲，篮球运动是一项没有身体接触的竞赛活动。但是，十名队员在有限的场地上高速度地进行活动，就不可能完全避免发生身体接触。因此从某种意义上说，篮球运动是一项允许正常的身体接触的竞赛活动。

一、侵人犯规与身体接触的区别

侵人犯规是一种与对方队员发生不合理的身体接触的犯规，但队员发生了身体接触并不都是侵人犯规。正确地判断侵人犯规，关键在于将掌握规则的实质和场上的具体情况结合起来。不合理的身体接触构成犯规，应予处罚。正常的身体接触，可当意外情况处理，不必给予处罚，除非此接触使另一队员处于不利地位。分清队员身体接触是否合理，发生侵人犯规由谁负责。裁判员要正确掌握尺度，尺度对攻守双方都是一致的；裁判员要仔细分析犯规动作，确定身体接触导致犯规的界线。要肯定正确的技术，允许正常的身体接触，否定错误的动作，这也是区别裁判员水平的重要标志。

二、处理侵人犯规的基本原则

裁判员在判断队员在身体接触中是否构成犯规时，应以下列基本原则为依据：

（1）每个队员都有责任尽可能避免发生接触。

这里涉及到有意与无意、主动造成与尽力避免的问题，裁判员应对有意触及对方的队员提出警告，如果他们坚持这样做，可能被判为侵人犯规。对一些非法的身体接触，应立即宣判和处罚。

（2）任何队员只要在占位时不发生身体接触，都有权占据没有被对方队员占据的位置。

位置，包括队员与对方的距离，属空间范畴。空间与时间因素是裁判员判断队员是否犯规的重要依据。场上任何位置，队员都有权占据，只要这个位置是空的，而且在占据时没有发生身体接触。

（3）如果发生了身体接触的犯规，应由造成身体接触的队员负责。

裁判员在判断身体接触是否犯规时，应注意以下几点：

(1) 队员不应通过伸展他的手、臂、肘、肩、髋、腿、膝或脚来拉、阻、挡、推、撞、绊、阻止对方队员行进；不应将其身体弯曲成“反常的”姿势（超出他的圆柱体）；也不应该做出任何粗野或猛烈的动作。

(2) 比赛中，除为了抢球附带地解除了对方持球的手以外，不准用手触及对方。

(3) 防守无球队员时，离对方不准太近，占据位置的速度不准太快（即所给对方急停的余地）。

(4) 运球队员不准冲撞已处在行进路线上的防守队员。

(5) 队员跳起在空中，对方队员不准向他身下移动。

(6) 掩护队员不准在移动中用身体阻挡对方。

裁判员在比赛过程中，不论在死球或活球时间内，都有权宣判犯规。

裁判员宣判犯规后，应做停表及有关犯规的手势。

第六节　其他犯规

篮球竞赛规则中，对许多其他情况下发生的犯规，也作了明确的规定。

一、违反体育道德的犯规

根据裁判员的判断，一名队员不是在规则的精神和意图的范围内试图合法地去直接抢球而发生的接触犯规是违反体育道德的犯规。

（一）裁判员判断犯规是否违反体育道德应运用的原则

如果一名队员不努力去抢球并发生接触，这是一起违反体育道德的犯规；

如果一名队员在努力抢球中造成过分的接触（严重犯规），则该接触应被判定是违反体育道德的犯规；

如果防守队员从进攻队员身后或侧面试图阻止一次快攻而造成身体接触，并且在进攻队员和对方球篮之间没有防守队员，这样的身体接触应被认为是违反体育道德的犯规。

（二）罚则

(1) 应给犯规队员登记一次违反体育道德的犯规。

(2) 罚球应判给被犯规的队员，以及随后在记录台对面的中线延长部分掷球入界；在中圈跳球开始第1节。

罚球的次数应按如下规定：

如果对没有做投篮动作的队员发生犯规应判给2次罚球；

如果对正在做投篮动作的队员发生犯规如球中篮应计得分，并判给1次罚球；

如果对正在做投篮动作的队员发生犯规，且没有得分，应判给2次或3次罚球。

二、双方犯规

双方犯规是指两名互为对方的队员大约同时相互发生侵人犯规的情况。

（一）罚则

应给每一犯规队员登记一次侵人犯规，不判给罚球。

比赛应按下列所述重新开始：

如果在大约同时投篮有效或最后一次或仅有一次的罚球得分，应将球判给非得分队从端线掷球入界；

如果某队已控制了球或拥有球权，应将球判给该队在最靠近违犯的地点掷球入界；

如果任一队都没有控制球也没有球权，应判罚一次跳球。

三、特殊情况

在一起违反后的同一停止比赛的计时期间又发生了一起或多起犯规时，可能出现特殊情况。

（一）程序

（1）应登记所有的犯规，并区分所有的罚则；

（2）应确定所有犯规发生的次序；

（3）双方球队所有相等的罚则和所有双方犯规的罚则应被抵消。一旦罚则已被抵消，就认为他们从未发生过；

（4）作为还要执行的最后罚则一部分的拥有球权的权利，应取消任何先前的拥有球的权利；

（5）在第一次或仅有一次的罚球中，或在掷球入界中，一旦球成为活球，那么该罚则就不能再用来抵消另一罚则；

（6）所有留下的罚则应按它们被宣判的次序执行；

（7）如果双方球队抵消了相等的罚则后，没有留下其他要执行的罚则，比赛应按下面所述重新开始：

如果在大约同时投篮得分并有效，应将球判给非得分队从端线掷球入界；

如果某队已控制了球或拥有球权，应将球判给该队在最靠近第一次违犯的地点掷球入界；

如果任一队都没有控制球也没有球权，一次跳球情况发生。

四、取消比赛资格的犯规

队员、替补队员、教练员、助理教练员或随从人员的任何恶劣的违反体育道德的行为是取消比赛资格的犯规。

（一）出现下列情况应被取消比赛资格

一名队员被登记了2次违反体育道德的犯规时，该队员也应被取消比赛资格；

教练员由于自身违反体育道德行为的结果而被登记了2次技术犯规时应被取消比赛资格；

由于球队席人员（助理教练员、替补队员或随从人员）违反体育道德行为而被累计登记了3次技术犯规或3次技术犯规的组合中，其中一次是登记教练员自身时。

（二）罚则

(1) 应给犯规者登记一次取消比赛资格的犯规；

(2) 他应被取消比赛资格并可去该队的休息室，在比赛期间都留在那里；或者他也可以选择离开体育馆；

(3) 罚球应判给：

任一对方队员，就一次非接触犯规来说；

被犯规的队员，就一次接触犯规来说。

(4) 罚球的次数应按如下规定：

如果对没有做投篮动作的队员发生犯规或一次技术犯规，应判给2次罚球。

如果对正在做投篮动作的队员发生犯规：如球中篮，应计得分，并判给1次罚球；但球未中篮，应判给2次或3次罚球。

五、队员五次犯规

一名队员已累计发生了5次侵人犯规或技术犯规，主裁判员应通知本人，该队员必须立即离开比赛场地。他必须在30秒钟内被替换。

六、全队犯规

在一节中某队已累计发生了4次犯规时，该队是处于全队犯规处罚状态。

当某队处于全队犯规处罚状态时所有随后发生的，是对未做投篮动作的队员的侵人犯规应被判2次罚球来代替掷球入界。

如果控制活球队的队员或拥有球权的队员发生了侵人犯规，这样的犯规应判对方队员掷球入界。

第七节　如何判断技术犯规

一、技术犯规

比赛的正当行为要求双方球队的成员与裁判员及其助理人员有完美和真诚的合作。

比赛双方均有权作出最大的努力来获得胜利。但胜利的取得必须符合体育道德精神和良好的比赛作风。

任何故意或再三违反上述的合作或本规则的精神，被视为技术犯规并按相应的条款处罚。

二、场上队员的技术犯规

下列情况属于场上队员技术犯规：

（1）不顾裁判员的警告；

（2）没有礼貌地触犯裁判员、技术代表、记录台人员或球队席人员；

（3）使用可能冒犯或煽动观众的语言和举止；

（4）在球穿过球篮之后，故意地触及球以延误比赛；

（5）阻碍迅速地执行掷球入界以延误比赛；

（6）佯装倒下以期伪造一次犯规；

（7）悬吊在篮圈上，致使队员的重量由篮圈支撑，除非扣篮后，队员瞬间地抓住篮圈，或者根据裁判员的判断，如果他正试图防止自己或另一队员受伤；

（8）在最后一次或仅有一次的罚球中由一名防守队员干涉或干扰得分，应判给进攻队1分，并给防守队员登记一次技术犯规罚则。

三、教练员、助理教练员、替补队员或随从人员的技术犯规

教练员、助理教练员、替补队员或随从人员的技术犯规是指他们与裁判员、技术代表、记录台人员或对方队员交流中没有礼貌或触犯他们的犯规或是一次程序管理性质的违犯。

四、罚则

（1）如果一次技术犯规是由于一名队员，应给他登记一次技术犯规，作为队员犯规并作为全队犯规之一计数；如果一次技术犯规是由于一名教练员、助理教练员、替补队员或随从人员，给教练员登记一次技术犯规，但该犯规不列入全队犯规之一计数。

（2）应判给对方队员2次罚球，随后在记录台对面的中线延长部分掷球入界。

第八节　记录台工作

一、对记录台工作的要求

篮球比赛记录台工作是篮球竞赛裁判工作的重要组成部分，它对全面完成一场比赛

的裁判工作起着保证作用。对记录台工作的基本要求是：

(1) 记录台工作人员要严格要求自己，加强组织纪律性。

(2) 记录台工作人员要努力钻研业务，熟悉规则和裁判员手势，熟练掌握各种记录符号与具体操作方法。执行工作要严肃认真，一丝不苟。

(3) 比赛前应提前准备好记录台所需要使用的器材和用品。记录台工作人员必须在赛前30分钟到达比赛场地，认真检查各项设备，并熟练掌握这些设备的使用方法。

(4) 记录台工作人员必须团结协作，严格纪律，按时就位。在记录台不准吸烟，不准议论裁判员的判决，要和临场裁判员密切配合，共同完成竞赛裁判工作。

(5) 对教练员或临场裁判员的询问，态度要和气，要认真回答和解释。

(6) 主动与临场裁判员进行配合，如果遇到意外情况，要如实给主裁判员说明详细情况。

二、记录台人员的组成

篮球比赛的记录台人员多少要根据具体情况而定。一般有以下三种情况：

(1) 在国际篮联组织的或代表国际篮联组织的比赛中，记录台的工作人员由4人组成，即记录员、计时员、24秒计时员和助理计时员。

(2) 在国内的所有重大比赛中，记录台由7人组成，即记录员、计时员、24秒计时员、犯规次数举牌员、广播员、助理记录员和比分显示员。

(3) 在我国的一些基层比赛中，记录员可采用一人兼两职或三职的方法，但最少不能少于3人，即记录员、计时员和24秒计时员。

三、记录台工作人员的职责范围和工作方法

(一) 记录员的职责和工作方法

记录员的职责是能及时、快速、准确、干净、清楚地把各种数字、符号和情况记录下来。他的工作方法是：

1. 赛前工作

(1) 检查记录员专用的技术设备，包括记录纸，红、蓝复写纸，红、蓝记录笔。

(2) 用红色复写纸和红色记录笔填写两队队名（上面的队为A队，下面的队为B队）、主裁判员和裁判员的姓名。

(3) 记上每场比赛的场次、地点、日期和时间。

(4) 比赛开始前10分钟，分别请双方教练员核实名单（先请A队教练员）并签名，比赛开始时在上场队员姓名的右侧画小“×”符号。

(5) 根据赛前两队选择的球篮，在“累积分”栏内分别填写“A”和“B”。

(6) 比赛记录表，正式比赛时应一式四份，一般比赛不应少于一式三份。

2. 比赛开始的工作

（1）比赛开始双方队员入场时，迅速核对上场队员的号码与教练员提交的名单是否相符；替补队员上场后也用“×”注明。

（2）根据临场裁判员的手势，按犯规规定的记录符号，登记该队员犯规时的比赛时间，并与犯规记录员核对该队员的犯规次数；记录得分、得分队员的号码和得分的时间等。

3. 每节结束时的工作

每节和决胜期比赛结束的工作，包括以下内容：

（1）应分别划一粗线圆圈“○”套在每一球队的最后分数上，并在这些分数下面以及得到这些最后分数的每一位队员号码下面划一粗横线。

（2）在每一节和任一决胜期开始时，记录员应从得分中断处继续保持按时间顺序记录累计得分。

（3）每一节和任一决胜期结束时，记录员应在记录表下端的适当区间内登入那一节的比分。用“×”符号划掉上一节和决胜期全队4次犯规的剩余空格。

4. 全场比赛结束的工作

（1）记录员应在每一球队的最终得分数下面画两条粗横线，在记录表的相应位置上填写两队在相应比赛阶段的各自得分。

（2）填写最后的分及优胜队队名。

（3）用“×”划掉暂停格中所有未用的空格和全队4次犯规栏剩余的空格。

（4）用粗直线划掉犯规栏内所有剩下的空格。

（5）将记录表交裁判员检查、签名。

（二）计时员的职责和工作方法

（1）到达场地，首先检查计时钟，了解其性能，熟悉操作方法。

（2）准备备用篮球、比赛计时表一块、锣一面。

（3）严格按规则规定计时，准确地开关计时表，做到“眼不离球场，手不离开关钮”，以避免该开表的没有开表，形成“久停”；该关表的没有关表，形成“总走”。因此，每次开关表后，要看一下时钟是否正常运转。

（三）24秒钟计时员的职责和工作方法

（1）24秒钟计时员在工作时要做到“三慢”、“两快”和“两停”。“三慢”，即出现24秒钟违例的信号时，要慢回表，让队员和观众都能看得清、听得见，裁判员宣判情况不明时，要慢回表，不能确定控制球队是否失去控制球时，要慢回表。“两快”，即确定队员投篮出手时，要快回表，确定该队失去控制球权时，要快回表；“两停”，即球出界和原控制球队的同队队员掷界外球时，要“停”；裁判员鸣哨保护受伤队员和由受伤队员的同队队员掷界外球时，要“停”。此两种情况，24秒钟只能停表，而不能回表。

(2) 某队队员掷界外球后，24 秒钟应从片段处继续运行。

(四) 犯规次数举牌员的职责范围和工作方法

(1) 准备犯规次数牌一套（1～4 号白底黑字，5 号为白底红字，两面均写），犯规次数统计表，红、蓝色圆珠笔各一支。

(2) 举牌员必须熟悉规则和裁判员手势。当裁判员宣判队员犯规时，看清临场裁判员宣判的犯规队员号码后迅速查看队员犯规次数统计表，准确地举起相应的犯规次数牌，先向前，稍停后，再转向两侧，最后再将该队员的犯规次数记录在犯规次数统计表格内。

(3) 犯规次数记录方法：在犯规队员的犯规格内写上犯规的记录符号。

(五) 广播员的职责和工作方法

广播工作是进行政治思想教育工作的重要一环，利用赛前、赛中和比赛休息等时间，主动地宣传运动员在比赛中的好思想、好作风和高尚的体育道德。因此，要重视记录台的广播工作。

(1) 广播员要准备双音笛一个、秒表一只、笔、记事本或纸等。

(2) 比赛开始时，用广播介绍运动员、教练员和裁判员；比赛中遇到死球时，注意教练员请求暂停的手势，及时给教练员暂停，及时给换人的球队进行替换的机会。应先鸣哨，后广播。

(3) 广播员要事先准备好广播稿或者广播提纲，广播时语言要简练，声音要洪亮，吐字要清楚。

第九节　竞赛方式和方法

一、竞赛方式

篮球竞赛方式是根据篮球项目的特点和要求，规范篮球竞赛性质、等级、方式、周期，使之有系统、有计划、有目的地组织推动竞赛社会化、多样化的体系。目前广泛实施的有赛会式和赛季式两种。

(一) 赛会式

赛会式是把参加比赛的球队集中在一个地方，用几天或十几天的时间，连续进行比赛的一种竞赛方式。

1. 赛会式的特点

赛会式的运用范围比较广，综合性运动会中的篮球比赛、国际性的篮球锦标赛采用的都是赛会式。国内大多数的篮球单项比赛，采用的也是赛会式。赛会式的比赛队伍集中，为运动员们创造了观摩、学习、交流的好机会。赛会式的比赛地点固定，可以避免参赛队伍的旅途奔波疲劳。但赛会式的比赛采用的比赛方法具有一定的局限性，参赛队实际水平的发挥会受到一些偶然性因素影响，可是这种偶然性因素也给参赛队提供了一定的有利机会。赛会式的比赛赛期短，比赛的场次不可能很多，因而运动员锻炼的机会就要少些。赛会式的比赛场次连续，比赛强度大，调整、恢复时间短，容易产生疲劳。赛会式的比赛为承办者提供了持续的社会篮球爱好者注视热点，从而能带来相应的社会效益和经济效益。

2. 对组织管理的要求

（1）针对赛会式比赛规模较大、管理工作责任重而复杂的情况，要仔细制定全面的组织方案，规划好各部门的工作范围，明确各部门的工作职责，协调好各部门的工作关系。

（2）赛会式的比赛赛期短，赛程紧凑，赛间可能出现的问题比较集中，因此各方面工作要具体、细致，要有很强的时间观念，要始终处于紧张的运转状态，保证比赛的顺利进行。

（3）赛会式的比赛参赛队伍和人员多，后勤工作部门要以全天候的方式保障参赛运动员有良好的休息和营养条件，以充沛的精力投入比赛。

（4）赛会式的比赛需要承办单位具有一定的基础设施条件，特别是承办大规模、高水平、国际性的篮球比赛，要事先进行大量的基本建设投入，以适应赛会式比赛的要求。

（5）承办赛会式比赛，要有市场经济意识，要以经营的思想来做好组织管理工作，既要讲社会效益，又要讲经济效益。

（二）赛季式

赛季式是一种竞赛时间较长，参赛队伍不集中，分别在参赛队各自的赛地进行的比赛，参赛队每赛完一场后需移地并有若干休整天的一种分主、客场的竞赛方式。

1. 特点

赛季式最明显的一个特点就是采用主客场的形式进行比赛，这种主客场的形式可以使参赛队都能够有机会凭借主场的天时、地利、人和，充分发挥队伍的竞技水平。赛季式的比赛赛期长，一般约为半年，而且通常是跨年度的，可以根据比赛性质、时间、水平安排比较多的比赛场次，为运动员的成长、锻炼和发展提供了更多的机会。还能使参赛队伍避免一些偶然性因素的影响，较客观地体现出实际水平。但由于主客场的比赛队伍经常往返于赛地，体力负担较重，而且要有雄厚的经济实力，因而赛季式比赛一般只是在一个国家内最高水平的比赛中运用。美国的 NBA 比赛，从 1946 年起就用这种跨年度的赛季式，中国篮球协会现在的全国男子甲 A 与甲 B 级队比赛也实行赛季式。

2. 赛季式的管理要求

（1）赛季式比赛赛场分散，各赛地的比赛时间、次数相对较少，但工作任务延续时间跨度大，因此组织机构更应当精干，做到机动性程序化操作。

（2）在比赛的管理上，既要利用主场天时、地利、人和的有利条件，又要营造公平竞争的良好环境气氛。要加强对主场工作人员和运动员的职业道德教育与对观众的宣传教育，提高观赏比赛的文化氛围。

（3）主客场比赛的形式，是一种市场经营，因而比赛应该属于经营者的一项业务组织管理，应当成为经营者的一项工作，从而促使篮球竞赛真正走进市场。

二、竞赛方法

竞赛最基本的要求，是为了使参加比赛的队能够在比较公平、合理的条件下竞争，采用适当的竞赛方法是创造这种良好条件的前提，也是客观反映参赛队竞技水平的重要保证，而且对竞赛的组织管理也有很大的影响。篮球竞赛中通常采用的竞赛方法有淘汰法和循环法两种。

（一）淘汰法

淘汰法是在比赛中以胜进负退来确定比赛名次的一种方法，即获胜队可以继续参加进一层次比赛，失败队失去继续参加进一层次比赛资格的方法。失败一次便失去继续比赛资格的为单淘汰，失败二次便失去继续比赛资格的为双淘汰，和同一对手以三战二胜、五战三胜或七战四胜的形式进行淘汰的为多次淘汰。

1. 单淘汰的编排法

先根据报名参加的队数，对照$2^n \geqslant N$的关系式，来确定比赛的场数、轮数和号码位置数（N为参赛队伍，n为大于1的正整数）。

比赛次数$=N-1$，比赛轮数$=n$，号码位置数$=2^n$。

然后由参赛队抽签，确定参赛队在比赛中的号码位置，再按顺序将号码两两相连，列出单淘汰的轮次表。

例如，8个队参加比赛（$2^3=8$），共要打7场比赛，分3轮进行，如图7－4所示。

如果参加比赛的队数少于2^n，则将2^n作为号码位置数，但要在第一轮比赛中设若干轮空队，以保证第二轮比赛中不再有轮空队。根据$2^n \geqslant N$的关系，轮空的队数应为2^n-N。然后按照轮空位置表（表7－1），定出空号码位置，再由参赛队抽签确定各队的号码位置。

表7－1

2	31	18	15	10	23	26	7
6	27	22	11	14	19	30	3

例如，13个队参加比赛（$2^4>13$），共要打12场比赛，分4轮进行，第一轮应有3个队轮空。3个空号码位置从表7－1中，依次逐行从左至右找出3个小于$2^4=16$的数，即2、15、10就是空号码位置。抽签后确定号码位置的参赛队，与2、

15、10 号相遇便为轮空队，如图 7－5 所示。

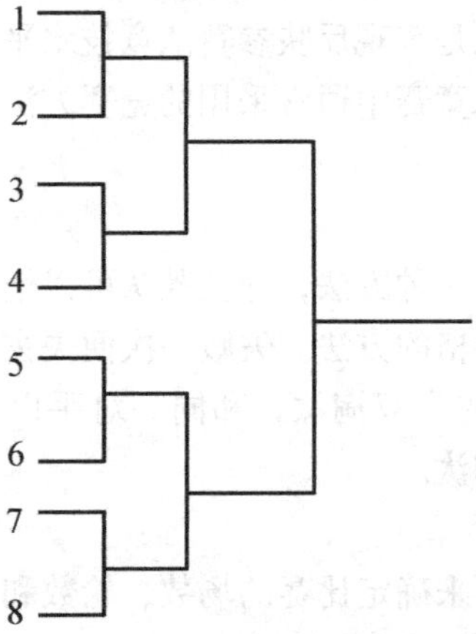

图 7－4

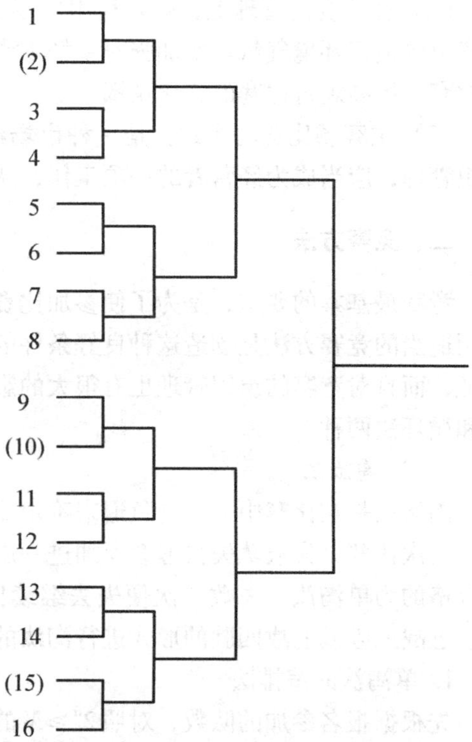

图 7－5

如果除了确定冠、亚军之外，还需要确定其他名次时，往往采用附加赛的办法来弥补单淘汰中的不足。附加赛的办法是在同一轮次中，胜队与胜队、负队与负队再进行比赛，直到排出竞赛所需要的名次顺序。例如，在 13 个队参加的淘汰赛中，需要排出前八名的队，那么在第一轮比赛以后，按图 7－6 所示的方法进行附加赛，就可以将前八名的队排列出来。

2. 双淘汰的编排法

双淘汰的办法是为了使在第一轮中失败的队能够有机会继续参加比赛，甚至参加到最后争夺第一名的比赛，以减少单淘汰中产生偶然性结果。双淘汰的编排，第一轮与单淘汰的编排相同；在第二轮时，把失败的队再编起来比赛，只有第二次失败的队才被淘汰。因而，即使在第一轮比赛中失败的队，只要它在以后的比赛中能够保持不败，就有可能去争夺冠军。不过，在冠、亚军决赛中，它如果胜的话，则还必须再赛一场才能最终分出伯仲，如图 7－7 所示。

3. 多次淘汰的编排法

多次淘汰通常是在比赛水平比较高，双方实力相当，或者在一次篮球竞赛的后阶段比赛中采用的办法。它的编排同单淘汰是相同的，所区别的是多次淘汰克服了单淘汰中两队之间交锋一场论胜负的偶然性缺陷，而是采用两队之间三战二胜、五战三胜，甚至七战四胜的结果来论胜负，更加客观实际地反映了参赛队的整体综合实力。

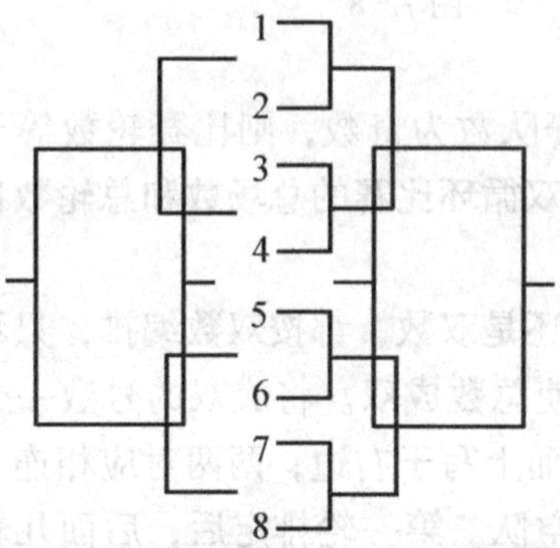

图 7－6

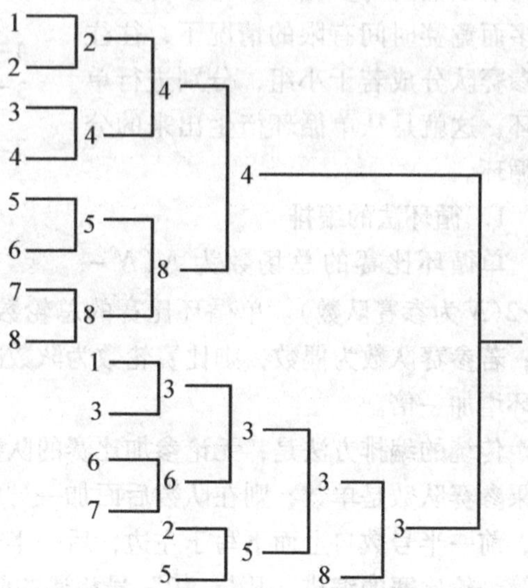

图 7－7

4. 淘汰法的号码位置排定法

采用淘汰法的比赛，号码位置的排定是很有讲究的，较多采用的有以下几种：

（1）完全随意的抽签。这是让参赛队一起抽签确定号码位置的形式。虽然对每个队来说有着相等的机遇，但它同时也伴随着有可能使强队之间相遇早而被淘汰的不合理性。

（2）设种子队。种子队的设定应该是有根据的，为各队所公认的。种子队的号码位置可以用两种形式去排定：一种是按种子队的原来名次依次排定在种子位置号码上（种子是有规律地分布在比赛秩序表中各个不同“区”的顶部和底部的）；另一种是让种子队抽签，确定在哪个种子位置号码上。在种子队排好后，再让其他非种子队抽签。

（3）按照比赛成绩。根据上一次竞赛或本次竞赛前一阶段的名次，以“跟种子”的原理排定位置。如图 7－8 所示是 4 个队和 8 个队按名次排定的比赛秩序表。

（二）循环法

循环法是使参加比赛的队，在整个竞赛或在同一组的竞赛中，都能够相遇比赛，最后根据各队比赛中的胜负场数，按一定的计分办法排列名次的一种方法。所有参赛队都能相遇比赛一场的为单循环，所有参赛队都能相遇比赛两场的为双循环，所有参赛队都能相遇比赛两场以上的为多循环。在参赛队数较多而竞赛时间有限的情况下，往往把参赛队分成若干小组，分别进行单循环，这就是从单循环衍生出来的分组循环。

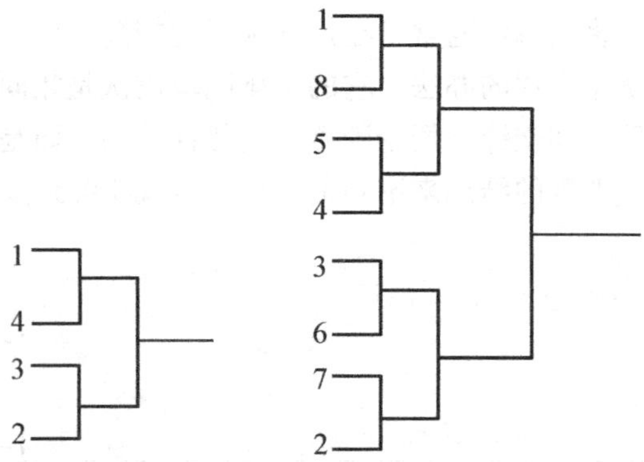

图 7－8

1．循环法的编排

单循环比赛的总场数为 $N(N-1)/2$（N 为参赛队数）。单循环比赛的总轮数：若参赛队数为奇数，则比赛轮数等于队数；若参赛队数为偶数，则比赛轮数为队数减去一。双循环比赛的总场数和总轮数比单循环增加一倍。

传统的编排方法是，无论参加比赛的队数是单数还是双数，都按双数编排，只不过如果参赛队数是单数，则在队数后面加一“0”号，使总数成双。将成双的号数一分为二，前一半号数自上而下写于左边，后一半号数自下而上写于右边，两两对应相连，就是第一轮比赛的编排。凡与“0”号相遇的队就是轮空队。第一轮排定后，后面几轮的排法是以前一轮的“1”号位置固定不动，其他号码逆时针方向轮转一个位置，再两两相连，就组成整个比赛的轮次表。如表 7－2 所示是 7 个队循环比赛的轮次表。将整个比赛的轮次再重复一次，便是双循环的轮次表。

表 7－2

第一轮	第二轮	第三轮	第四轮	第五轮	第六轮	第七轮
1—0	1—7	1—6	1—5	1—4	1—3	1—2
2—7	0—6	7—5	6—4	5—3	4—2	3—0
3—6	2—5	0—4	7—3	6—2	5—0	4—7
4—5	3—4	2—3	0—2	7—0	6—7	5—6

在这种编排中，如果比赛队数是单数的话，要注意到一个问题，即抽到 $N-1$ 号的队，从第四轮起都将和前一轮轮空的队比赛。而且，N 数越大，抽到 $N-1$ 号的队对以逸待劳的队的比例也越大。显然，这对 $N-1$ 号的队是很不合理的。如表 7－2 中的“6”号就是这种情况。

有人通过研究，采用了一种新方法，以解决单数队循环中的不合理问题，即将原来第一轮次中的“0”号移到右边最下位置，其他几个号码分别上移一个位置。然后，以“0”号位置固定不动，其他号码每一轮逆时针方向轮转一个位置，两两相连，组成一种单数队循环比赛新的轮次表，避免劳逸不均的情况，如表7-3所示。

表7-3

第一轮	第二轮	第三轮	第四轮	第五轮	第六轮	第七轮
1—7	7—6	6—5	5—4	4—3	3—2	2—1
2—6	1—5	7—4	6—3	5—2	4—1	3—7
3—5	2—4	1—3	7—2	6—1	5—7	4—6
4—0	3—0	2—0	1—0	7—0	6—0	5—0

2. 循环法的号码位置排定

比赛轮次排定后，各队进行抽签，抽签按号码代入轮次表中，再把各轮次的比赛编成比赛的日程表。

在进行分组循环比赛时，首先要把分组的办法确定下来。通常采用的分组办法有三种：第一种是按上一届竞赛中的名次进行分组，即蛇形排列的方法。例如，有20个队参加比赛分4组时，排法如表7-4所示；第二种是先协商确定种子队（种子队数应等于或倍于组数），然后由种子队抽签定组别，再由其他队分别抽组别签和组号签；第三种是全部参赛队一起抽签分组，分组后再抽签确定号码位置，然后将各队按号码分别代入相应的各组比赛轮次表中去。

表7-4

一	二	三	四
1	2	3	4
8	7	6	5
9	10	11	12
16	15	14	13
17	18	19	20

3. 循环法的名次排定

采用循环法的竞赛，要确定名次，不是以一场比赛的胜负而是以在循环中各队的全部比赛胜负来计算。一场比赛的胜负，以积分的形式来表示，胜一场得2分，负一场得

1 分，弃权为 0 分。下面是名次排列的原则：

（1）按积分多少排列。

（2）在积分相等的情况下可按以下原则排列：

第一，按相互间比赛的积分多少排列；

第二，按相互间比赛的得失分率高低排列；

第三，按循环组内所有比赛的得失分率高低排列。

如果只有三个队参加比赛，在按上述原则无法排出名次时，则按各队在比赛中的累积得分多少来排列；如果累积得分也相同时，那就由竞赛部门组织抽签来解决名次的问题。

在双循环比赛排列名次时，还应根据以上某一原则作出具体的范围界定。

不论采用怎样的方法，都应该体现出公平、合理、严密，并且要事先确定，写入规程，以便所有参赛队心中有数。

（三）赛会式常用的方法

1. 在不分阶段比赛中所用的方法

（1）单循环。此方法较多见于参加队伍不多的基层比赛中，如女子篮球比赛刚刚进入奥运会时的第 21 届奥运会女子篮球比赛，就是采用单循环。

（2）单淘汰。此方法在参赛队数较多的情况下运用。

2. 在分阶段比赛中所用的方法

（1）先淘汰再循环。例如在第 1 届世界男子篮球锦标赛上，第一阶段采用的是双淘汰，第二阶段将双淘汰产生的 1～6 名和 7～10 名进行分组循环，分别决出 10 个队的名次。

（2）先循环再循环。例如有几届世界男子篮球锦标赛都采用先分组单循环，然后各组的前两名和东道主队组成一组，各组的后几名组成一组，再分别进行单循环，决出前若干名和后若干名的名次。我国的全国联赛也采用过先分组单循环，再按组的名次分组进行不同名次段的单循环。我国的全运会，采用过先分组循环，再将各组前几名合在一起进行单循环决赛。在我国的青年篮球比赛中，曾采用过在两个阶段都以双循环的方法进行比赛。

（3）先循环再同时循环和淘汰。例如在第 8 届世界男子篮球锦标赛中，先进行分组单循环预赛，然后各组前两名组在一起进行单循环复赛，最后在决赛中，让分组循环中后几名的队一起单循环决出第9名以后的名次，让复赛中的1～2 名之间、3～4 名之间、5～6 名之间和 7～8 名之间各赛一场决出前 8 名的名次。

（4）先循环再淘汰。例如在奥运会女子篮球比赛中采用过先进行单循环比赛，然后按单循环的名次，在 1～2 名之间、3～4 名之间再各赛一场，最后决出 1～4 名。在奥运会男子篮球比赛中，也采用过先进行分组单循环，然后各组前两名合在一起再进行单循环，最后再按单循环的名次，在 1 ～ 2 名之间、3 ～ 4 名之间各赛一场决出 1 ～ 4 名。

现代篮球比赛比较多地采用先进行分组单循环，然后各组前几名之间进行同名次或交叉的淘汰比赛和附加赛。

（四）赛季式常用的方法

1. 第一阶段所用的方法

（1）主客场的双循环。我国的甲 A 篮球联赛采用的就是这种方法。它的比赛场次没有专门限制，取决于参赛队的数量，最后根据积分多少来排定双循环的名次。

（2）主客场的多循环。美国 NBA 的比赛，每个队的比赛要打 82 场，按照计算机的程序排列，分别同本赛区和其他赛区的队进行 2 ～ 6 场不等场数的比赛，最后以胜场率高低来排出不同赛区的名次。

2. 第二阶段所用的方法

主客场的多次淘汰。我国男篮甲 A 联赛，按照第一阶段双循环的名次，以“跟种子”的原理排定位置。以三战二胜的方法进行淘汰，在最后的决赛中以五战三胜的方法进行淘汰。美国 NBA 的比赛，东、西两大赛区的前 8 名队以“跟种子”的原理分别排定位置，第一轮以五战三胜的方法进行淘汰，而后全部以七战四胜的方法进行淘汰。

总之，采用何种竞赛方式和方法，要根据篮球运动开展的情况、篮球比赛的水平高低和篮球市场的培育程度来决定。

第八章　篮球游戏

篮球游戏是体育游戏的一个分支，它既具有体育一般游戏的特点，又突出了篮球运动专项技术的要求。在教学与训练中，如能根据游戏参加者的不同年龄、身体素质、篮球运动技术的高低，有选择地使用，特别是对刚开始学习篮球技术的少年儿童，如能把篮球游戏与技术的教学训练很好地结合起来，将会大大激发他们对篮球运动的兴趣，也必将会收到锻炼身体、发展智力、陶冶情操、富于娱乐以及提高篮球运动技术的效果。

一、传递球比快

器材：篮球两个。

方法：队员分两组，站成两路纵队，前后相距 1 米，两组第一名队员持球，听信号后手递手往后传球，开始用体侧传球，一定要一左一右进行，逐渐可过渡到头上和胯下传球。传到最后一人时，他就立即持球跑到最前头继续往后传，轮转一圈后看谁最快。

要求：严格传球路线与方法，两脚分立不许移动。

二、顺号传球

器材：篮球两个。

方法：把队员按顺序编成号，游戏开始时全队均在半场跑动中，球顺号往下传，传球错号的队员，罚做五次收腹跳。

要求：接球者不许站着接球，接球后不许运球，不许带球跑，要及时把球传给规定的接球队员。

三、传球触人

器材：篮球一个。

方法：队员在半场内跑动，其中有两人在快速移动中传球去触人，直到全部被触定为止。

要求：(1) 只许传球，不许运球。

(2) 触人时不许带球跑。

(3) 只许持球触人，不许用球触人。

四、接反弹球

器材：篮球若干个。

方法：两人一组，同方向前后站立，后面一人传球，前面一人按规定做原地高抬腿跑或原地小步跑等练习。练习时，后面人传球，并发出信号，前后人听信号后立即转身并在球未落地前将球接住。

要求：（1）前面的人不得偷看。

（2）反弹的球要有一定的高度和远度，但不能故意将球弹得很远，使前面的人无法接住。

（3）未接到球者算失败一次。

五、花样传球

器材：篮球若干个。

方法：两人一组，每组一个球，相距 4～5 米面对面站立。练习时，都用双手胸前传球的三种方式进行：即甲向乙传高球，乙则向甲回传平直球；甲向乙传平直球，乙则向甲回反弹球；甲向乙传反弹球，乙则向甲回传高球，然后两人交换方法。

要求：（1）以一方为主，可随意改变传球方法。

（2）每人传球 10 次，看谁失误少。

六、传球腹卧

器材：篮球若干个。

方法：把游戏者分成人数相等的 2 个或 4 个队，分别站成横排，队与队之间距离 2 米，队员之间两臂间隔。游戏开始时，各队听到信号后，第一名队员迅速将球传给第二名（传球方法可根据队员技术水平而定），队员传完后立即做腹卧动作，第二名按第一名传球的方法做依次做到队尾。当最后一人接球后发出信号时，全队都站起来，哪一队快为胜方。

要求：（1）听到信号才能传球。

（2）本队最后一名队员接球后，才能发出信号，并且此时该队队员才能站起来。

七、变化接球

器材：每人一个篮球。

方法：持球者站成圆圈，面向圆心。游戏开始时，教师喊“1”时，每人原地将球上抛，并自己接住；教师喊“2”时，每人原地将球上抛后，立即向左移动一个位置，接住左边的人所抛的球；教师喊“3”时，每人原地将球上抛后，立即向右移动一个位置，接住右边的人所抛的球。

要求：（1）教师发出信号后，游戏者立即抛球，不得提前或迟缓抛球时间。

（2）抛球高度限制在离地2.5米左右，误差不要过大。

（3）向左或向右移动时，必须严格按1～2两相进行，以免相撞。

（4）移动方向不要错，球不要落地。

八、传球得分

器材：篮球一个。

方法：将全队分成人数相等的两队，每队选1人站在对方篮下，其余队员在篮球场中进行传球（进攻）和抱球（防守），最终将球传给站在对方篮下的同队队员，站在对方篮下的队员每在头上接住一个球算1分，在规定的时间内，以得分多为胜方。

要求：（1）站在篮下接球的队员不许移动。

（2）只许传球，不许运球。

（3）其他规则与篮球比赛规则相同。

九、传球比赛

器材：篮球一个。

方法：将全队分成人数相等的两队，游戏开始时，选定一队传球进攻，一队防守，进攻队在半场内移动传球，防守队积极防守抱球，防守成功交换，看哪个队先传球30次，先到者为胜。

要求：（1）不许运球和带球跑。

（2）其他规则与篮球规则相同。

十、传球射门比赛

器材：篮球一个。

方法：把游戏者分成人数相等的2个队，每队选1名守门员，比赛开始中间跳球，获得球的队以各种传球方式向前推进，并设法传球射门（篮架两柱之间为门），进球得1分。另一队积极抢断，组织反攻。在规定的时间内得分多的队为胜方。

要求：（1）不许运球。

（2）守门员可进入本方3秒区，其他队员均不得进入3秒区。

（3）守门员可用身体的任何部分挡球。

（4）其他规则可按篮球规则执行。

十一、跨下传递

器材：篮球若干个。

方法：全队分成2组，纵队站立，各组排头持球。开始时，当教师发出信号后，两组从排头迅速把球从胯下传至队尾，最后一个接球者将球举过头顶，并喊“到”，先到为胜。

要求：（1）传递球时必须依次进行，不得间隔。

（2）传球时双脚不得移动或转动。

（3）传球过程中，球落地为失败一次。

十二、地滚球比赛

器材：篮球一个。

方法：将全队分成人数相等的两个队，游戏开始时，在球场内同队队员用地滚球的方式带球和传球，以避开对方的抢截，并伺机将球攻入对方的大门（篮架）。防守队抢到球后，可迅速向对方球门发动反击，每进一球得2分。最后，在规定的时间内得分多的队为胜方。

要求：（1）带球和传球时，球均不得离开地面。

（2）射门时，可以用手将球挑起传球，但球的高度不得高于队员腰部位置。

（3）任何人不得进入3秒区。

（4）不得有推、拉、绊等粗野动作。

十三、侧传球接力赛

器材：篮球2个。

方法：将游戏者分成人数相等的2排，2排之间前后相距2米站立，每排最后一名队员持球。游戏开始时，持球队员听到教师发出的口令后，迅速将球从身体右侧依次向前传递，同时已传出球的队员快速从右侧（全排人的背后）跑到排头。依次反复进行练习。最后，以哪组先到某一指定的地点或先完成某一指定的传球次数为胜方。

要求：（1）只能传递球，不能抛传球。

（2）跑到的队员前后次序不得改变。

十四、禁区接球

器材：篮球1个。

方法：把游戏者分成人数相等的2个队，每队派1人站在对方的禁区（3秒区）内当接球队员，其余队员分散在场内。开始时，由双方队长在中间跳球。当某队接球后，应设法将球传给对方禁区内的本队接球队员，接球队员每接到一次时，就得 1 分。守队要积极防守，抢夺拦截传球，努力由防守转入进攻，最后在规定的时间内以得分多的队为胜队。

要求：（1）得分后，由对方在端线发球。

（2）不得冲撞、推拉对方，否则算犯规，由对方发界外球。

（3）运球和传球过程违例，则由对方发界外球。

（4）防守人不能进入禁区内。

十五、传运结合

器材：篮球 4 个。

方法：在篮球场内划一个长为 4 米的正方形，在正方形中心划一个半径为 1 米的圆圈。把游戏分成人数相等的四个队，成横队站在四周边线外，并面向圆圈。每队有一人站在圆圈内持球面对本队队员。游戏开始时，当圆圈内的持球人听到教师发出的信号后，迅速把球传给排在第二的队员，依此顺序进行。先做完的队为胜方。

要求：（1）传球和接球者均不得越线。

（2）传球不到位时，应由传球者把球捡回圆圈内重传。

（3）运球时不得出现带球走和两次运球的违例现象。

十六、两人同时传三分球比赛

器材：篮球若干个。

方法：每两人一组，两人相隔距为 3 米，游戏开始时，两人传三球，在一定时间内看哪个组传球次数最多。

要求：（1）一定要求同时传三个球，若丢掉一个球，马上捡回来继续传。

（2）三个球要始终保持在运动中，不能有明显的停顿。

十七、连续碰板传球

器材：篮球两个。

方法：把游戏者分成两组，面向篮板，成两路纵队站在篮筐的两侧，距篮 3～4 米，排头两人各持一球。开始时，排头将球抛向篮板，然后跑到队尾，第二个人上步起跳，在空中将从篮板上反弹回来的球再抛向篮板，后面的队员依次用同样的方法连续做。最后，以连续碰板次数多的组为胜方。

要求：（1）两组之间以篮筐为界，不得互相干扰。

（2）球落地或接球人落地后再抛球即为失败，传球数重新计算。

十八、二人圆圈运球追击

器材：篮球两个。

方法：把全队分成两组，游戏开始时，每组出1人，站在圆圈内听信号开始运球追击，每两人运球追击1分钟，看谁拍击数多，最后看哪组拍击对方的次数多为胜队。

要求：（1）运球队员的内侧脚要始终蹲在圆圈的线上，不许离开。

（2）运球失误者算拍击一次。

十九、运球接力比赛

器材：篮球两个。

方法：将全队游戏者分成人数相等的两个组，每组排头持球，在中间放两根立柱，队员站底线，听信号开始运球，绕中场立柱运球回来交给第二名队员，依顺序进行，先完成规定次数的组为胜方。

要求：（1）运球时球始终跟人前进。

（2）运球失误后必须将球捡回，从失误的地方重新开始。

（3）交球时要踩底线交球。

二十、运球后拍

器材：篮球若干个。

方法：每人一球在半场互相运球，在运球中又设法把对方的球打掉，看谁打的次数最多。

要求：（1）每人都必须积极地去打球。

（2）在打球时不能停止运球。

二十一、运球点门

器材：篮球若干个。

方法：把游戏者分成人数相等的两个队，每人持一球，在起点线后站成两路纵队。各队选出三人站在离起点线前10米处，面向起点各站一方，牵手高举搭成两个城门。游戏开始时，教师发出口令后，各队迅速运球向本队所搭的两个城门跑去。在接近城门时，教师发出“进左门”、“出右门”的口令。右队必须按照教师的命令穿城而过，然后再跑回起点线在原来的地方站好。全队按规定的要求做得既快又齐为胜方。

要求：（1）队员“进门”、“出门”必须按教师口令做。

（2）出入时，不能用手扶或拉城门的同学。

二十二、运球与抢截球

器材：篮球若干个。

方法：把游泳者分成人数相等的两个队，一队运球，成纵队站在起跑线后。两队队员分别排定号次。听信号后，运球队 1 号马上运球前进，同时抢截队 1 号立即追上抢截。若运球者能成功地将球运过中线，则算运球得 1 分；若球被对方抢去，则算抢截队得 1 分。当两队全体队员依次运、抢完毕后，再交换进行。最后，以得分多的队为胜方。

要求：（1）运球的队不能持球移动和两次运球。

（2）抢截球的队员不能有意碰撞运球队员。

二十三、运球抱团

器材：每人一个篮球。

方法：游戏者在篮球场内随意运球，听到口令后，根据口令所喊的号数迅速按照相应的人数用一手抱团相连，余下者为失败。

要求：（1）抱团后不得终止运球。

（2）抱团时运球不得出现违例现象。

二十四、运球“贴膏药”

器材：篮球两个。

方法：游戏者在篮球场内自然散开，其中两个分别各运一个篮球。游戏开始时，没有运球的人原地不动，两个运球人在运球中一个追赶另一个。追赶者在追的过程中拍击被追击者，而这个被追击者则在运球过程中躲避追击自己的另一个运球人。如果被追赶者在没被拍击到之前把球递交给在原地站立的任何一人时，此时他即为安全。此后谁接到球则继续在运球过程中躲避追击自己的运球追击人，或将球再递交给任何一个人（在原地站立的人）。

要求：（1）运球人在运球过程终止运球或出现违例现象，否则追赶交换。

（2）只能用单手或双手递传球，而不能抛传球。

二十五、拉网捕捉运球人

器材：篮球若干个。

方法：在篮球场内两人手拉手成网，其他人自然运球。游戏开始时，拉网人在全场范围内捕捉运球人，运球人则在运球的过程中躲避拉网人的捕捉，若被捕捉到，该运球人就将球放在场外边，并加入到拉网人中去。在规定时间内，没有被捕到的运球人为优胜者。

要求：（1）运球人在躲避捕捉时，不得中止运球或运球违例。否则变为拉网人。

（2）拉网人不得松开手，否则，捕捉到的人也不算数。

二十六、自选方式投篮比赛

器材：篮球两个。

方法：把游戏者分成人数相等的两组，按次数在半场内每人投篮一次。在规定的轮次内（或分数内），得分多的组为胜方。

要求：（1）投篮方式为罚球、跳投、三分球三种。罚球得1分，跳投（规定距离）得2分，三分球得3分。

（2）每一轮中，每人只有一次机会，采用何种方式投篮可自由选择。

（3）严格按照规定的距离投篮，特别是起跳点不能越过规定的范围。

（4）不要故意干扰对方投篮。

二十七、投抢补篮

器材：篮球四个。

方法：把游戏者分成四组，各组按指定的位置站好（两组一个篮筐），排头者各持一个球。游戏开始时，各持球者在球落地之前抢到篮板球，可在抢到球的地方补篮一次（投中得1分），然后把球传给本组的下一名队员。下面的队员按同样的方法依次进行比赛。当有一个组的积分达到50分时，游戏停止。按游戏停止时各组积分的多少排列名次，得分多的组靠前。

要求：（1）跳投必须在规定的距离以外起跳，不管命中与否都可以冲抢补篮，但只要球先落地则补篮无效。

（2）不得故意干扰对方投篮。

二十八、行进间投篮接力赛

器材：篮球两个。

方法：把游戏者分成人数相等的两个队，分别在篮球场中线的两端按相反方向站立，两队排头队员各持一个球。游戏开始时，持球者听到教师发出的信号后，快速运球到另一方篮下上篮，投中后将球传给本队的下一名队员做，直到全队做完为止。速度快的队为胜方。

要求：（1）游戏者必须按规定的方向进行。

（2）每次行进间上篮必须到投中为止。

（3）交接球时必须在中线之后进行。

二十九、围圈抢断

器材：在篮球场内划一个直径为6米的圆圈。从游戏者中选两人入圆圈做抢球人，其他人面向圆站立。用各种方式传球，断球人则设法抢球。如果抢球成功，互相交换位置，游戏继续进行。

要求：（1）传球队员传出的球必须传向与自己相隔两个传球队员以上的其他队员。

（2）传出的球不能高于抢球人一臂上举的高度。

（3）传球人不得进圆圈内传接球，抢球人不得出圈抢球。

三十、夺球

器材：两人一个篮球。

方法：把游戏者分成人数相等的两个组，面对面站立，每两人手臂伸直共同持一个球。游戏开始时，听到口令后，两人立即夺球，夺得一次得1分，比赛若干次，最后以得分多的组为胜方。

要求：（1）持球时，两手只能握在球的两侧，不得手指相连将球抱住。

（2）夺球时，只准直臂用力，两臂不得扭转。

参考文献

[1] 全国体育院校教材委员会. 篮球运动高级教程 [M]. 北京：人民体育出版社，2002.
[2] 全国体育院校教材委员会. 体育院校专修通用教材——篮球 [M]. 北京：人民体育出版社，1990.
[3] 孙民治. 篮球 [M]. 北京：人民体育出版社，1995.
[4] 孙民治. 篮球纵横 [M]. 北京：人民体育出版社，1996.
[5] 王世安. 篮球 [M]. 北京：人民体育出版社，1991.
[6] 叶国雄. 篮球运动研究必读 [M]. 北京：人民体育出版社，1998.
[7] 刘玉林. 现代篮球运动研究 [M]. 北京：人民体育出版社，2006.
[8] 徐跃杰. 篮球经纬 [M]. 武汉：中国地质大学出版社，2004.
[9] 王贺立，周贤江. 篮球实用教程 [M]. 武汉：湖北人民出版社，2004.
[10] 谢铁兔. 篮球技术教学训练步骤与方法 [M]. 北京：北京体育大学出版社，2003.
[11] 冯子安. 篮球实用技战术方法与应用 [M]. 武汉：武汉出版社，2001.
[12] 中华人民共和国国家体育运动委员会. 中国体育教练员岗位培训教材——篮球 [M]. 北京：人民体育出版社，2000.
[13] 浙江省高校体育教材编委会. 篮球 [M]. 杭州：浙江大学出版社，2002.
[14] 李盛，乔婉. 大众体育运动与健身 [M]. 北京：军事谊文出版社，2006.
[15] 王小安，张培峰. 现代篮球运动教程 [M]. 北京：北京体育大学出版社，2007.
[16] 全美篮球体能教练员协会. NBA 体能训练 [M]. 北京：人民体育出版社，2004.
[17] 王贺立. 成功的秘诀——走向 NBA [M]. 武汉：中国地质大学出版社，1997.
[18] 楮翔. 篮球一点通 [M]. 武汉：湖北少儿出版社，2000.
[19] 肯特. 乔丹篮球宝典 [M]. 北京：人民体育出版社，2003.
[20] 陆广，吕刚. 篮球裁判一册通 [M]. 北京：中国国际广播音像出版社，2008.
[21] 李辅才. 中国篮球运动史 [M]. 武汉：武汉出版社，1991.

参考文献

[1] [illegible]
[2] [illegible]，1990.
[3] [illegible]，1995.
[4] [illegible]，1996.
[5] [illegible]
[6] [illegible][M]. 北京：人民体育出版社，1998.
[7] [illegible][M]. 北京：人民体育出版社，2006.
[8] [illegible]，2001.
[9] [illegible][M]. 武汉：湖北人民出版社，2004.
[10] [illegible]调查研究方法[M]. 北京：[illegible]出版社，2003.
[11] [illegible]，2001.
[12] [illegible]
[13] [illegible][M]. 杭州：浙江大学出版社，2002.
[14] [illegible]，2006.
[15] [illegible]，2007.
[16] [illegible][M]. 北京：人民体育出版社，2004.
[17] [illegible]，1997.
[18] [illegible]，2000.
[19] [illegible][M]. 北京：人民体育出版社，2005.
[20] [illegible][M]. 北京：中国国际广播音像出版社，2005.
[21] [illegible]